Die rechtlichen Herausforderungen der Echtzeitüberweisung

Marius Rakers

Die rechtlichen Herausforderungen der Echtzeitüberweisung

 Springer

Marius Rakers
Lingen (Ems), Deutschland

Zugl.: Münster (Westf.), Univ., Dissertation der Rechtswissenschaftlichen Fakultät, 2023
Dekanin: Prof. Dr. Petra Pohlmann
Erstberichterstatter: Prof. Dr. Matthias Casper
Zweitberichterstatter: Prof. Dr. Thomas Klicka
Tag der mündlichen Prüfung: 16. Mai 2023

ISBN 978-3-658-41480-1   ISBN 978-3-658-41481-8   (eBook)
https://doi.org/10.1007/978-3-658-41481-8

Die Deutsche Nationalbibliothek verzeichnet diese Publikation in der Deutschen Nationalbibliografie; detaillierte bibliografische Daten sind im Internet über http://dnb.d-nb.de abrufbar.

Planung/Lektorat: Marija Kojic
Springer ist ein Imprint der eingetragenen Gesellschaft Springer Fachmedien Wiesbaden GmbH und ist ein Teil von Springer Nature.
Die Anschrift der Gesellschaft ist: Abraham-Lincoln-Str. 46, 65189 Wiesbaden, Germany

Vorwort

Das vorliegende Buch entstand während meiner Tätigkeit als Rechtsanwalt in einer Wirtschaftskanzlei. Die Arbeit wurde im Wintersemester 2022 von der Rechtswissenschaftlichen Fakultät der Universität Münster als Dissertation angenommen. Rechtsprechung und Literatur wurden bis September 2022 berücksichtigt.

Besonderer Dank gebührt meinem Doktorvater, Herrn Prof. Dr. Matthias Casper, der die Arbeit thematisch angeregt, mir in Kenntnis meiner anwaltlichen Tätigkeit stets Freiräume gewährt und für anregende Diskussionen zur Verfügung gestanden hat. Herrn Prof. Dr. Thomas Klicka danke ich herzlich für die Erstellung des Zweitgutachtens.

Jan Robert Boertz, Christian Stemberg, Johannes Wendland, Nils Buchholz, Dominik Schlepphorst, Jonas Kroener und Julian Hinkemann haben meinen juristischen Weg bis zum heutigen Tage begleitet und fachlich sowie persönlich bereichert. Der regelmäßige Austausch mit ihnen war für die Erstellung dieser Arbeit enorm wertvoll.

Zuletzt richtet sich mein größter Dank an meine Familie, insbesondere an meine Eltern und Lena, die mir in dieser anspruchsvollen Zeit mit ihrer herausragenden Unterstützung zur Seite standen. Zum Ausdruck meiner Dankbarkeit ist ihnen diese Arbeit gewidmet.

Münster/Lingen (Ems), März 2023

Marius Rakers

Inhaltsübersicht

Inhaltsverzeichnis

Abbildungsverzeichnis

1. Kapitel: Einleitung und Gang der Forschungsarbeit

Im Zuge der Digitalisierung befinden sich die Arbeitsprozesse vieler Wirtschaftssektoren im Wandel. Auch die Bankenbranche hat ihre Dienstleistungen in den vergangenen Jahren dieser Entwicklung angepasst. Ein besonderes Augenmerk liegt dabei auf dem Massenzahlungsverkehr. Mehr als jede zweite Person in Deutschland nutzt für die alltäglichen Bankgeschäfte das Online-Banking.[1]

Seit November 2017 steht den Kunden zahlreicher europäischer Banken die SEPA-Echtzeitüberweisung[2] zur Verfügung. Diese erlaubt es dem Zahlungsdienstnutzer, innerhalb von zehn Sekunden Buchgeld auf das Konto des Zahlungsempfängers zu übertragen – und zwar an vierundzwanzig Stunden über sieben Tage die Woche. Zuvor bestehende einheitliche europäische Echtzeit-Bruttoabwicklungssysteme wie TARGET[3] und TARGET II waren allein für die Interbankenabwicklung vorgesehen und standen Endnutzern nicht zur Verfügung.[4] Eine herkömmliche Überweisung im SEPA-Raum nimmt nicht selten einen ganzen Geschäftstag in Anspruch. Unternehmen abseits der klassischen Bankenbranche haben den Bedarf an Echtzeitzahlungen früh erkannt und Bezahlmethoden entwickelt, in welchen dem Zahlungsempfänger zur Erhöhung der Planungssicherheit zumindest eine sofortige Bestätigung der verbindlichen Zahlungsauslösung übermittelt wird. Um verlorene Marktanteile im Zahlungsverkehr zurückzuerlangen und von europäischer Seite im SEPA-Zahlungsraum eine einheitliche und grenzüberschreitende Lösung anzubieten, wurden rechtliche und technische Voraussetzungen für ein Echtzeitzahlungssystem der Banken – die SEPA-Echtzeitüberweisung – geschaffen.[5]

Sowohl im gewerblichen Betrieb als auch im Verbraucherbereich ist eine Entwicklung in Richtung der Buchgeldzahlung zulasten des Bargeldes zu vernehmen.[6] Dies ist insbesondere

---

[1] *Statistisches Bundesamt*, Pressemitteilung Nr. 035 v. 27.01.2021, abrufbar unter: https://www.desta tis.de/DE/Presse/Pressemitteilungen/2021/01/PD21_035_639.html (letzter Abruf: 30.09.2022).
[2] In der Folge auch (SEPA) Instant Payment.
[3] Trans-European-Automated-Real-time-Gross-Settlement-Express-Transfer-System.
[4] Informationsbroschüre der Europäischen Zentralbank zum TARGET-System, https://www.ecb.eu ropa.eu/pub/pdf/other/tagide.pdf (letzter Abruf: 30.09.2022).
[5] Website der European Payments Council, https://www.europeanpaymentscouncil.eu/what-we-do/sepa-instant-credit-transfer (letzter Abruf: 30.09.2022).
[6] Vgl. *EU-Kommission*, Strategie MZV, S. 4.

auf die zunehmende Nutzung des Online-Handels zurückzuführen. Um Buchgeld allerdings wie Bargeld mit der Folge der sofortigen Verfügbarkeit beim Empfänger zu übertragen, bedarf es der Instant Payments.[7] Ende des Jahres 2020 haben ein Viertel der Konsumenten in Deutschland bereits die SEPA-Echtzeitüberweisung genutzt.[8] Gegenwärtig wird sie wegen der höheren Gebühren noch als Zusatzprodukt zur Standard-Überweisung für besonders eilige Zahlungsvorgänge eingesetzt.[9] Sollten die für den Privatgebrauch verhältnismäßig hohen Gebühren der Echtzeitüberweisung flächendeckend verringert werden, wegfallen[10] bzw. in Kontogebühren eingepreist werden, ist zu erwarten, dass die Echtzeitüberweisung standardmäßig verwendet wird. Um eine weitere Zersplitterung der Angebote auf dem Instant-Payment-Markt zu verhindern, forderte die EU-Kommission bereits zum Ende des Jahres 2021 eine europaweite Erreichbarkeit von Konten aller europäischer Zahlungsdienstleister für die Echtzeitüberweisung.[11] Zur weiteren Steigerung der Attraktivität dieser Zahlungsform arbeitet die Bankenwirtschaft in Kombination mit der EU-Kommission an kundenfreundlichen Lösungen. So wurde die Echtzeitüberweisung mit der Erhöhung des Überweisungslimits von 15.000 EUR auf 100.000 EUR gerade für Geschäftskunden mit regelmäßigen Großbetragszahlungen interessanter.

A. Forschungsstand

Während sich die Rechtsprechung mit der Echtzeitüberweisung – soweit ersichtlich – im Kern noch nicht auseinandergesetzt hat, hat die Rechtswissenschaft das komplexe Regelungskonstrukt, bestehend aus einer Kombination von europäischer, staatlicher und privater Rechtssetzung,[12] lediglich vereinzelt aufgegriffen.[13]

---

[7]   Der Ausdruck „Instant Payments" ist ein Sammelbegriff für Zahlungslösungen in Echtzeit. Der Begriff SEPA Instant Payments wird regelmäßig mit der SEPA-Echtzeitüberweisung synonym verwendet. *Keßler*, in: EBJS, HGB, § 675j BGB Rn. 19.

[8]   Studie des IFH Köln, vgl. https://www.ifhkoeln.de/payment-im-geschwindigkeitsrausch-die-zukunft-des-bezahlens-ist-instant-und-convenient/ (letzter Abruf: 30.09.2022).

[9]   Näher zu den Nutzungszahlen: 4. Kapitel. C.

[10] Die gebührenfreie Echtzeitüberweisung bietet beispielsweise das FinTech-Start-up Revolut bereits an, siehe https://www.revolut.com/de-LU/help/durchführen-von-zahlungen/geld-an-ein-bankkonto-senden/was-ist-sepa-instant (letzter Abruf: 30.09.2022).

[11] Vgl. *EU-Kommission*, Strategie MZV, S. 8.

[12] Zum Rechtsrahmen: 2. Kapitel. D.

[13] Auf weiterführende Rechtsfragen gehen allein *Herresthal*, ZIP 2019, 895 ff. und *Casper*, RdZ 2020, 28 ff. ein.

In der Kommentarliteratur finden sich im Rahmen der umfangreichen Ausführungen zur herkömmlichen Überweisung kurze Hinweise auf die Existenz der Echtzeitüberweisung mit einer von § 675s BGB abweichenden Fristenregelung.[14] Gerade die modifizierten Fristenregelungen innerhalb des Zahlungsvorganges werden aber ohne größeren Begründungsaufwand für zulässig erachtet.[15] Detailliert, aber punktuell geht *Dieckmann* auf die Auswirkung der Einführung der Echtzeitüberweisung auf die bereicherungsrechtliche Rückabwicklung von Überweisungsvorgängen ein.[16] *Zahrte* behandelt die speziellen Regelungen der Sonderbedingungen der Banken für die Echtzeitüberweisung und setzt diese in den Kontext der nationalen Zahlungsverkehrsvorschriften aus §§ 675c ff. BGB.[17] Eine Auseinandersetzung mit der Kompatibilität dieser Regelungen für das Deckungs- und Inkassoverhältnis mit den Vorgaben des SEPA Instant Credit Transfer Rulebooks für das Interbankenverhältnis nimmt *Zahrte* an dieser Stelle aber nicht vor. *Casper* und *Herresthal* widmen sich in ihren Aufsätzen – mit unterschiedlichen Schwerpunkten – bereits einzelnen Rechtsfragen der Echtzeitüberweisung.[18] In diesen Abhandlungen werden auch die rechtlichen Konsequenzen des potentiell nachgelagerten Interbankenausgleichs (Clearing und Settlement) sowie der verkürzten Ausführungsfrist mit Blick auf die nationalen Zahlungsverkehrsnormen thematisiert.

Nicht abschließend werden aber der konkrete Beginn und das Ende der Frist zur Prüfung der Ausführungsbedingungen sowie der Ausführungsfrist erörtert. Für die Bestimmung dieser Zeitpunkte spielt die Möglichkeit des nachgelagerten Clearings und Settlements bei der Echtzeitüberweisung eine entscheidende Rolle. So ist im Rahmen der Ausführungsfrist genau zu bestimmen, welche Leistung die Zahlerbank innerhalb der Ausführungsfrist schuldet. Ähnliche Problemstellungen sind auch im Inkassoverhältnis und speziell bei dem Tatbestand des § 675t BGB zu beobachten.[19] Unter anderem an dieser Stelle fehlt die konkrete Darlegung des Verhältnisses der Regelungen sämtlicher Rechtsquellen, also des nationalen Zahlungsverkehrsrechts des BGB, des SEPA Rulebooks sowie der Sonderbedingungen der Echtzeitüberweisung. Dabei ist insbesondere der Einfluss des SEPA Rulebooks auf das Deckungs-

---

[14] *Sprau*, in: Grüneberg, BGB, § 675s Rn. 1; *Häuser*, in: MüKo HGB, B Rn. 222; *Hopt*, in: Hopt, HGB, (7) Bankgeschäfte Rn. C/33; *Jungmann*, in: MüKo BGB, § 675s Rn. 10; *Casper*, in: MüKo BGB, § 675f Rn. 85 f. mit kurzen Ausführungen auch zum Entgelt und der Überweisungseigenschaft.
[15] Vgl. nur *Jungmann*, in: MüKo BGB, § 675s Rn. 10; *Sprau*, in: Grüneberg, BGB, § 675s Rn. 1.
[16] *Dieckmann*, BKR 2018, 276 ff.
[17] *Zahrte*, in: Bunte/Zahrte, AGB-Banken, 4. Teil V. Rn. 1 ff.
[18] *Casper*, RdZ 2020, 28 ff.; *Herresthal*, ZIP 2019, 895 ff.
[19] *Casper* wirft für § 675p BGB diese Rechtsfrage jedenfalls auf, RdZ 2020, 28 (33).

und Inkassoverhältnis zu untersuchen. Weiter verdient die Anwendbarkeit von § 675p Abs. 5 BGB auf die Echtzeitüberweisung mit der Rechtsfolge der zeitlichen Verlagerung der Unwiderruflichkeit des Zahlungsvorgangs tiefergehende Aufmerksamkeit.[20] Ein grade in der Praxis relevanter Gesichtspunkt ist der Zeitpunkt der Erfüllung durch eine Echtzeitüberweisung. Hier sind neben den tradierten Auffassungen zu der herkömmlichen Überweisung weitere Zeitpunkte zu beleuchten, die den technischen und rechtlichen Grundlagen der Echtzeitüberweisung Rechnung tragen.[21] Eine zukunftsgerichtete Betrachtung für eine mögliche Fortentwicklung des Rechtsrahmens der Echtzeitüberweisung wurde in der Rechtswissenschaft bisher nicht vorgenommen.

B. Gang der Untersuchung

Zentraler Forschungsgegenstand dieser Dissertation ist die umfassende und systematische Darstellung und Bewertung der rechtlichen Grundlagen der Echtzeitüberweisung in den jeweiligen Vertragsverhältnissen. Rechtliche Herausforderungen werden aufgezeigt und de lege lata einer Lösung zugeführt. Auf Basis dieser Erkenntnisse kann dann eine Prognose getroffen werden, inwiefern die SEPA-Echtzeitüberweisung bereits einen geeigneten Rechtsrahmen für die weitere Nutzungsentwicklung zur Zahlungsart der Zukunft bietet. Es gilt herauszustellen, ob Änderungen des europäischen und deutschen Zahlungsverkehrsrechts – gegebenenfalls in Gestalt eines eigenen Gesetzesrahmens für die SEPA-Echtzeitüberweisung – erforderlich sind. Auch Änderungen der selbstregulierenden Vorgaben (beispielsweise der zentral entwickelten Sonderbedingungen für die Echtzeitüberweisung innerhalb der AGB-Banken) werden diskutiert.

Zunächst werden hierzu die Grundlagen der Echtzeitüberweisung dargestellt (2. Kapitel). In praktischer Hinsicht schließt dies den Ablauf sowie den wirtschaftlichen Nutzen einer Echtzeitüberweisung ein, während es in rechtlicher Hinsicht um die Rechtsquellen und ihre historische Entwicklung gehen wird. In der Folge werden die rechtlichen Herausforderungen dieser Zahlungsform entlang der einzelnen Personenverhältnisse aufgezeigt (3. Kapitel). Den Schwerpunkt bildet dabei das Deckungsverhältnis. Der Zahlungsdienstleister[22] des Zahlers

---

[20] Lediglich die Anwendbarkeit feststellend: *Herresthal*, ZIP 2019, 895 (904).
[21] Zu einer dieser Betrachtungsweisen *Casper*, RdZ 2020, 28 (34).
[22] Nach § 1 Abs. 1 ZAG. In der Folge vereinfachend auch als (Kredit-)Institut oder Bank bezeichnet.

verpflichtet sich, den Zahlungsvorgang innerhalb eines geringen Sekundenzeitraumes durchzuführen. Deshalb wird auch die Absicherung des Kunden bei einer verspäteten Überweisung
von Relevanz sein. Gerade im geschäftlichen Bereich können schnelle Zahlungen erforderlich und Pflichtverletzungen mit erheblichen Haftungsrisiken verbunden sein. Daher ist das
Fristen- und darauf aufbauende Haftungsregime für eine nicht ordnungsgemäße Durchführung der Überweisung genau zu beleuchten. Zudem werden vor dem Hintergrund der grundsätzlichen Unwiderruflichkeit des Zahlungsvorganges die im Interbankenverhältnis vorgesehenen Rückrufmöglichkeiten diskutiert. Auf Empfängerseite (Inkassoverhältnis) steht der
Anspruch des Zahlungsempfängers auf die Gutschrift im Hinblick auf die Möglichkeit des
nachgelagerten Clearings und Settlements im Mittelpunkt. Der nachgelagerte Ausgleich zwischen den beteiligten Zahlungsdienstleistern wird im Rahmen der Ausführungen zum Interbankenverhältnis näher erörtert. Im Valutaverhältnis wird es allein um die Rechtsnatur und
den Zeitpunkt der Erfüllung durch die Echtzeitüberweisung gehen. Zuletzt wird dargelegt,
ob die bereicherungsrechtliche Rückabwicklung einer unautorisierten Überweisung wegen
der Charakteristika der Instant Payments eines neuen dogmatischen Ansatzes bedarf. Der
Darstellung der Rechtsverhältnisse de lege lata wird ein Ausblick folgen, in welchem gegenwärtige Problemstellungen pointiert aufgezeigt und potentielle Verbesserungen de lege
ferenda vorgeschlagen werden (4. Kapitel). Hierbei ist zu berücksichtigen, dass es sich bei
dem deutschen Zahlungsverkehrsrecht um vollharmonisiertes Richtlinienrecht handelt und
Teile des Rechtsrahmens selbstregulierend von der Kreditwirtschaft auferlegt werden. Die
Forschungsarbeit schließt mit einer Bewertung der gegenwärtigen und zukünftigen rechtlichen Herausforderungen der Echtzeitüberweisung auf Grundlage der zentralen Thesen der
Arbeit (5. Kapitel).

2. Kapitel: Grundlagen der SEPA-Echtzeitüberweisung

A. Ablauf

Ein umfassendes Verständnis der rechtlichen Herausforderungen setzt die Kenntnis vom tatsächlichen Ablauf einer SEPA-Echtzeitüberweisung voraus. Er lässt sich in sechs Abschnitte unterteilen: die Initiierungsphase, die Verarbeitungs- und Signierungsphase im Deckungsverhältnis, die Weiterleitungsphase in der Zahlungskette, die Verarbeitungs- und Gutschriftphase im Inkassoverhältnis und die Benachrichtigungsphase und Clearingphase.[23]

Der Echtzeitzahlungsvorgang wird vom Zahler durch die Erteilung eines Instant-Überweisungsauftrages[24] gegenüber seinem Zahlungsdienstleister angestoßen (sog. Push-Zahlung). Dies geschieht regelmäßig über das Online-Banking oder die Banking-App, wobei eine bestimmte Form in den Sonderbedingungen für die Echtzeitüberweisung[25] nicht vorgeschrieben ist.[26] Der Überweisungsauftrag erlangt mit seinem Zugang Wirksamkeit. Die Bank unterhält den für die Ausführung von Echtzeitüberweisungen erforderlichen Geschäftsbetrieb für die vereinbarten elektronischen Zugangswege (zum Beispiel Online-Banking) ganztägig an allen Kalendertagen eines Jahres.[27]

Lediglich in vereinbarten Ausnahmefällen besteht ein Ablehnungsrecht des Zahlungsdienstleisters des Zahlers.[28] Dieser prüft dann insbesondere, ob ausreichend verfügbare Mittel oder eine entsprechende Kreditlinie beim Zahler vorhanden sind. Den zu überweisenden Betrag reserviert das Zahlerinstitut oder belastet das Konto des Kunden in entsprechender Höhe. Es legt eine Instant-Transaktion an und bringt den sog. Zeitstempel (Time Stamp) an.[29] Ab dem Anbringen des Zeitstempels hat die 10-sekündige Ausführungsfrist, zu welcher sich der Zahlungsdienstleister des Zahlers im Interbankenverhältnis verpflichtet hat, zu laufen begonnen. Anschließend gibt die Zahlerbank eine Transaktionsmeldung an ihre Clearingstelle. Die

---

[23] *Casper*, RdZ 2020, 28 (29); vgl. zum Ablauf auch *Herresthal*, ZIP 2019, 895 (897 f.).
[24] §§ 675n Abs. 1, 675 Abs. 1, 665 BGB.
[25] In der Folge SB EÜ.
[26] *Herresthal*, ZIP 2019, 895 (900); *Casper*, RdZ 2020, 28 (29 f.).
[27] Ziff. 1.3 SB EÜ.
[28] § 675o Abs. 1 BGB und Ziff. 1.4 SB EÜ.
[29] Ziff. 4.2.3 SICT RB.

© Der/die Autor(en) 2023
M. Rakers, *Die rechtlichen Herausforderungen der Echtzeitüberweisung*, https://doi.org/10.1007/978-3-658-41481-8_2

Clearingstelle der Zahlerbank reserviert den entsprechenden Betrag anschließend als Sicherheit bei der Zahlerbank und übermittelt den Instant-Auftrag an die Clearingstelle der Empfängerbank, welche die Empfängerbank nach einer Prüfung der (zumindest passiven) Teilnahme am Echtzeitüberweisungsverkehr darüber informiert. Die Empfängerbank prüft, ob die Zahlung beim Empfänger gutgeschrieben werden kann (sog. Validierungsprüfung bzw. Validation Checks). Dafür ist maßgeblich, ob das angegebene Empfängerkonto überhaupt vorhanden ist. Eine Kontoaufrufprüfung, d.h. ein Abgleich zwischen Empfängernamen und Kontonummer, findet nicht statt, da bereits für den konventionellen Überweisungsverkehr von der Option des § 675r BGB, den Zahlungsauftrag allein auf Basis der IBAN auszuführen, Gebrauch gemacht worden ist.[30]

Das Ergebnis dieser Prüfung teilt der Zahlungsdienstleister des Empfängers seiner Clearingstelle mit. Wenn die Clearingstelle der Empfängerbank den Erhalt des positiven Prüfungsergebnisses bestätigt, stellt die Empfängerbank den Geldbetrag auf dem Konto des Empfängers zur Verfügung. Die Empfängerbank meldet die erfolgreiche Transaktion seiner Clearingstelle, die die Meldung an die Clearingstelle des Zahlers weiterleitet, welche der Zahlerbank über die erfolgreiche Transaktion Auskunft gibt. Das Konto des Zahlers wird nun belastet, falls der Betrag zuvor nur einer Reservierung unterlag. Dieser Vorgang muss ausweislich des europäischen Interbankenabkommens innerhalb von zehn Sekunden erfolgen.[31] In der Regel werden Echtzeitüberweisungen sogar innerhalb von unter drei Sekunden abgewickelt, da die beschriebenen Prozesse vollautomatisiert verlaufen.[32] Optional und außerhalb des Zeitrahmens kann dann noch eine Mitteilung der Zahlerbank an den Zahler über die erfolgreiche Transaktion vorgenommen werden. Wann das Clearing und Settlement, also die Abrechnung im Interbankenverhältnis, erfolgt, ist im SEPA Instant Credit Transfer Rulebook nicht festgelegt. Es ist – wie bei der konventionellen Überweisung – möglich, dass die Empfängerbank den Geldbetrag zunächst (und damit nunmehr in Echtzeit über ein Echtzeit-Brutto-Clearingsystem) erhält und ihn dann bei dem Zahlungsempfänger gutschreibt. Regelmäßig leiten die Clearingstellen das endgültige Settlement der Transaktion erst im Anschluss an die Gutschrift bei dem Empfänger über ein nachgelagertes Netto-Clearingverfahren ein.

---

[30] Vgl. *Casper*, RdZ 2020, 28 (29).
[31] Ziff. 4.2.3 (B) SICT RB.
[32] *Wischmeyer*, Funktionsweise Echtzeitüberweisung, Süddeutsche Zeitung, 09.07.2018.

Falls einer der beschriebenen Schritte scheitert, muss die betroffene Stelle eine Mitteilung über den erfolglosen Transaktionsversuch an die vorgelagerte Stelle übermitteln. Spätestens zwanzig Sekunden nach dem Anbringen des Zeitstempels muss die Transaktion abgebrochen werden und eine negative Meldung an die Zahler- und die Empfängerbank gesendet werden.[33]

Im Vergleich zur üblichen Überweisung weist die Echtzeitüberweisung drei entscheidende Unterschiede auf: Der Zahlungsauftrag kann an jedem Tag und zu jeder Uhrzeit erteilt werden, die Transaktion wird zwingend in Echtzeit (d.h. wenigen Sekunden) umgesetzt und das Clearing und Settlement im Interbankenverhältnis kann auch erst im Anschluss an die Gutschrift beim Empfänger erfolgen. Auf diese wesentlichen Charakteristika der Echtzeitüberweisung wird im Laufe dieser Arbeit daher regelmäßig rekurriert werden.

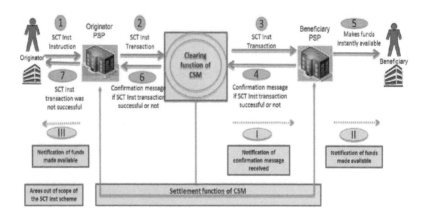

Abb. 1: Ablauf der Echtzeitüberweisung – Quelle: Ziff. 1.4 SEPA Instant Credit Transfer Rulebook

---

[33] Ziff. 4.2.3 (C) und (D) SICT RB.

B. Ökonomischer Hintergrund

Die Echtzeitüberweisung bietet aufgrund ihrer beschriebenen Charakteristika Vorteile für die Nutzer gegenüber der herkömmlichen SEPA-Überweisung. Ihre Einsatzfelder liegen vor allem in Bereichen, in denen ein schneller Geldtransfer notwendig ist.

I. Nutzen im Distanzgeschäft

Für den Nutzer dieser Zahlungsart steht die Übertragung des Geldbetrages innerhalb von zehn Sekunden im Vordergrund. Durch die sofortige Buchgeldübertragung im Zusammenspiel mit der jederzeitigen Erreichbarkeit des Zahlungssystems kann der Zahler und Schuldner kurzfristig einen Zahlungsverzug vermeiden.[34] Dabei ist vonseiten des Zahlers aber zwingend darauf zu achten, dass auch die Empfängerbank zumindest passiv am SEPA-Echtzeitzahlungsverkehr teilnimmt. Bedeutung hat eine solche unmittelbare Zahlung im Verbrauchergeschäft, aber nochmals gesteigert im Unternehmergeschäft, in welchem teils hohe Vertragsstrafen für den eingetretenen Zahlungsverzug vereinbart werden. Der Zahlungsempfänger ist infolge der Echtzeitüberweisung in der Lage, den Überweisungsbetrag sofort vom Konto abzuheben oder für eine eigene Buchgeldzahlung zu verwenden.[35] Im Distanzgeschäft folgt daraus die faktische Aufhebung der Vorleistungspflicht des Händlers.[36] Mit Blick auf den im Fortschritt befindlichen Online-Handel kann die Ware nunmehr unmittelbar im Anschluss an die Echtzeitzahlung versandt oder die Dienstleistung erbracht bzw. deren Erbringung initiiert werden. Die herkömmliche Überweisung bedurfte zur Bereitstellung des Geldes in der Regel einen Geschäftstag, während Zahlungsauslösedienstleister, Wallet-Lösungen und Betreiber von blockchainbasierten Zahlungsformen wie Bitcoin eine erfolgreiche Transaktion in Echtzeit anzeigen konnten.[37] Deshalb bilden die genannten Zahlungsformen die Alternative zur Vermeidung des Vorleistungsrisikos des Händlers.[38] Die sofortige Bereitstellung im Kontokorrent des Empfängerkontos können andere Bezahldienste aber nicht leisten. Eine Zahlungsbestätigung des Zahlungsauslösedienstleisters an den Händler bedeutet nämlich nicht, dass der Geldbetrag dem Empfänger bereits zur Verfügung gestellt wurde.

---

[34] Vgl. *Herresthal*, ZIP 2019, 895 (899).
[35] Vgl. *Herresthal*, ZIP 2019, 895 (898).
[36] Vgl. *Herresthal*, ZIP 2019, 895 (898); *Casper*, RdZ 2020, 28 (29).
[37] Vgl. *Casper*, RdZ 2020, 28 (29) m.w.N. zu den rechtlichen Grundlagen der weiteren Zahlungsformen.
[38] Zu den Zahlungsauslösedienstleistern, siehe 4. Kapitel B.

Aus diesem Grund bedient sich unter anderem PayPal mittlerweile selbst (für den Nutzer kostenpflichtig) der Echtzeitüberweisung, um die sofortige Verfügbarkeit des Geldbetrages in den eigenen Service aufzunehmen.[39] Bei der Nutzung der Echtzeitüberweisung bleiben die Bankkunden aber ausschließlich im Vertragsverhältnis zu ihren Banken und müssen sich keiner Vertragsbindung zu weiteren Zahlungsdienstanbietern unterwerfen. Dies ist gerade für den gewerblichen Zahlungsempfänger von Bedeutung, der regelmäßig Transaktionskosten an den Zwischenakteur abführen und deshalb einen Abschlag vom Zahlungsbetrag akzeptieren muss.[40]

II. Nutzen im Präsenzgeschäft

Aber auch im Präsenzgeschäft wird die Echtzeitüberweisung schon genutzt.[41] Für den Bankkunden stellt das Buchgeld infolge der Einführung der Echtzeitüberweisung ein geeignetes Substitut zum Bargeld dar.[42] Die Risiken und Kosten von großen Bargeldbeständen entfallen vollständig. Beispielsweise wurde im Kfz-Handel der Geldbetrag regelmäßig in bar Zug-um-Zug gegen die Übergabe des Fahrzeugs samt Schlüssel und Fahrzeugpapieren gezahlt. Hier wird mittlerweile oftmals vor Ort der Zahlungsbetrag in Echtzeit überwiesen und bei bestätigtem Eingang des Geldes die Übergabe veranlasst. Selbiges gilt für Handwerksleistungen, die unmittelbar vor Ort und in nachweisbarer Weise bezahlt werden können. Die Unwiderruflichkeit der Echtzeitüberweisung trägt zum Vertrauen des Zahlungsempfängers in die Finalität der erbrachten Zahlungsleistung bei. *Herresthal* nennt als zukünftig vorstellbare Geschäfte auch kurzfristige Versicherungsverträge mit Sofortleistung, die zum Beispiel im Urlaub vor der Inanspruchnahme einer Leistung abgeschlossen werden können und im Versicherungsfall ohne Verzögerung zahlen.[43] Die Händler müssen zudem auch nicht zwingend ein Karten-Device bereithalten, da der Zahler allein mithilfe seines Mobile- bzw. Online-

---

[39] Hierzu ausführlich in Abschnitt 4. Kapitel B.
[40] Vgl. Ziff. 1.8 SICT RB; *Zahrte*, in: Bunte/Zahrte, AGB Banken, 4. Teil V. Rn. 1; *Herresthal*, ZIP 2019, 895 (898); Händler-Umfrage der GS1 Germany GmbH (2017), abrufbar unter: https://www.gs1-germany.de/fileadmin/gs1/basis_informationen/sepa_instant_payments_studie2017_befragung.pdf (letzter Abruf: 30.09.2022).
[41] Vgl. *Herresthal*, ZIP 2019, 895 (898 f.).
[42] Vgl. *Herresthal*, ZIP 2019, 895 (898).
[43] Vgl. *Herresthal*, ZIP 2019, 895 (898).

Bankings die Zahlung initiieren kann. Zahlungsrückläufer, wie sie bei dem Lastschriftverfahren vorkommen können, sind bei der Echtzeitüberweisung gegenwärtig nicht möglich.

III. Cashflow-Management des Zahlungsempfängers

Für Unternehmen bietet sich durch die Abwicklung des Zahlungsverkehrs in Echtzeit die Möglichkeit eines besseren Cashflow-Managements.[44] Die Tagesdispositionen können effizienter vorgenommen und das Umlaufvermögen dadurch besser verwaltet werden. Außerdem kann sich die Integration der Zahlungen in das IT-System durch die Bereitstellung auf dem eigenen Bankkonto einfacher gestalten. Bei größeren Geldtransfers kann die Erforderlichkeit externer Finanzierung vermindert werden.

IV. Einheitlicher europäischer Rahmen für den Bankenverkehr

Sowohl für die Zahlungsdienstnutzer als auch für die teilnehmenden Zahlungsdienstleister bieten sich Vorteile aus dem einheitlichen Echtzeitzahlungssystem in allen Ländern des Euro-Zahlungsraumes.[45] Die EU-Kommission und die das weitere Regelwerk schaffenden europäischen Organisationen gewährleisten neben den rechtlichen auch technische Rahmenbedingungen, um die Zersplitterung des Marktes für Instant-Payment-Lösungen zu vermeiden. Eine grenzüberschreitende Lösung vereinfacht gerade im Bereich des zunehmend international orientierten Online-Handels die Zahlung. Sämtliche beteiligte Personen können auf automatisierte Verfahren und akzeptierte Standards vertrauen.[46]

V. Vorteile der Zahlungsdienstleister

Wenngleich die Einführung der SEPA-Echtzeitüberweisung für die teilnehmenden Institute mit erheblichen Investitionskosten verbunden war,[47] gibt das SEPA Instant Credit Transfer Rulebook den Instituten die freie Wahl bezüglich des genutzten Clearing-und-Settlement-

---

[44] Vgl. *Herresthal*, ZIP 2019, 895 (898).
[45] Website der European Payments Council, abrufbar unter: www.europeanpaymentscouncil.eu/what-we-do/sepa-instant-credit-transfer (letzter Abruf: 30.09.2022).
[46] Vgl. Ziff. 1.8 SICT RB.
[47] Bearing Point Studie: „Zahlungsverkehr 4.0 – Welche Auswirkungen hat das Digitalisierungsprojekt auf den Zahlungsverkehr?", 2017, abrufbar unter: https://www.bearingpoint.com/files/Studienergebnisse_BearingPoint_Studie_Zahlungsverkehr_4.0.pdf?download=0&itemId=386092 (letzter Abruf: 30.09.2022).

Systems (Clearing and Settlement Mechanism – CSM).[48] Hier können die Zahlungsdienst-leister auf bewährte Systeme zurückgreifen, haben aber auch die Möglichkeit das eigens für die SEPA Instant Payments geschaffene System zu nutzen. Den Zahlungsdienstleistern bietet sich durch die SEPA-Echtzeitüberweisung die Gelegenheit, ein eigenes Instant-Payment-Produkt gegen eine Gebühr anzubieten und dadurch an Drittanbieter verlorene Marktanteile auf diesem Gebiet zurückzuerlangen.

C. Der Weg zur SEPA-Echtzeitüberweisung

Die SEPA-Echtzeitüberweisung ist das jüngste Produkt einer langen Entwicklung des euro-päischen Zahlungsverkehrs. Das Recht der Überweisung wurde vonseiten des europäischen Gesetzgebers fortlaufend aktualisiert und weiterentwickelt. Parallel begann der Aufbau eines einheitlichen Zahlungsverkehrsraum (SEPA) mit standardisierten Zahlungsformen. Vor dem Hintergrund des Fortschritts der technischen Möglichkeiten wurden und werden zunehmend Zahlungsabwicklungen in Echtzeit angeboten.

I. Entwicklung des Überweisungsrechts

Ein derart detailliert ausgeformtes Zahlungsverkehrsrecht, wie es der Status Quo ist, gab es im zunächst rein nationalen Ansatz nicht. Abgestellt wurde allein auf den Weisungscharakter des Überweisungsauftrages, der seine Grundlage in einem entgeltlichen Geschäftsbesor-gungsvertrag mit dem Kreditinstitut hatte.[49] Entsprechend war das Recht des entgeltlichen Geschäftsbesorgungsvertrages (§ 675 Abs. 1 BGB) mit seinen Verweisungen zum Auftrags-recht auf die Überweisung anwendbar und wurde von der Rechtsprechung konkretisiert.[50] Die europäischen Institute verblieben bei unverbindlichen Regelungen zum Zahlungsver-kehr. Vonseiten der EU-Kommission wurden eine Empfehlung für einen Verhaltenskodex

---

[48] Hierzu ausführlich im 3. Kapitel C. I.
[49] *Häuser*, in: MüKo HGB, B Rn. 4.
[50] Vgl. BGH, Urt. v. 19.03.1991 – XI ZR 102/90 = NJW 1991, 2210; *Zahrte*, in: Fandrich/Karper, MAH Bank- und Kapitalmarktrecht, § 5 Rn. 63; *Häuser*, in: MüKo HGB, B Rn. 8; *Korff*, in: Derle-der/Knops/Bamberger, Deutsches und europäisches Bank- und Kapitalmarktrecht, § 45 Rn. 6.

zum elektronischen Zahlungsverkehr[51], eine Empfehlung zu Zahlungssystemen, insbesondere zu den Beziehungen zwischen Karteninhabern und Kartenausstellern[52], eine Empfehlung zur Transparenz der Bankkonditionen bei grenzüberschreitenden Finanztransaktionen[53]
sowie eine Empfehlung zu den Geschäften, die mit elektronischen Zahlungsinstrumenten getätigt werden,[54] erarbeitet. Die Verfahren und Grundlagen von Zahlungsdiensten innerhalb
des europäischen Raumes verblieben dennoch uneinheitlich und intransparent.[55]

Mit der nationalen Umsetzung der Überweisungsrichtlinie[56] in Gestalt des Überweisungsge-
setzes vom 21.07.1999[57], welches am 14.08.1999 in Kraft trat, wurde in den §§ 675a-
676g BGB 1999 die Überweisung erstmals eigenständig als Form des bargeldlosen Zahlungsverkehrs geregelt.[58] Während die Richtlinie und auch die nationale Umsetzung
(Art. 228 Abs. 1 EGBGB) zunächst nur grenzüberschreitende Überweisungen in andere EU-
/EWR-Staaten in die jeweils nationalen Währungen oder in Euro erfasste, galten die nationalen Umsetzungsvorschriften ab dem 01.01.2002 auch für die Inlandsüberweisung und alle
Auslandsüberweisungen (Art. 228 Abs. 2 EGBGB). Dogmatisch stützte sich die Überweisung auf einen Überweisungsvertrag im Deckungsverhältnis als Grundlage für die Überweisungspflicht, einen Zahlungsvertrag als Rechtsgrundlage für die Weiterleitung einer überbe-
trieblichen Überweisung und für Ausgleichsansprüche im Interbankenverhältnis sowie einen
Girovertrag für die Kontoführung und den Anspruch des Empfängers auf die Gutschrift.[59]

---

[51] Empfehlung der Kommission v. 08.12.1987 zu den Beziehungen zwischen Finanzinstituten, Händ-
      lern/Dienstleistungserbringern und Verbrauchern, 87/598/EWG, ABl. EG 1987 L 365, S. 72.
[52] Empfehlung der Kommission v. 17.11.1988 zu Zahlungssystemen, insbesondere zu den Beziehungen zwi-
      schen Karteninhabern und Kartenausstellern, 88/590/EWG, ABl. EG 1988 L 317, S. 55.
[53] Empfehlung der Kommission v. 14.02.1990 zur Transparenz der Bankkonditionen bei grenzüberschreiten-
      den Finanztransaktionen, 90/109/EWG, ABl. EG 1990 L 67, S. 39.
[54] Empfehlung der Kommission v. 30.07.1997 zu den Geschäften, die mit elektronischen Zahlungsinstru-
      menten getätigt werden (besonders zu den Beziehungen zwischen Emittenten und Inhabern solcher Instru-
      mente), 97/489/EG, ABl. EG 1997 L 208, S. 52.
[55] Vgl. *Herresthal*, in: MüKo HGB, B Rn. 4.
[56] V. 27.01.1997, RL 97/5/EG, ABl. EG 1997 L 43, S. 25.
[57] BGBl. 1999 I, S. 1642 f.
[58] *Werner*, WM 2014, 243 (244 f.); *Häuser*, in: MüKo HGB, B Rn. 8.
[59] Vgl. *Häuser*, in: MüKo HGB, B Rn. 46; *Korff*, in: Derleder/Knops/Bamberger, Deutsches und europäi-
      sches Bank- und Kapitalmarktrecht, Bd. 1, § 45 Rn. 6.

Einen umfassenden Wandel erfuhr das Zahlungsverkehrsrecht im Jahr 2007 mit dem Erlass der 1. Zahlungsdiensterichtlinie[60]. Diese hatte das Ziel, für den Zahlungsdienstnutzer transparente Vertragsbedingungen und Informationen sowie einen EU-weiten Anforderungskatalog für Zahlungsvorgänge zu schaffen.[61] Ein sicherer und schneller Handel innerhalb des europäischen Binnenmarktes bedurfte entsprechender Zahlungsverkehrssysteme.[62] Art. 86 Abs. 1 ZDRL I setzte dabei auf eine vollständige Harmonisierung, sodass die nationale Umsetzung das Schutzniveau der Richtlinie weder über- noch unterschreiten durfte.[63] Eine Sperrwirkung entfaltet die Richtlinie aber nur dann, wenn sie für den konkreten Sachverhalt eine ausdrückliche Regelung enthält.[64] Die Richtlinie regelt im Grundsatz nur die vertraglichen Verpflichtungen und Verantwortlichkeiten zwischen dem Zahlungsdienstnutzer und seinem Zahlungsdienstleister.[65] Dieses Verhältnis regelt die Richtlinie aber im Detail.[66] Das Valuta- und Interbankenverhältnis ist dagegen der Selbstregulation vorbehalten.[67] Der deutsche Gesetzgeber behielt seine Aufteilung in das Zivil- und Aufsichtsrecht bei, weshalb die ZDRL I in zwei Gesetzen umgesetzt wurde. Das Gesetz zur Umsetzung der Verbraucherkreditrichtlinie, des zivilrechtlichen Teils der Zahlungsdiensterichtlinie sowie zur Neuordnung der Vorschriften über das Widerrufs- und Rückgaberecht[68] ersetzte mit Wirkung zum 31.10.2009 die §§ 676a-676h BGB 1999 durch den neuen Untertitel 3 (Zahlungsdienste) des 12. Titels, nämlich §§ 675c-676c BGB.[69] Die Begriffsbestimmungen des Aufsichtsrechts, also des KWG und ZAG, finden über § 675c Abs. 3 BGB auch im Zivilrecht Anwendung. Entsprechend der Richtlinie gelten die Vorschriften währungsunabhängig für inländische und grenzüberschreitende Zahlungsvorgänge. Geregelt wurde – anders als zuvor – nicht allein und separat der Überweisungsverkehr, sondern alle bargeldlosen Zahlungsverfahren.[70] An-

---

[60] In der Folge ZDRL I, v. 13.11.2007, 2007/65/EG, ABl. EU 2007 L 319, S. 1 ff.; die Überweisungsrichtlinie (97/5/EG) wurde damit aufgehoben.
[61] *Hopt*, in: Hopt, HGB, (7) Bankgeschäfte Rn. C/1; *Häuser*, in: MüKo HGB, B Rn. 12.
[62] *Herresthal*, in: MüKo HGB, A Rn. 1.
[63] Vgl. BGH, Urt. v. 22.05.2012 – XI ZR 290/11 = BGHZ 193, 238 Rn. 23.
[64] Vgl. *Häuser*, in: MüKo HGB, B Rn. 12.
[65] Erwägungsgrund 47 der ZDRL I.
[66] Hierzu Begr. RegE zum deutschen Umsetzungsgesetzes, BT-Drs. 16/11643, S. 118.
[67] Vgl. BGH, Urt. v. 22.05.2012 – XI ZR 290/11, Rn. 24, 28 = NJW 2012, 2574 ff.; *Piepenbrock*, WM 2015, 797 (797); *Häuser*, in: MüKo HGB, B Rn. 12.
[68] V. 29.07.2009, BGBl. 2009 I, S. 2355.
[69] Vgl. ausführlich *Derleder*, NJW 2009, 3195 (3198); *Grundmann*, WM 2009, 1109 (1110); *Rößler/Werner*, BKR 2009, 1 (5 ff.).
[70] Mit Ausnahme des Scheckverkehrs, vgl. *Häuser*, in: MüKo HGB, B Rn. 9; *Herresthal*, in: MüKo HGB, A Rn. 1.

wendbar sind die Vorschriften nämlich auf alle in § 1 Abs. 1 S. 2 ZAG genannten Zahlungsdienste.[71] Da die Vorschriften nicht nach den Zahlungsdiensten differenzieren, sondern abs-
trakt-generelle Regelungen darstellen, die nach dem Ablauf eines Zahlungsvorganges systematisiert sind, bedarf es für die Anwendung auf den Überweisungsverkehr einer konkreten
Subsumtion.[72] Wenngleich mit der neuen Struktur des Zahlungsverkehrsrechts durch die
ZDRL I eine Abkehr von der Dogmatik des Überweisungsvertrages und die Rückkehr zum
Weisungsmodell[73] verbunden ist, wurde trotz des daraus resultierenden Charakters der Erbringung von Zahlungsdiensten als Geschäftsbesorgung im Sinne des § 675 Abs. 1 BGB ein
eigener Abschnitt für Zahlungsdienste wegen ihrer großen Bedeutung und detaillierten Re-
gelungen in das BGB eingefügt.[74] Die Vorschriften sind einseitig zwingend zugunsten von
Kontoinhabern mit Verbrauchereigenschaft, während bei Nicht-Verbrauchern und Drittstaa-
ten-Zahlungsvorgängen Abweichungen möglich waren und einige Vorschriften bereits keine
Anwendung fanden (§ 675e Abs. 2 S. 1 BGB).[75]

Zur Stärkung der Verbraucherrechte und des Wettbewerbs sowie zur Vertiefung der Marktin-
tegration in der EU wurde im Jahr 2015 die 2. Zahlungsdiensterichtlinie[76] erlassen. Der
Rechtsrahmen sollte an die fortentwickelten technischen Begebenheiten angepasst werden.[77]
Wiederum wurde in Art. 107 ZDRL II eine Vollharmonisierung festgelegt,[78] sodass die gleichen Grundsätze wie bei der ZDRL I gelten.[79] Das Gesetz zur Umsetzung der 2. Zahlungsdiensterichtlinie (ZDUG) hat die Änderungen, die sich in die vorherige Struktur einfügen,
mit Wirkung zum 13.01.2018 umgesetzt. Die bedeutendste Neuerung betrifft die Integration
von Zahlungsauslöse- und Kontoinformationsdienstleistern als dritte Zahlungsdienstleister
im Online-Banking.[80] Zusätzlich wurde die Rechtsstellung des Überweisenden bei der nicht

---

[71] Vgl. *Beesch*, in: Dauner-Lieb/Langen, SchR, Vorb. §§ 675c-676c Rn. 3.
[72] Vgl. *Häuser*, in: MüKoHGB, B Rn. 10; *Schmalenbach*, in: BeckOK BGB, § 675c Rn. 14; *Werner*, WM
    2014, 243 (247).
[73] Vgl. *Beesch*, in: Dauner-Lieb/Langen, SchR, Vorb. §§ 675c-676c Rn. 14; *Zahrte*, in: Fandrich/Karper,
    MAH Bank- und Kapitalmarktrecht, § 5 Rn. 63.
[74] Vgl. *Häuser*, in: MüKo HGB, B Rn. 9 unter Bezugnahme auf die Begr. RegE, BT-Drs. 16/11643, S. 98.
[75] Vgl. *Häuser*, in: MüKo HGB, B Rn. 9.
[76] ZDRL II, v. 25.11.2015, 2015/2366/EU, ABl. EU 2015 L 337, 3 ff.; damit wurde die ZDRL I mit Wirkung
    zum 31.01.2018 aufgehoben (Art. 114 ZDRL II); zur Zielsetzung vgl. *Deutsche Bundesbank*, Monatsbe-
    richt April 2018, 43 (54); *Omlor*, BKR 2019, 105 (105); *Häuser*, in: MüKo HGB, B Rn. 14.
[77] Begr. RegE, BT-Drs. 18/11445, S. 78.
[78] Vgl. *Hopt*, in: Hopt, HGB, (7) Bankgeschäfte Rn. C/4.
[79] Vgl. Begr. RegE, BT-Drs. 18/11495, S. 78.
[80] Vgl. *Häuser*, in: MüKo HGB, B Rn. 14; *Hopt*, in: Hopt, HGB, (7) Bankgeschäfte Rn. C/2; *Omlor*, JuS
    2019, 289 (293); zu den Zahlungsauslösediensleistern, vgl. 4. Kapitel B.

autorisierten oder verspätet ausgeführten Überweisung verbessert, eine Verpflichtung zur Nutzung der starken Kundenauthentifizierung in bestimmten Konstellationen sowie ein Verbot des sog. Surchargings im Valutaverhältnis eingeführt und die Informationspflichten aus Art. 248 EGBGB novelliert.[81]

Auf diese Weise wurde ein einheitlicher europäischer Rechtsrahmen für das Deckungs- und Inkassoverhältnis eingeführt, der abstrakt für nahezu alle Zahlungsvorgänge Anwendung findet. Eine Änderung der Gesetzeslage bei der Einführung der Echtzeitüberweisung wurde daher nicht vorgenommen.

II. Entwicklung der SEPA-Überweisung

Neben dem Prozess der Vereinheitlichung des Zahlungsverkehrsrechts durch die EU, welches das Interbankenverhältnis fast vollständig ausklammert, begannen Bankverbände mit der Schaffung eines einheitlichen Euro-Zahlungsverkehrsraumes mit angeglichenen Prozessen, der Single Euro Payment Area (SEPA).[82] Federführend vorangetrieben wurde die Schaffung und Erweiterung vom im Jahr 2002 auf Initiative der europäischen Bankenverbände gegründeten European Payment Council (EPC) mit Sitz in Brüssel. Das EPC ist eine internationale Non-Profit-Organisation privaten Rechts und besteht aus Zahlungsverkehrsdienstleistern sowie deren Vertretern aus dem EWR.[83] Sein Ziel ist die Realisierung der SEPA im Wege der Selbstregulation.[84] Dabei ist der räumliche Anwendungsbereich der ZDRL und der SEPA-Zahlungssysteme nicht deckungsgleich. Die SEPA erfasst neben den EU-Mitgliedstaaten und dem EWR auch die Schweiz, Monaco, San Marino, Jersey, Guernsey, Isle of Man, Saint-Pierre und Miquelon.[85] Auch Großbritannien verbleibt nach dem Brexit im SEPA-Zahlungsraum. Über Ziff. 5.14 SEPA Instant Credit Transfer Rulebook müssen die

---

[81] Ausführlich hierzu *Häuser*, in: MüKo HGB, B Rn. 14, 17.

[82] Vgl. Art. 3 Abs. 1 lit. c) EG-Vertrag, hierzu *Häuser*, in: MüKo HGB, B Rn. 34.

[83] *Köndgen*, in: FS Hopt, 2020, 539 (544); *Herresthal*, ZIP 2019, 895 (896); *Schmalenbach*, in: BeckOK BGB, § 675c Rn. 6; zum näheren Aufbau vgl. auch *Herresthal*, in: MüKo HGB, A Rn. 9.

[84] Art. 1 EPC By-Laws, abrufbar unter: https://www.europeanpaymentscouncil.eu/sites/default/files/kb/file/2020-03/EPC148-19%20EPC%20By-laws%20EN%20v1.0.pdf; *Herresthal*, ZIP 2019, 895 (896); *Köndgen*, in: FS Hopt, 2020, S. 539, 542; *Schürmann*, Die zivilrechtliche Umsetzung der Zahlungsdiensterichtlinie, S. 11 (14 f.).

[85] Vgl. *Schmalenbach*, in: BeckOK BGB, § 675c Rn. 6; *Herresthal*, in: MüKo HGB, A Rn. 6.

Vorgaben aus Titel III und IV der ZDRL damit auch weiterhin von britischen Zahlungs-dienstleistern im Verhältnis zu anderen Teilnehmern an der Echtzeitüberweisung und ihren Kunden umgesetzt werden. SEPA-Vorschriften erfassen zudem nur Eurozahlungen, während die ZDRL auch auf Fremdwährungen anwendbar ist.

Die SEPA-Überweisung wurde am 28.01.2008 durch die Veröffentlichung des SEPA Credit Transfer Rulebooks eingeführt.[86] Damit hatte das EPC die technischen und rechtlichen Vo-raussetzungen für die Nutzung dieser Zahlungsform bereitgestellt.[87] Fortan bestanden ein-heitliche Standards für die Abwicklung sowie einheitliche SEPA-Datenformate auf XML-Basis (ISO 20022-Standard[88]) für Zahlungsnachrichten.[89] Merkmal der SEPA-Überweisung im Unterschied zu den nationalen Überweisungsformen war die Identifizierung der Konten anhand der International Bank Account Number (IBAN) und des Bank Identifier Code (BIC) anstelle von Kontonummer und Bankleitzahl.[90] Die Konsequenz war die beschleunigte Aus-führung innerhalb eines Werktages und die Senkung der Transaktionskosten.

Die EU wollte nunmehr ein Bindeglied zwischen den Unionsbehörden und dem EPC schaf-fen, weshalb die Kommission und die EZB im Jahr 2010 zunächst den SEPA-Rat etablierten, der 2012 durch das European Retail Payments Board (ERPB) ersetzt wurde.[91] Bei wichtigen Regeländerungen in den SEPA-Regelwerken wird nun das Eurosystem (Art. 127 AEUV) frühzeitig und privilegiert in den Konsultationsprozess eingebunden.[92]

Die SEPA-Überweisung war als zusätzliches Angebot neben den nationalen Überweisungs-formen mit dem Ziel marktgetriebener Migration geplant.[93] Die Entwicklung der Marktan-teile unterschritt die Erwartungen allerdings deutlich.[94] Auf Vorschlag der EU-Kommission erließ das EU-Parlament am 14.03.2012 die Verordnung des Parlaments und des Rates zur

---

[86] Vgl. *Häuser*, in: MüKo HGB, B Rn. 36.
[87] Näher zur Rechtsnatur der SEPA-Rulebooks: 2. Kapitel C. II.
[88] Standardisierungsansatz von Nachrichten für Finanzdienstleistungen basierend auf der eXtensible Markup Language (XML), vgl. *Herresthal*, in: MüKo HGB, A Rn. 9.
[89] Vgl. *Häuser*, in: MüKo HGB, B Rn. 36.
[90] Vgl. *Häuser*, in: MüKo HGB, B Rn. 37.
[91] *Köndgen*, in: FS Hopt, 2020, S. 539 (549 f.).
[92] *Köndgen*, in: FS Hopt, 2020, S. 539 (550).
[93] Vgl. *Häuser*, in: MüKo HGB, B Rn. 38; *Deutsche Bundesbank*, Monatsbericht Januar 2012, 47 (48).
[94] Vgl. *Deutsche Bundesbank*, Monatsbericht Januar 2012, 47 (48).

Festlegung der Technischen Vorschriften und der Geschäftsanforderungen für Überweisung und Lastschriften in Euro und zur Änderung der Verordnung (EU) Nr. 924/2009 (sog. SEPA-Verordnung oder SEPA-MigrationsVO)[95], welche am 31.03.2012 in Kraft trat.[96] Die Gestaltung des Verfahrens für die Überweisung wurde dadurch konkretisiert und dessen Umsetzung in objektiven Pflichten der Zahlungsdienstleister festgehalten.[97] In Art. 6 Abs. 1 SEPA-VO wurde ein verbindlicher Auslauftermin für nationale Überweisungen auf den 01.02.2014 bestimmt.[98] Die nationalen Vorschriften mussten derart in das SEPA-Verfahren migrieren, dass sämtliche Zahlungsdienstleister europaweit erreicht werden konnten (Art. 3 Abs. 1 SEPA-VO).[99] Die Nutzung der IBAN wurde zudem verpflichtend.[100] Daneben wurde zur Ergänzung ausfüllungsbedürftiger Vorschriften das SEPA Begleitgesetz[101] erlassen. Die Überwachung der Vorschriften wird danach durch die BaFin gemäß § 25b Nr. 3 KWG gewährleistet.[102] Mithilfe der SEPA-VO wurde die SEPA-Überweisung zur europaweiten Standard-Zahlungsart.

III. Entwicklung der Echtzeitzahlungssysteme

Mit dem Bedarf nach schnellstmöglichen Zahlungslösungen, insbesondere im Online-Handel, gerieten Echtzeitzahlungssysteme zunehmend in den Fokus. Die technische Möglichkeit, Buchgeld in Echtzeit zu übertragen, bestand dabei schon recht früh. Bereits seit 1999 existiert das zuvor erwähnte Echtzeit-Bruttoabwicklungssystem TARGET und seit 2008 sein Nachfolger TARGET II, welche primär für Großbetragszahlungen in Euro konzipiert sind.[103] Als Bruttoabwicklungssysteme behandeln sie jede Zahlung gesondert, ohne Aufrechnung gegenseitiger Verpflichtungen zwischen den beteiligten Parteien.[104] TARGET und TARGET II sind allerdings nicht zu jeder Zeit erreichbar und aufgrund ihrer begrenzten Kapazität und

---

[95] VO (EU) Nr. 260/2012.
[96] Vgl. *Schmalenbach*, in: BeckOK BGB, § 675c Rn. 2; *Häuser*, in: MüKo HGB, B Rn. 41; *Sprau*, in: Grüneberg, BGB, Vor § 675c Rn. 10; *Werner*, WM 2014, 243 (248); *Bautsch/Zahrte*, BKR 2012, 229 (229); *Walter*, DB 2013, 385 (385); *Reymann*, JuS 2012, 781 (787).
[97] Vgl. *Schmalenbach*, in: BeckOK BGB, § 675c Rn. 7.
[98] Dieser wurde nachträglich durch die VO (EU) Nr. 248/2014 bis zum 01.08.2014 verlängert.
[99] Vgl. *Schmalenbach*, in: BeckOK BGB, § 675c Rn. 7.
[100] Vgl. *Zahrte*, in: Fandrich/Karper, MAH Bank- und Kapitalmarktrecht, § 5 Rn. 64.
[101] BGBl. 2012 I, S. 610.
[102] Vgl. *Häuser*, in: MüKo HGB, B Rn. 42.
[103] *Einsele*, Bank- und Kapitalmarktrecht, 2. Kap. § 6 Rn. 121.
[104] Vgl. *Papathanassiou*, in: SBL, BankR-HB, § 134 Rn. 111.

hohen Kosten auch nicht für den Massenzahlungsverkehr in Echtzeit ausgerichtet.[105] Sie werden deshalb nicht vom Endverbraucher, sondern von den an einem Zahlungsvorgang beteiligten Banken zum Clearing und Settlement verwendet. TARGET II funktioniert auf einer einheitlichen technischen Plattform von der Deutschen Bundesbank, der Banca d'Italia und der Banque de France.[106] Bei rechtlicher Betrachtung handelt es sich um verschiedene Zahlungssysteme der nationalen Zentralbanken. Die Teilnahmebedingungen wurden aber weitgehend harmonisiert.[107] Zur Zahlungsdurchführung werden die Überweisungsbeträge vom Zentralbankkonto der überweisenden Bank auf das Zentralbankkonto der Empfängerbank übertragen. Die Forderungen bzw. Verbindlichkeiten der jeweiligen Zentralbank werden anschließend auf einem Konto der Europäischen Zentralbank verbucht. An TARGET II nehmen Kreditinstitute direkt teil, die ein eigenes Real-Time-Gross-Settlement-Konto (RTGS-Konto) unterhalten. Eine indirekte Teilnahme von Kreditinstituten oder anderen Bezahldiensten in Gestalt einer Abwicklung über direkte Teilnehmer ist ebenfalls möglich.[108]

Auch für Verbraucher wurden Zahlungsmöglichkeiten entwickelt, die Echtzeitcharakter haben oder sich einem solchen zumindest annähern. Für den Effekt einer Instant-Übertragung wurde zunächst mit Zahlungsgarantien von Zahlungsauslösediensleistern wie Klarna oder GiroPay gearbeitet.[109] Zwar erhält der Händler eine unmittelbare Bestätigung über die Auslösung des Zahlungsvorganges, aber die Garantie bewirkt noch keine Echtzeitzahlung.[110] Das Geld ist für den Empfänger gerade nicht in Echtzeit verfügbar. Vergleichbare Zahlungssysteme wurden in weiteren Ländern Europas und weltweit eingeführt.[111] Mit dem Markteintritt von PayPal wurde die Echtzeitzahlung dadurch simuliert, dass der Zahlungseingang auf E-Geld[112]-Zwischenkonten sofort erfolgte und erkennbar wurde. Auch Beträge in Kryptowährungen können near-instant übertragen werden. Eine Realisierung in die nationale Währung setzt aber eine Veräußerung, mithin eine weitere Transaktion, voraus.

---

[105] Vgl. *Herresthal*, ZIP 2019, 895 (899).
[106] Vgl. *Papathanassiou*, in: Ellenberger/Bunte, BankR-HB, § 120 Rn. 109.
[107] *Papathanassiou*, in: Ellenberger/Bunte, BankR-HB, § 120 Rn. 109 f.; *Löber*, in: Kümpel/Wittig, Bankrecht und Kapitalmarktrecht, 4. Aufl., Rn. 5.246, 5.252; vgl. auch Leitlinie der Europäischen Zentralbank v. 05.12.2012 über ein transeuropäisches automatisiertes Echtzeit-Brutto-Express-Zahlungssystem (EZB/2012/27), 2013/47/EU, ABl. EU Nr. L 30, S. 1.
[108] *Einsele*, Bank- und Kapitalmarktrecht, 2. Kap. § 6 Rn. 121.
[109] Vgl. *Herresthal*, ZIP 2019, 895 (900).
[110] Zu den Zahlungsauslösedienstleistern, vgl. 4. Kapitel E.
[111] Vgl. nur BlueCash in Polen (2011); Faster Payments (GB); AliPay (China).
[112] Elektronisches Geld im Sinne des § 1 Abs. 3 ZAG.

Bereits im Zeitpunkt der Einführung der SEPA-Echtzeitüberweisung hatten Großbritannien, Schweden, Polen und Dänemark funktionierende Instant Payment Modelle in den Zahlungsverkehr integriert.[113] Den Anfang hatte Großbritannien mit der Einführung der Faster Payments im Jahr 2008 gemacht.[114] Auch die USA[115] und Australien[116] bieten nationale Instant-Payment-Systeme an. Die Kreditkartenunternehmen kooperieren für ihre eigenen Instant-Payment-Angebote mit weiteren Finanzdienstleistern, zum Beispiel American Express.[117] Hierzu kooperieren sie mit weiteren Finanzdienstleistern, zum Beispiel AmericanExpress. Das Unternehmen MasterCard, welches neben Kreditkarten auch Debitkarten anbietet, hat die Programme VocaLink und mittlerweile auch MasterCard Send in seinen Service integriert.[118] MasterCard Send nutzt Debit-Netzwerke zur Übertragung des Geldes auf eine Karte innerhalb von Sekunden.[119] Zahlungsdiensteanbieter wie PayPal und Google Pay arbeiten bereits mit dieser Plattform zusammen. Auch das Unternehmen Wise, welches sich über ein Konto bei der litauischen Zentralbank einen Zugang zu der SEPA-Echtzeitüberweisung verschafft hat, kooperiert mit MasterCard und anderen Zahlungsdiensten, um nicht lediglich im europäischen Raum, sondern auch darüber hinaus (Near-)Instant Payments anbieten zu können.[120] Die frühzeitige Einführung der SEPA Instant Payments sollte die Fragmentierung des Echtzeitzahlungsverkehrs im SEPA-Raum verhindern.[121]

---

[113] *Herresthal*, ZIP 2019, 895 (895); *Casper*, RdZ, 2020, 28 (28); *Terlau*, jurisPR-BKR 2/2016 Anm. 1; *EPC*, Questions and Answers on the SICT RB, S. 1.

[114] Vgl. Internetauftritt des FasterPayments-Systems, abrufbar unter http://www.wearepay.uk (letzter Abruf: 30.09.2022). Siehe hierzu *Zahrte*, in: BeckOGK BGB, § 675s Rn. 34.

[115] Vgl. *Federal Reserve System*, Strategies for improving the U. S. Payment System, S. 8.

[116] Vgl. *Fitzgerald/Rush*, Two Years of Fast Payments in Australia, Bulletin of Reserve Bank of Australia, 19.03.2020.

[117] Vgl. *Herresthal*, ZIP 2019, 895 (896).

[118] Website des Unternehmens MasterCard, abrufbar unter: https://www.mastercard.us/en-us/business/large-enterprise/grow-your-business/mastercard-send/mc-send-domestic-payments.html (letzter Abruf: 30.09.2022).

[119] Website des Unternehmens MasterCard, abrufbar unter: https://www.mastercard.de/content/mccom-admin/faq-category-admin/mastercardsend.html (letzter Abruf: 30.09.2022).

[120] Website des Unternehmens Wise, abrufbar unter: https://wise.com/de/send-money/instant-money-transfer (letzter Abruf: 30.09.2022).

[121] Vgl. *Herresthal*, in: MüKo HGB, A Rn. 131.

D. Rechtsquellen

Bereits der regulatorische Rahmen der Echtzeitüberweisung vermittelt einen Eindruck der Rolle der Instant-Überweisung als Sonderform der konventionellen Überweisung. Darüber hinaus ist der Rechtsrahmen – wie bei der üblichen SEPA-Überweisung – geprägt von Akten privater Rechtssetzung.

I. Anwendung des Zahlungsverkehrsrecht

Nach einhelliger und zutreffender Auffassung in der Literatur finden auf die SEPA-Echtzeitüberweisung als Sonderform der Überweisung[122] das Zahlungsverkehrsrecht aus der Zahlungsdiensterichtlinie[123] und deren nationalen Umsetzungsakte[124], Art. 248 EGBGB sowie die SEPA-Migrations-VO[125] Anwendung. Aufgrund der abstrakten Regelungssystematik für alle Zahlungsvorgänge hat eine Anpassung des Zahlungsverkehrsrechts an die Merkmale der Echtzeitüberweisung weder vonseiten des europäischen Norm- noch vonseiten des deutschen Gesetzgebers stattgefunden.

1. Echtzeitüberweisung als Sonderform der Überweisung

§ 675c Abs. 1 BGB bestimmt den Anwendungsbereich der §§ 675c ff. BGB, also des nationalen Zahlungsverkehrsrechts.[126] Voraussetzung ist zunächst ein Geschäftsbesorgungsvertrag, der die Erbringung von Zahlungsdiensten zum Gegenstand hat. Zur Begriffsbestimmung des Zahlungsdienstes ist gemäß § 675c Abs. 3 BGB auf die Vorschriften des KWG und ZAG zurückzugreifen. § 1 Abs. 1 ZAG definiert im Wege der Aufzählung positiv, welche Dienstleistungen vom Begriff des Zahlungsdienstes erfasst sind. Nach § 1 Abs. 1 S. 2 Nr. 3 ZAG ist hiervon auch das Zahlungsgeschäft, also die Ausführung von Zahlungsvorgängen (§ 675f Abs. 4 BGB), einschließlich der Übermittlung von Geldbeträgen auf ein Zahlungskonto des Zahlungsdienstleisters des Nutzers oder eines anderen Zahlungsdienstleisters durch Überweisung (Überweisungsgeschäft) erfasst. Auch die Echtzeitüberweisung lässt sich

---

[122] *Herresthal*, ZIP 2019, 895 (900).
[123] ABl. EU Nr. L 337, S. 35; hierzu ausdrücklich Ziff. 1.9 SICT RB.
[124] Vgl. nur *Zahrte*, in: Bunte/Zahrte, AGB-Banken, 4. Teil V. Rn. 10; *Casper*, RdZ 2020, 28 (30); *Herresthal*, ZIP 2019, 895 (896).
[125] VO (EU) Nr. 260/2012.
[126] Vgl. zur Struktur der Regelung, *Schmalenbach*, in: BeckOK BGB, § 675c Rn. 9 ff.

unter den Begriff des Zahlungsvorganges infolge eines Zahlungsauftrages im Sinne des § 675f Abs. 4 BGB subsumieren. Ohne nähere Ausführung ist nachvollziehbar, dass die Echtzeitüberweisung die Übermittlung eines Geldbetrages, basierend auf einem vom Zahler erteilten Auftrag, darstellt.

Die SEPA Instant Payments unterfallen auch konkret dem Begriff der Überweisung bzw. des Überweisungsgeschäfts. Die Möglichkeit eines nachgelagerten Clearings und Settlements widerspricht lediglich dem herkömmlichen Verständnis einer Überweisung durch Übermittlung des Betrages in der Interbanken-Abrechnung vor der endgültigen Gutschrift beim Zahlungsempfänger.[127] Die Überweisung ist in § 1 Abs. 22 ZAG definiert als ein auf Veranlassung des Zahlers ausgelöster Zahlungsvorgang zur Erteilung einer Gutschrift auf dem Zahlungskonto des Zahlungsempfängers zulasten des Zahlungskontos des Zahlers in Ausführung eines oder mehrerer Zahlungsvorgänge durch den Zahlungsdienstleister, der das Zahlungskonto des Zahlers führt. Eine Aussage darüber, wann der Überweisungsvorgang im Interbankenverhältnis auszugleichen ist, enthält diese aufsichtsrechtliche Vorschrift aber nicht. Somit kann auch die Echtzeitüberweisung als Überweisung in diesem Sinne verstanden werden. Ebenso fällt die Echtzeitüberweisung unter den aufsichtsrechtlichen Begriff des Überweisungsgeschäfts.[128] § 1 Abs. 1. S. 2 Nr. 3 lit. c) ZAG definiert das Überweisungsgeschäft als die Übermittlung von Geldbeträgen auf ein Zahlungskonto beim Zahlungsdienstleister des Nutzers oder bei einem anderen Zahlungsdienstleister durch die Ausführung von Überweisungen einschließlich Daueraufträgen. Zu unterscheiden ist die Überweisung bzw. das Überweisungsgeschäft vom Finanztransfergeschäft i.S.d. § 1 Abs. 1 S. 2 Nr. 6 ZAG, bei welchem ein Geldbetrag ohne die Einrichtung eines Zahlungskontos übermittelt wird.[129]

Die Möglichkeit des nachgelagerten Clearings ändert mithin nichts an der unmittelbaren Anwendbarkeit der § 675c ff. BGB auf die Echtzeitüberweisung.

---

[127] *Casper*, RdZ 2020, 28 (30).
[128] Ebenso *Casper*, RdZ 2020, 28 (30).
[129] Vgl. *Casper*, RdZ 2020, 28 (30).

2. Zahlungen in Länder außerhalb des EU-Wirtschaftsraumes

Für den Fall, dass einer der beteiligten Zahlungsdienstleister nicht im EU-Wirtschaftsraum belegen ist oder die Überweisung nicht in Euro erfolgt, gilt grundsätzlich das vollharmonisierte Zahlungsverkehrsrecht nur eingeschränkt.[130] § 675e Abs. 2 Nr. 1 BGB erklärt für Überweisungen in Länder außerhalb der EU die §§ 675s Abs. 1, 675t Abs. 2, 675x Abs. 1, § 675y Abs. 1 bis 4 sowie 675z S. 3 für nicht anwendbar. Im Übrigen darf gemäß § 675e Abs. 2 Nr. 2 BGB von den Vorschriften des Zahlungsverkehrsrechts abgewichen werden. Dies kann bei der SEPA-Echtzeitüberweisung dann in Betracht kommen, wenn eine Zahlung in ein Land vorgenommen wird, das nicht der EU, aber dem SEPA-Raum angehört.

II. SEPA Instant Credit Transfer Rulebook

Einen wesentlichen Bestandteil zur rechtlichen Erfassung der Besonderheiten der Echtzeitüberweisung stellt das SEPA Instant Credit Transfer Rulebook (SICT RB oder Rulebook) dar. Das ERPB hat, unter dem Vorsitz der Europäischen Zentralbank und der Beteiligung von Kreditinstituten und Nutzergruppen, das EPC im Jahr 2014 mit der Erstellung eines entsprechenden Rulebooks für die Instant-Überweisung beauftragt.[131]

1. Rechtsnatur

Das SICT RB ist ein europäisches Interbankenabkommen der Kreditwirtschaft zur Standardisierung und Festlegung des Ablaufs dieser Form des Zahlungsverkehrs.[132] Die Teilnahme an dem SICT RB ist für Zahlungsdienstleister grundsätzlich freiwillig,[133] für die aktive oder lediglich passive Partizipation am SEPA-Echtzeitüberweisungsverkehr aber notwendige Bedingung.[134] Die Echtzeitüberweisung ist zwischen zwei Kunden derselben teilnehmenden Bank oder als Interbanken-Überweisung möglich.[135]

---

[130] Vgl. *Einsele*, Bank- und Kapitalmarktrecht, 2. Kap. § 6 Rn. 144 f.
[131] *Deutsche Bundesbank*, Monatsbericht Dezember 2017, 69 (82); *Herresthal*, in: MüKo HGB, A Rn. 131.
[132] *Herresthal*, ZIP 2019, 895 (896) unter Bezugnahme auf Ziff. 0.3 SICT RB „rules, practices and standards"; vgl. auch *Köndgen*, in: BeckOGK BGB, § 675c Rn. 44.
[133] *Zahrte*, in: Fandrich/Karper, MAH Bank- und Kapitalmarktrecht, § 5 Rn. 183.
[134] Vgl. nur Ziff. 1.1 der Sonderbedingungen für Echtzeitüberweisungen; zusätzlich zu entsprechenden technischen Vorkehrungen, die dem ISO-Standard 20022 „Echtzeitüberweisung" entsprechen müssen, vgl. *Casper*, RdZ 2020, 28 (28). Diese werden von der Euopean Banking Authority (EBA) mit der Echtzeitzahlungsplattform RT1 bereitgestellt.
[135] Ziff. 3.1 SICT RB.

Das Rulebook beinhaltet sowohl die technischen als auch die rechtlichen Voraussetzungen des Echtzeitüberweisungsverfahrens und unterliegt gemäß Ziff. 3.5 und 5.13 SICT RB belgischem Recht.[136] Für die dem SICT RB zugrundeliegenden weiteren Vertragsverhältnisse gilt das internationale Privatrecht.[137] Nach Ziff. 1.9 SICT RB wird für die Nutzung des Rulebooks vorausgesetzt, dass die Vorschriften des Abschnittes III und IV der ZDRL I (also insbesondere die Vorschriften zu den zuständigen Behörden und der Beaufsichtigung der Zahlungsinstitute) oder vergleichbare Regelungen im nationalen Recht des SEPA-Staates umgesetzt worden sind. Der Anwendungsbereich des Rulebooks umfasst den nationalen und grenzüberschreitenden Geldtransfer in Euro innerhalb der SEPA-Mitgliedsstaaten.[138] Mögliche Teilnehmer an dem SICT RB werden in Ziff. 5.4 SICT RB näher erörtert, in welcher die materiellen Voraussetzungen sowie Vermutungen zugunsten bestimmter Zahlungsdienstleister und Banken festgelegt sind.[139] Geeignete Teilnehmer sind danach Kreditinstitute mit einer Autorisierung gemäß Art. 8 Abs. 1 RL 2013/36/EU[140] und Institutionen, die in Ziff. 2-23 des Art. 2 Abs. 5 RL 2013/36/EU bezeichnet werden.

Der Beitrittsvertrag[141] führt zu einem multilateralen Vertrag mit dem EPC und allen bisherigen Teilnehmern (im Interbankenverhältnis).[142] Dieses Netzsystem koordinierter, inhaltsgleicher Parallelverträge, welche nicht nur zwischen EPC und dem jeweiligen Teilnehmer, sondern auch zwischen den einzelnen Teilnehmern Wirkung entfaltet, geht faktisch über die Grenzen des Relativitätsprinzips hinaus.[143] *Köndgen* erkennt in dieser Regelungstechnik zurecht eine Ähnlichkeit zur Verbandsstruktur[144], woraus sich eine Normnähe der Rulebook-Regelungen ergibt.[145] Das konkrete Beitrittsverfahren wird in Ziff. 5.5 SICT RB und im SCT Inst Annex III (Internal Rules) festgelegt. Wenngleich es sich um vorgegebene Regelungen

---

[136] Dies ist dadurch zu erklären, dass der Sitz des EPC in Brüssel liegt.
[137] *Hopt*, in: Hopt, HGB, (7) Bankgeschäfte Rn. C/18.
[138] Vgl. *Herresthal*, in: MüKo HGB, A Rn. 131; *Herresthal*, ZIP 2019, 895 (897); Ziff. 2.4 SICT RB.
[139] *Herresthal*, ZIP 2019, 895 (896).
[140] ABl. EU Nr. L 176/336.
[141] „Adherence agreement", Ziff. 0.5.2 SICT RB.
[142] *Herresthal*, ZIP 2019, 895 (896); *Casper*, RdZ 2020, 28 (30).
[143] Vgl. *Köndgen*, in: FS Hopt, 2020, S. 539 (554 f.).
[144] Hierzu bereits mit Blick auf deutsche Interbankenabkommen, *Herresthal*, in: MüKo HGB, A Rn. 24.
[145] *K. Schmidt*, Gesellschaftsrecht, § 5 I 1. c); *Köndgen*, in: FS Hopt, 2020, S. 539 (555).

des EPC und damit um allgemeine Geschäftsbedingungen handelt, scheidet eine AGB-In-haltskontrolle aus, da Belgien die Vorschriften der Klausel-Richtlinie[146] im nationalen Recht nur als AGB-Kontrolle für Verbraucherverträge ausgestaltet hat.[147]

2. Berechtigte und verpflichtete Parteien

Die im Rulebook enthaltenen Regelungen sind für die Vertragsparteien dieses Abkommens ausweislich Ziff. 1.5 SICT RB verbindlich. Wenngleich das Rulebook ein Interbankenab-kommen darstellt, basieren die skizzierten Abläufe auf einer Vier-Parteien-Struktur (Zahler-institut, Empfängerinstitut, Zahler, Empfänger) mit einem End-to-End-Ansatz, d.h. vom Zah-lungsauftrag im Deckungsverhältnis bis zur Gutschrift im Inkassoverhältnis.[148] Die AGB der teilnehmenden Institute dürfen nicht im Widerspruch zu den Vorschriften des Rulebooks ste-hen (Ziff. 5.7 Nr. 2 und 5.8 Nr. 2 SICT).[149] Anders als in den bisherigen Interbankenabkom-men, zum Beispiel dem SEPA Credit Transfer Rulebook für die konventionelle Überwei-sung, gibt es im SICT RB zwingend von den Vertragsparteien im Deckungs- bzw. Inkasso-verhältnis umzusetzende Regelungen.[150] Damit verpflichtet sich der teilnehmende Zahlungs-dienstleister gegenüber dem anderen beteiligten Zahlungsdienstleister, bestimmte Aspekte im Verhältnis zum Kunden zu vereinbaren. Diese Pflicht ist auch in den Pflichtenkatalogen der Teilnehmer des Rulebooks unter Ziff. 5.7 Nr. 29 f. und 5.8 SICT RB festgehalten. Die Spiegelung der Vorschriften in die jeweiligen Bank-Kunde-Verhältnisse ist auch deshalb er-forderlich, weil das Rulebook im Verhältnis zum Kunden, d.h. zum Zahler oder Zahlungs-empfänger, keine Schutzwirkung entfaltet.[151] Die Gewährung eines Rechts aus diesem Ver-tragsverhältnis ist aufgrund der im Rulebook getroffenen Rechtswahl selbst bei rein deut-schen Transaktionen gemäß dem einschlägigen Kollisionsrecht (Art. 3, 12 ROM I-VO) nach belgischem Recht zu beurteilen.[152] Der belgische Gesetzgeber hat ein strikteres Relativitäts-prinzip als im deutschen Recht eingeführt.[153] Neben dem berechtigenden Vertrag zugunsten

---

[146] RL 93/13/EWG.
[147] Art. VI. 83 ff. Code de droit économique, vgl. *Köndgen*, in: FS Hopt, 2020, S. 539 (559).
[148] *Köndgen*, in: FS Hopt, 2020, S. 539 (557).
[149] *Köndgen* bezeichnet dies als intendierte Drittwirkung in: BeckOGK BGB, § 675c Rn. 46 ff.
[150] Siehe Ziff. 1.1, 1.5, 3.6 SICT RB, vgl. *Casper*, RdZ 2002, 28 (30); *Herresthal*, ZIP 2019, 895 (896).
[151] Vgl. *Casper*, RdZ 2020, 28 (30); *Ellenberger*, in: Ellenberger/Bunte, BankR-HB, § 36 Rn. 159; *Herres-thal*, in: MüKo HGB, A Rn. 32; *Köndgen*, in: FS Hopt, 2020, S. 539 (560 f.).
[152] *Herresthal*, MüKo HGB, A Rn. 35; *Köndgen*, in: FS Hopt, 2020, S. 539 (560); *Ellenberger*, in: Ellenber-ger/Bunte, BankR-HB, § 36 Rn. 160.
[153] Vgl. hierzu *Köndgen*, in: FS Hopt, 2020, S. 539 (560); *Köndgen*, in: BeckOGK BGB, § 675c Rn. 48.

Dritter werden vertragliche Drittwirkungen dort gemäß Art. 1134 S. 1, Art. 1165 i.V.m. Art. 1121 belgischer Code civil nicht anerkannt. Schäden von Dritten werden daher allein unter den Voraussetzungen der deliktischen Generalklausel ersetzt.[154] Es ist zudem in Ziff. 5.2 SICT RB ausdrücklich festgehalten worden, dass eine dritte, am Abkommen nicht beteiligte Person keine Rechte oder Pflichten aus dem Rulebook herleiten kann. Selbst bei deutschen Interbankenabkommen, welche auch regelmäßig Rechtswirkungen im Verhältnis zu Dritten ausdrücklich ausschließen, lässt der herrschende Teil der Literatur sowie mittlerweile auch der BGH in einem solchen Fall wegen der Dogmatik der Vertragswirkungen und der notwendigen Differenzierung zwischen vertraglicher und deliktischer Haftung grundsätzlich keine Schutzwirkung zugunsten Dritter zu.[155]

Begleitet wird das Rulebook durch zwei Leitlinien, welche für die Vertragsparteien gemäß Ziff. 0.5.1 SICT RB ebenfalls rechtsverbindlich sind. Für Mitteilungen zwischen den Banken bestehen die SCT Inst Scheme Inter-Bank Implementation Guidelines und für die Mitteilungen der Bank zum Kunden die SCT Inst Scheme Customer-Bank Implementation Guidelines.[156] Diese recht technischen Regelwerke basieren auf dem ISO 20022 XML Standard. Zweifelsfragen in der Auslegung des Rulebooks können – wie bei den Rulebooks zu anderen Zahlungsverkehrsformen – über Clarification Papers behandelt werden.[157]

3. Entwicklung und Überwachung des Rulebooks

Das Rulebook wird in Zeitabständen von zwei Jahren in einer neuen Fassung veröffentlicht und auch zwischenzeitlich regelmäßig überarbeitet.[158] Innerhalb des EPC ist für die Rechts-

---

[154] *van Ommeslaghe*, Traité de droit civil, Tome 2: Les obligations (2013), vol I, Rn. 375 ff., 821 ff., zitiert nach *Köndgen*, in: FS Hopt, 2020, S. 539 (560).

[155] Vgl. *Herresthal*, in: MüKo HGB, A Rn. 32 m.w.N. sowie insb. BGH, Urt. v. 06.05.2008 – XI ZR 56/07 = WM 2008, 1252 (1254).

[156] Vgl. hierzu *Herresthal*, ZIP 2019, 895 (896).

[157] Vgl. Ziff. 4.2.7 SEPA Payment Scheme Management Rules; *Köndgen*, in: FS Hopt, 2020, S. 539 (545); *Schmalenbach*, in: BeckOK BGB, § 675c Rn. 8.

[158] Zu den bisherigen Versionen, vgl. Ziff. 0.2 SICT RB.

setzung – und damit auch für die Bearbeitung des Rulebooks – das Payment Scheme Management Board (PSMB) zuständig.[159] Nach der Fassung aus 2017 und der aus 2019 ist gegenwärtig eine Rulebook 2021-Fassung (v1.1) in Kraft.[160] Bereits ausgearbeitet und veröffentlicht sind die Rulebook-Fassungen 2021 v1.2[161], welche am 25.04.2023 in Kraft treten wird, sowie 2023 v1.0[162], welche am 19.11.2023 rechtswirksam wird. Wesentliche inhaltliche Neuerungen, die für die Untersuchungen dieser Arbeit Relevanz entfalten, sind mit den Änderungen aber nicht verbunden.

Grundsätzlich sind die Rechtsstreitigkeiten in Bezug auf die Rechte und Pflichten aus dem Rulebook vor den zuständigen nationalen Gerichten nach den allgemeinen Grundsätzen durchzusetzen.[163] Um die Compliance mit den Vorgaben des Rulebooks sicherzustellen, hat das EPC zusätzlich eine Art selbständige Aufsichtsbehörde installiert. In dieser Funktion hat im März 2020 das Dispute Resolution Committee (DRC) das Compliance and Adherence Committee (CAC) und das Appeals Committee abgelöst (Ziff. 6.2 SICT RB).[164] Seine Aufgaben und Befugnisse leiten sich aus den SEPA Payment Scheme Management Rules[165], den EPC by-Laws[166] und dem DRC Mandate[167] ab. Zuständig ist das DRC nach Ziff. 6.2 SICT RB für Beschwerden beim Zulassungsverfahren, Non-Compliance-Fälle (auf Antrag oder „von Amts wegen") und Situationen, in denen Teilnehmer ihre Streitigkeiten nicht über lokale oder nationale Streitbeilegungsverfahren lösen können. Der Fokus bei der Überprüfung der Rulebook-Verstöße soll gemäß Ziff. 3.1.1 DRC Mandate auf solchen liegen, deren Aufklärung von regelungsweiter Bedeutung sind. Als Sanktionen stehen dem DRC von einer privaten oder öffentlichen Warnung über die Meldung an die zuständige Aufsichtsbehörde bis zum Ausschluss von der Teilnahme am SEPA-Verfahren verschiedene Möglichkeiten zur

---

[159] Vgl. Ziff. 1.1 SEPA Payment Schemes Management Rules; zur näheren Organisation, vgl. *Köndgen*, in: FS Hopt, 2020, S. 539 (544 ff.).

[160] Abrufbar unter: https://www.europeanpaymentscouncil.eu/sites/default/files/kb/file/2021-12/EPC125-05%202021%20SCT%20Rulebook%20version%201.1_0.pdf.

[161] Abrufbar unter: https://www.europeanpaymentscouncil.eu/sites/default/files/kb/file/2022-05/EPC004-16%202021%20SCT%20Instant%20Rulebook%20v1.2_0.pdf.

[162] Abrufbar unter: https://www.europeanpaymentscouncil.eu/sites/default/files/kb/file/2022-05/EPC004-16%202023%20SCT%20Instant%20Rulebook%20v1.0.pdf.

[163] Vgl. Ziff. 6.2 SICT RB.

[164] Zu den Vorgänger-Organen noch *Köndgen*, in: FS Hopt, 2020, S. 539 (547).

[165] „Internal Rules", Annex III zum SICT RB.

[166] Abrufbar unter: https://www.europeanpaymentscouncil.eu/sites/default/files/kb/file/2020-03/EPC148-19%20EPC%20By-laws%20EN%20v1.0.pdf.

[167] Abrufbar unter: https://www.europeanpaymentscouncil.eu/sites/default/files/kb/file/2020-01/EPC150-19%20Approved%20Dispute%20Resolution%20Committee%20Mandate%20v1.0.pdf.

Verfügung. Die Entscheidungen des DRC richten sich nach den Vorschriften des Rulebooks und den Grundprinzipien des anwendbaren Rechts. Dem betroffenen Teilnehmer steht zur Überprüfung der Entscheidung des DRC ein Einspruch („Appeal") als Rechtsbehelf zur Verfügung.

III. Sonderbedingungen für die Echtzeitüberweisung

Wiederum im Wege der Selbstregulation treten zu den gesetzlichen Vorgaben und denen des Rulebooks in das Verhältnis zwischen Zahlungsdienstleister und Bankkunde auf Zahler- und Zahlungsempfängerseite die Sonderbedingungen für Echtzeitüberweisungen (SB EÜ) als allgemeine Geschäftsbedingungen im Sinne der §§ 305 ff. BGB.[168] Die SB EÜ müssen bei Abschluss des Zahlungsdiensterahmenvertrages oder nachträglich vertragsändernd mit dem Einverständnis des Bankkunden unter Beachtung der AGB-rechtlichen Regelungen in den Vertrag einbezogen werden.[169] Viele Banken haben die Kundenkommunikation zu den zum 13.11.2019 erforderlichen Anpassungen der Bedingungen an die zweite Umsetzungsstufe der ZDRL zur Einführung der SB EÜ genutzt.[170] Andernfalls werden oftmals die SB EÜ auf der Website zur Verfügung gestellt und die Zustimmung zu ihrer Geltung im Vertragsverhältnis vor der ersten Ausführung eines Instant-Payment-Vorgangs vonseiten des Kunden bestätigt. Bei der rein passiven Teilnahme des Zahlungsdienstleisters am SEPA-Echtzeitzahlungsverkehr kann es daher aber sein, dass die SB EÜ vor der Entgegennahme des Überweisungsbetrages nicht Bestandteil des Zahlungsdiensterahmenvertrages geworden sind.

Wie auch die übrigen AGB-Banken bzw. AGB-Sparkassen wurden die SB EÜ von Spitzenverbänden der deutschen Kreditwirtschaft entwickelt und seinen Mitgliedern empfohlen.[171] Aus diesem Grund sind die SB EÜ weitgehend vereinheitlicht, Unterschiede ergeben sich allenfalls im Aufbau.[172] Die Regelungstechnik sieht ausweislich Ziff. 1 SB EÜ vor, dass die

---

[168] Vgl. *Herresthal*, ZIP 2019, 895 (902).
[169] Vgl. *Herresthal*, ZIP 2019, 895 (902); zur Unwirksamkeit formularmäßiger Zustimmungsfiktionen im Bankrecht unter Berücksichtigung der Entscheidung BGH, Urt. v. 27.04.2021 – XI ZR 26/20 vgl. *Rodi*, WM 2021, 1357 (1359).
[170] *Zahrte*, BKR 2019, 484 (489); *Zahrte*, in: BeckOGK BGB, § 675s Rn. 39.
[171] Vgl. *Casper*, in: MüKo BGB, § 675c Rn. 56.
[172] *Casper*, RdZ 2020, 28 (30).

Bedingungen für den Überweisungsverkehr (SB ÜW) auf die Echtzeitüberweisung grundsätzlich Anwendung finden, soweit in den SB EÜ keine anderweitigen Vereinbarungen getroffen worden sind. Die SB EÜ ergänzen daher als speziellere Vereinbarung die ohnehin
bestehenden Bedingungen für die konventionelle Überweisung. Gegenüber den gesetzlichen
Vorschriften zum Überweisungsverkehr in den §§ 675c ff. BGB sind die Vereinbarungen in
den SB EÜ in der Regel günstiger für den Zahlungsdienstnutzer und damit im Sinne des
§ 675e Abs. 1 BGB zulässig.[173] Zum Teil basieren dabei die SB EÜ auf den Pflichtklauseln
des SICT RB. Sie sind als Klauseln im Sinne der §§ 305 ff. BGB uneingeschränkt überprüf-
bar.[174] Hinsichtlich der Entgelte, der Geschäftstage und der Ausführungsfristen finden sich
in den Bedingungswerken der Banken Verweise auf das jeweilige Preis- und Leistungsverzeichnis.

E. Zwischenergebnis

Aufgrund der in diesem Kapitel dargestellten Vorteile der SEPA-Echtzeitüberweisung gegenüber den sonstigen Zahlungsverfahren ist eine zunehmende Nutzung dieser Zahlungsart
zu erwarten. Die rechtlichen Grundlagen beruhen auf einer gegenseitigen Ergänzung von gesetzlichen und vertraglichen Regelungen, welche letztlich zu einer umfassenden Behandlung
sämtlicher Rechtsverhältnisse führt. Über das Rulebook im Interbankenverhältnis und die
darin geregelten Pflichten zur näheren rechtlichen Ausgestaltung von Deckungs- und Inkassoverhältnis hat das EPC selbstregulierend einen Rechtsrahmen geschaffen, in welchem die
Besonderheiten der Instant-Überweisung trotz des unveränderten europäischen und nationalen Zahlungsverkehrsrechts Berücksichtigung finden.[175] Auf diese Weise können die Nutzer
der SEPA-Echtzeitüberweisung bei allen Zahlungsdienstleistern einen gewissen Mindestre-
gulierungsstandard voraussetzen. Inwiefern dieses Regelungskonstrukt der „Ko-Regulie-
rung"[176] geeignet ist, sämtliche Merkmale der Echtzeitüberweisung rechtssicher zu erfassen,
wird zentraler Untersuchungsgegenstand dieser Arbeit sein.

---

[173] *Herresthal*, ZIP 2019, 895 (900).
[174] *Schmalenbach*, in: BeckOK BGB, § 675c Rn. 8.
[175] Vgl. *Häuser*, in: MüKo HGB, B Rn. 407.
[176] *Köndgen*, in: FS Hopt, 2020, S. 539 (547).

3. Kapitel: Rechtsfragen in den einzelnen Beziehungen der Echtzeitüberweisung

Die rechtlichen Herausforderungen der Echtzeitüberweisung, welche sich aus den zur konventionellen Überweisung unterschiedlichen Merkmalen ergeben, betreffen sämtliche Vertragsverhältnisse im Rahmen der Ausführung. Dabei wirken sich einige Charakteristika in mehreren Vertragsverhältnissen gleichzeitig aus. Da der anwendbare Rechtsrahmen je nach Verhältnis divergiert, werden die sich ergebenden Fragestellungen in solche des Deckungs-, Valuta-, Inkasso- und Interbankenverhältnisses gegliedert.

A. Deckungsverhältnis

Zu Beginn wird das Rechtsverhältnis zwischen dem Überweisenden und seinem Zahlungsdienstleister, das Deckungsverhältnis, betrachtet. Vertragliche Grundlage der Pflicht des Zahlerinstituts zur Ausführung einer Echtzeitüberweisung ist ein Zahlungsdienstevertrag, welcher entweder als Einzelzahlungsvertrag im Sinne des § 675f Abs. 1 BGB oder als Zahlungsdiensterahmenvertrag (Girovertrag) im Sinne des § 675f Abs. 2 BGB ausgestaltet ist.[177] In letzterem Fall folgt die Überweisungspflicht aus einem vom überweisenden Kontoinhaber autorisierten Zahlungsauftrag gemäß §§ 675f Abs. 4 S. 2, 675j Abs. 1 BGB. Voraussetzung ist stets, dass das Kreditinstitut die SEPA-Echtzeitüberweisung als Zahlungsform überhaupt anbietet. Aus dem Girovertrag leitet sich ebenfalls der Anspruch des Zahlungsdienstnutzer gegen seinen Zahlungsdienstleister auf die Einrichtung eines auf seinen Namen lautenden Zahlungskontos (§ 675f Abs. 2 S. 1 BGB) her. Als Konsequenz der erfolgreichen Durchführung einer Echtzeitüberweisung hat der Zahlungsdienstleister einen Anspruch auf Aufwendungsersatz in der Höhe des Überweisungsbetrages gegen den Zahlungsdienstnutzer gemäß §§ 675c Abs. 1, 670 BGB. Dieser Anspruch wird regelmäßig durch eine Belastungsbuchung auf dem Girokonto umgesetzt.[178]

---

[177] *Casper*, in: MüKo BGB, § 675f Rn. 28 f.; *Häuser*, in: MüKo HGB, B Rn. 2.
[178] *Häuser*, in: MüKo HGB, B Rn. 2.

© Der/die Autor(en) 2023
M. Rakers, *Die rechtlichen Herausforderungen der Echtzeitüberweisung*, https://doi.org/10.1007/978-3-658-41481-8_3

I. Zugang des Überweisungsauftrages

Der Überweisungsvorgang wird durch den Zahlungsauftrag im Sinne des § 675f Abs. 5 S. 2 BGB initiiert. Dieser legt inhaltlich fest, wie der Zahlungsvorgang auszuführen ist.[179] Voraussetzung für die Wirksamkeit des Zahlungsauftrages ist gemäß § 675n Abs. 1 BGB der Zugang beim Kreditinstitut des Zahlers.

1. Zugang bei der Standard-Überweisung

§ 675n Abs. 1 BGB bestimmt, dass Zahlungsaufträge nur mit Zugang an Geschäftstagen des Kreditinstituts die Wirksamkeit des Zahlungsauftrages zur Folge haben. Fällt der Zugang des Zahlungsauftrages nicht auf einen Geschäftstag des Zahlungsdienstleisters des Zahlers, gilt der Zugang gemäß § 675n Abs. 1 S. 2 BGB als am darauffolgenden Geschäftstag erfolgt. Der Begriff des Geschäftstages ist in § 675n Abs. 1 S. 4 BGB legaldefiniert und setzt voraus, dass der Zahlungsdienstleister den für die Ausführung von Zahlungsvorgängen erforderlichen Geschäftsbetrieb unterhält. Ziff. 1.4 Abs. 2 SB ÜW verweist für die Bestimmung des Geschäftstages auf das Preis- und Leistungsverzeichnis der Bank. Für die übliche SEPA-Überweisung ist ein solcher Geschäftsbetrieb bei der weit überwiegenden Anzahl von Banken an Samstagen, Sonntagen und bundesweiten Feiertagen nicht gewährleistet, sodass ein Zahlungsauftrag dann am darauffolgenden Geschäftstag als zugegangen gilt.[180]

2. Veränderter Begriff des Geschäftstages bei der Echtzeitüberweisung

Der Zugang des Echtzeitüberweisungsauftrages ist in Ziff. 1.3 SB EÜ geregelt. Dessen S. 1 bestimmt, dass die Bank in Änderung der Ziff. 1.4 SB ÜW sowie Ziff. 5 Abs. 1 der Bedingungen für das Online-Banking den für die Ausführung von Echtzeitüberweisungen erforderlichen Geschäftsbetrieb für die vereinbarten elektronischen Zugangswege ganztägig an allen Kalendertagen eines Jahres unterhält. Via App- oder Online-Banking bieten die Zahlungsdienstleister daher eine durchgängige Erreichbarkeit für die Durchführung der Instant Payments an.

---

[179] Vgl. *Lindardatos*, in: MüKo HGB, K Rn. 52.

[180] Vgl. u.a. das Preis- und Leistungsverzeichnis der ING-Bank, abrufbar unter: https://www.ing.de/binaries/content/assets/pdfdelivererfiles/agbs/ing-diba-preise-leistungen/ing-diba-preise-leistungen_1145_137.pdf (letzter Abruf: 30.09.2022).

Teile der Literatur ordnen diese Vereinbarung als eine gemäß § 675e Abs. 1 BGB zulässige Günstigerstellung des Kunden zu der Zugangsregelung in § 675n BGB ein.[181] Der Zugang des Zahlungsauftrages erfolge bei der Echtzeitüberweisung unabhängig von Geschäftstagen und Cut-Off-Zeiten im Sinne des § 675n Abs. 1 S. 3 BGB.

Tatsächlich handelt es sich bei Ziff. 1.3 SB EÜ aber nicht um eine nach § 675e Abs. 1 BGB zu beurteilende Abweichung von § 675n Abs. 1 BGB. Durch die tägliche Aufrechterhaltung des für die Instant Payments erforderlichen Geschäftsbetriebes ist bezogen auf den Zahlungsvorgang „Echtzeitüberweisung" ausnahmslos jeder Tag ein Geschäftstag im Sinne des § 675n Abs. 1 S. 4 BGB.[182] Von der in § 675n Abs. 1 S. 3 BGB gewährten Möglichkeit, Cut-Off-Zeiten an einem Geschäftstag zu bestimmen, haben die Zahlungsdienstleister in ihren Preis- und Leistungsverzeichnissen keinen Gebrauch gemacht. Auch Ziff. 1.3 SB EÜ schreibt die ganztägige Erreichbarkeit vor. Der Zugang eines Echtzeitzahlungsauftrages an einem Nichtgeschäftstag mit der Fiktionsfolge aus § 675n Abs. 1 S. 2 BGB ist daher ausgeschlossen. In einigen Preis- und Leistungsverzeichnissen der Banken wird dies auch ausdrücklich so ausgestaltet. So schreibt beispielsweise die Sparkasse Westmünsterland zu der Echtzeitüberweisung über die vereinbarten Zugangswege: „Es gibt keine Annahmefristen. Geschäftstag ist jeder Tag eines Jahres rund um die Uhr."[183] Diese Abgrenzung des Begriffs „Geschäftstag" hält auch der systematischen Auslegung stand. Der Begriff wird im Zahlungsverkehrsrecht wiederholt in Bezug genommen, hinsichtlich Überweisungsvorgängen insbesondere beim Widerruf von Terminüberweisungen gemäß § 675p Abs. 3 BGB, der Ausführungsfrist in § 675s Abs. 1 BGB und der Gutschrift in § 675t Abs. 1 BGB. Inkonsistenzen durch die Annahme eines weiten Verständnisses des Geschäftstages entstehen dabei nicht. Vielmehr ist es konsequent, die weiteren, auf den Geschäftstag bezugnehmenden Normen unter Berücksichtigung des durchgängig für Echtzeitüberweisungen aufrechterhaltenen Geschäftsbetriebs anzuwenden.

---

[181] *Zahrte*, in: Bunte/Zahrte, AGB-Banken, 4. Teil V. Rn. 15; *Herresthal*, ZIP 2019, 895 (900).
[182] So auch *Casper*, RdZ 2020, 28 (30).
[183] Preis- und Leistungsverzeichnis der Sparkasse Westmünsterland, S. 24, abrufbar unter: https://www.sparkasse-westmuensterland.de/content/dam/myif/spk-westmuensterland/work/dokumente/pdf/preise-leistungen/preis-leistungsverzeichnis.pdf?n=true (letzter Abruf: 30.09.2022).

Die Legaldefinition aus § 675n Abs. 1 S. 4 BGB ist nicht dahingehend zu verstehen, dass der Geschäftstag der Banken für sämtliche Zahlungsvorgänge gleich ausgestaltet sein muss. So entschied der BGH, dass für die Bestimmung eines Geschäftstages auf den konkret zu beurteilenden Zahlungsvorgang abzustellen ist:

„Der Umfang des erforderlichen Geschäftsbetriebs richtet sich nach den Anforderungen des jeweils in Rede stehenden Zahlungsvorgangs, dessen Ausführung erfolgen können muss. Entscheidend ist, dass der Zahlungsdienstleister an dem jeweiligen Tag die für die Ausführung des einzelnen Zahlungsauftrags erforderlichen sachlichen und personellen Vorkehrungen bereithält und damit die konkrete Ausführung des Zahlungsauftrags ermöglicht."[184]

Über welchen konkreten Kanal (Online-Überweisung, Überweisung via App, etc.) der Überweisungsauftrag dem Zahlungsdienstleister zugeht, wird vertraglich mit dem Zahler vereinbart.[185]

II. Autorisierung des Zahlungsauftrages

Wie die Standard-Überweisung bedarf die Echtzeitüberweisung zu ihrer Wirksamkeit gegenüber dem Zahler der Zahlungsautorisierung im Sinne des § 675j Abs. 1 BGB. Die Autorisierung unterscheidet sich von dem Zahlungsauftrag insoweit, dass der Auftrag die inhaltliche Durchführung des Zahlungsvorganges bestimmt, während die Autorisierung lediglich die rechtliche Legitimation zur Durchführung enthält.[186] Die Art und Weise der Zustimmung kann durch Parteivereinbarung bestimmt werden (§ 675j Abs. 1 S. 3 BGB).[187] In der Regel erteilt der Zahler Zahlungsauftrag und Zahlungsautorisierung in einem Zuge, da er die Transaktion mit einer Transaktionsnummer (TAN) im Online-Banking oder per Secure-App im Mobile-Banking freigibt.[188] Folglich wird auch eine starke Kundenauthentifizierung im

---

[184] BGH, Urt. v. 19.03.2019 – XI ZR 280/17, Rn. 35; BGH, Urt. v. 17.10.2017 – XI ZR 419/15, Rn. 23 f. = NJW 2018, 299 (300); *Jungmann*, in: MüKo BGB, § 675n Rn. 27.
[185] *Herresthal*, ZIP 2019, 895 (900).
[186] Vgl. *Linardatos*, in: MüKo HGB, K Rn. 52.
[187] Vgl. *Herresthal*, ZIP 2019, 895 (901).
[188] Vgl. *Casper*, RdZ 2020, 28 (31).

Sinne der §§ 1 Abs. 24, 55 ZAG vorgenommen.[189] Rechtliche Besonderheiten im Vergleich zur herkömmlichen Überweisung folgen daraus freilich nicht.[190]

III. Modifizierung der Ausführungsbedingungen

Vor der weiteren Umsetzung der beauftragten Transaktion prüft das Zahlerinstitut das Vorliegen der Ausführungsbedingungen. Nach § 675o Abs. 2 BGB ist der Zahlungsdienstleister des Zahlers nicht berechtigt, einen autorisierten Zahlungsauftrag abzulehnen, wenn die im Zahlungsdiensterahmenvertrag festgelegten Ausführungsbedingungen erfüllt sind und die Ausführung nicht gegen sonstige gesetzliche Vorschriften verstößt. Im Umkehrschluss bedeutet dies, dass ein Zahlungsdienstleister bei Vorliegen der Ausführungsbedingungen zur Ausführung eines autorisierten Zahlungsvorganges verpflichtet ist. Der Zahler kann aber bereits auf Grundlage des Zahlungsdiensterahmenvertrages gegenüber dem Kreditinstitut Weisungen in Form von Zahlungsaufträgen erteilen, sodass § 675o Abs. 2 BGB nur eine Auffangfunktion zukommt.[191] Vor dem Hintergrund der Ausführungspflicht sind die speziell für die Echtzeitüberweisung festgelegten Ausführungsbedingungen von erheblicher Bedeutung. Eine unberechtigte Ablehnung des autorisierten Zahlungsauftrages führt im Deckungsverhältnis zu einer Haftung der Bank gemäß §§ 675y, 675z BGB.

1. Regelungskonstrukt

Der Gesetzgeber hat – neben der Autorisierung des Zahlungsauftrages (§ 675o Abs. 2 BGB i.V.m. § 675j Abs. 1 BGB) – keine Voraussetzungen für die Ausführung des Zahlungsauftrages vorgeschrieben. Dies wurde der Vertragsgestaltung der am Zahlungsvorgang beteiligten Personen überlassen.

Ziff. 1.7 Abs. 1 S. 1 SB ÜW i.V.m. Ziff. 1.6 Abs. 1 SB ÜW bestimmen, dass die Bank den Überweisungsauftrag auszuführen hat, wenn die zur Ausführung erforderlichen Angaben in

---

[189] *Casper*, RdZ 2020, 28 (31).

[190] So auch *Herresthal*, ZIP 2019, 895 (901); *Casper*, RdZ 2020, 28 (31); zu den Folgen einer fehlenden Autorisierung, vgl. 3. Kapitel E.

[191] *Jungmann*, in: MüKo BGB, § 675o Rn. 10.

der vereinbarten Art und Weise vorliegen, dieser vom Kunden autorisiert ist und ein zur Ausführung der Überweisung ausreichendes Guthaben in der Auftragswährung vorhanden oder
ein ausreichender Kredit eingeräumt ist. Diese Ausführungsbedingungen gelten ebenfalls für
die SEPA-Echtzeitüberweisung. Die Regelung weiterer Ausführungsbedingungen in
Ziff. 1.4 SB EÜ tritt ausdrücklich in Ergänzung zu der Regelung der Ziff. 1.7 SB ÜW.[192] Die
Pflicht zur Ausführung der Echtzeitüberweisung trifft das Kreditinstitut des Zahlers nach
Ziff. 1.4 S. 1 SB EÜ dann nicht, wenn das Belastungskonto nicht für Echtzeitüberweisungen
vereinbart wurde, die Prüfung der Ausführungsbedingungen, zum Beispiel die wirksame Autorisierung, die Einhaltung der Vorgaben des Geldwäschegesetzes oder der Embargobestimmungen nicht kurzfristig abschließend möglich ist, die Kontowährung des Belastungskontos
nicht der Euro ist (Fremdwährungskonto) oder der Zahlungsdienstleister des Zahlungsempfängers über das von der Bank/Sparkasse genutzte Zahlungssystem nicht erreichbar ist, insbesondere weil er dieses Verfahren nicht nutzt.

2. Relevanz der Ablehnungsgründe

Wie bereits im Zusammenhang mit der Einbeziehung der SB EÜ ausgeführt wurde, haben
nicht alle Bankkunden die aktive oder passive Nutzung der Echtzeitüberweisung mit ihrem
am Verfahren teilnehmenden Kreditinstitut vereinbart. In rechtlicher Hinsicht ist also eine
Änderung des Zahlungsdiensterahmenvertrages in Gestalt einer ergänzenden Abrede zur
Teilnahme an der Echtzeitüberweisung erforderlich.[193] Da viele Zahlungsdienstleister die Instant Payments jedenfalls hinsichtlich der passiven Erreichbarkeit für nahezu alle Kunden
zur Verfügung gestellt haben, werden Transaktionen wegen des Nichtvorliegens dieser Voraussetzung selten abgelehnt. Insbesondere zum gegenwärtigen Zeitpunkt dürfte dem Ablehnungsgrund, wonach der Zahlungsdienstleister des Zahlungsempfängers nicht über das Zahlungssystem erreicht werden kann, die größte Bedeutung zukommen.[194] Dieser Fall tritt insbesondere dann ein, wenn das Empfängerinstitut am Echtzeitüberweisungsverfahren nicht
teilnimmt. Eine Teilnahmepflicht folgt nicht aus Art. 3 Abs. 1 SEPA-VO.[195] Wenngleich danach die Erreichbarkeit für Überweisungen im EWR-weiten SEPA-Raum sicherzustellen ist,

---

[192] Vgl. *Herresthal*, ZIP 2019, 895 (900 f.); *Zahrte*, in: Bunte/Zahrte, AGB-Banken, 4. Teil V. Rn. 16.
[193] So auch *Zahrte*, in: Bunte/Zahrte, AGB-Banken, 4. Teil V. Rn. 16; *Casper*, RdZ 2020, 28 (31).
[194] *Casper*, RdZ 2020, 28 (31); zur Teilnahmedichte siehe 4. Kapitel C. II. 1.
[195] *Zahrte*, in: Bunte/Zahrte, AGB-Banken, 4. Teil V. Rn. 16.

so gilt dies nur für die Überweisungsformen, für die der Zahlungsdienstleister auch national erreichbar ist. Der Zweck dieser Vorschrift besteht in der Förderung der unionsweiten Erreichbarkeit für das Überweisungsgeschäft.[196] Ein Ablehnungsgrund besteht auch dann, wenn das grundsätzlich an der Echtzeitüberweisung teilnehmende Kreditinstitut aus anderen Gründen zum Beispiel wegen aussetzender EDV oder Wartungsarbeiten entgegen seiner Pflichten aus dem SICT RB den Zahlungsvorgang nicht oder nicht in der vorgegebenen Zeit bearbeiten kann.[197] Der Ablehnungsgrund für den Fall, dass die Prüfung der Ausführungsbedingungen nicht kurzfristig ausgeführt werden kann, gibt der Prüfung einen zeitlichen Rahmen.[198] Der Aussagegehalt erschöpft sich nicht darin, dass die benannten Vorgaben einzuhalten sind.

Die Prüfung der Ausführungsbedingungen hat den Zweck, einen zeitnahen Geldtransfer auf ein erreichbares Zahlungskonto sicherzustellen,[199] steht aber außerhalb der 10-sekündigen Ausführungsfrist des Rulebooks.

3. Frist zur Prüfung der Ausführungsbedingungen

Weder die verkürzte Ausführungsfrist aus Ziff. 1.5 SB EÜ noch die 10-sekündige Ausführungsfrist aus Ziff. 4.2.3 (B) SICT RB umfassen die Prüfung der Ausführungsbedingungen.[200] Beide Fristen setzen erst nach dieser Prüfung (und dem Auftragen des Zeitstempels) an.

Unbeantwortet bleibt damit die Frage, ob der Zahlungsdienstleister de lege lata für die Prüfung der Ausführungsbedingungen einen unbegrenzten Zeitraum zur Verfügung hat. Zwar haben die ausführenden Banken als Dienstleister ebenso wenig wie die Kunden ein Interesse an einer verzögerten Umsetzung des Echtzeitüberweisungsauftrages. Dies würde die Attraktivität des Produktes nämlich erheblich senken. Dennoch resultiert aus der Prüfung der Be-

---

[196] VO (EU) Nr. 260/2012, Erwägungsgrund 9.
[197] *Herresthal*, ZIP 2019, 895 (901); *Casper*, RdZ 2020, 28 (31).
[198] Von einer rein deklaratorischen Natur spricht hingegen *Casper*, RdZ 2020, 28 (31).
[199] Anders *Casper*, der die Ratio der Zurückweisungsgründe darin sieht, von Anfang an nicht innerhalb von zehn Sekunden ausführbare Transaktionen auszusortieren, RdZ 2020, 28 (31).
[200] Siehe hierzu ausführlich 3. Kapitel A. IV.

dingungen vor dem Beginn der Ausführungsfrist ein Spannungsverhältnis zwischen dem Interesse des Kunden an einer schnellstmöglichen Geldübertragung und dem Interesse der Bank an einer möglichst fehlerfreien sowie haftungssicheren Prüfung. In aller Regel erweist sich die automatisierte Prüfung der Ausführungsvoraussetzungen als ausreichend, sodass in kurzer Zeit der Zahlungsvorgang mit dem Zeitstempel versehen werden kann. Wenn sich aber im Einzelfall herausstellt, dass der Zahlungsvorgang einer manuellen Überprüfung – beispielsweise wegen eines Verdachtes des Verstoßes gegen das Geldwäschegesetz – bedarf, kann dieser einen erheblich längeren Zeitraum in Anspruch nehmen. Zur Bestimmung der zeitlichen Grenzen der Prüfung der Ausführungsbedingungen können Anhaltspunkte aus den verschiedenen Rechtsquellen herangezogen werden.

a. Ziff. 4.2.1 SICT RB – „Instantly"

Das Rulebook gibt den Ablauf der Echtzeitüberweisung im Interbankenverhältnis vor. Für das Deckungsverhältnis entfaltet die Prüfungsfrist nur mittelbar dadurch Wirkung, als die AGB nach Ziff. 5.7 Nr. 2 SICT RB mit dem Rulebook konsistent sein müssen. Parallel zu den Regelungen in Ziff. 1.5 SB EÜ differenziert das Rulebook zwischen der Ausführungsfrist ab dem Hinzufügen des Zeitstempels (Ziff. 4.2.3 SICT RB) und dem Zeitraum für die Prüfung der Ausführungsbedingungen nach Eingang des Zahlungsauftrages (Ziff. 4.2.1 SICT RB). Während für den Ausführungszeitraum die 10-sekündige Frist statuiert wird, bleibt Ziff. 4.2.1 eine derart konkrete Zeitvorgabe für die Prüfungspflicht schuldig. Der Zahlerbank wird als einzige Anforderung aufgegeben, alle erforderlichen Prüfungen und sich anschließenden Schritte „instantly" nach dem Eingang des Zahlungsauftrages durchzuführen.

Dem Wortsinn folgend könnte dieser englische Rechtsbegriff als Unverzüglichkeit im Sinne von § 121 BGB interpretiert werden. Im Rechtskreis des Common Law gibt es die Begriffe „Immediately" und „Promptly", die – in Abgrenzung zu „Instantly" – einen angemessenen Zeitraum zur Durchführung gewähren.[201] Mit Blick auf die sonstige Verwendung in Ziff. 4.2.1 SICT RB verpflichtet diese Vorgabe den Zahlungsdienstleister aber nur zu dem

---

[201] Vgl. zu „Promptly" Morgan Guaranty Trust Co. Of New York v. Bay View Franchise Mortgage Acceptance Co., 2002 U.S. Dist. LEXIS 7572; zu „Immediately" Sunshine Textile Services, Inc. V. American Employers' Insurance Co., No. 4: CV95-0699, 1997 U.S. Dist., LEXIS 22904, die jeweils von „reasonable amount of time" sprechen.

unverzüglichen Beginn der Prüfungen, ohne dabei die Dauer der Prüfung zu beschreiben. Nach Abschluss der Prüfungen hat das Kreditinstitut nämlich „Instantly" die Betragsreservierung auf dem Zahlerkonto zu tätigen und anschließend „Instantly" die Transaktion (im Wege des Auftragens des Zeitstempels) vorzubereiten. Die Vorgabe aus Ziff. 4.2.1 SICT RB ist mithin dahingehend zu verstehen, dass das Kreditinstitut unmittelbar im Anschluss an den Zugang des Zahlungsauftrages die Prüfungen einzuleiten hat.

b. Ziff. 1.5 SB EÜ i.V.m. Ziff. 3.1.2 SB ÜW – „baldmöglichst"

Ein weiterer Anhaltspunkt für die zeitliche Begrenzung könnte in Ziff. 3.1.2 SB ÜW zu sehen sein, wonach eine Überweisung baldmöglichst zu bewirken ist. Diese Klausel differenziert – wie § 675s Abs. 1 BGB – nicht zwischen einer Prüfungs- und einer Ausführungsfrist. Sollte diese Vorgabe auf die Echtzeitüberweisung anwendbar sein, wäre die Bank jedenfalls verpflichtet, die Prüfung der Ausführungsbedingungen ohne vermeidbare Verzögerung durchzuführen. Die Ausführungsfrist der Ziff. 1.5 SB EÜ gilt „in Änderung" der Ziff. 3.1.2 und 3.2.2. Der Wortlaut allein verdeutlicht damit noch nicht, ob neben der konkreten Frist aus Ziff. 1.5 SB EÜ die Vorgabe des baldmöglichen Bewirkens bestehen bleibt. Die systematische Auslegung legt nahe, dass die Ziff. 1.5 SB EÜ die Fristen aus Ziff. 3.1.2 und 3.2.2 SB ÜW vollständig ersetzt. Während Ziff. 1.4 SB EÜ „in Ergänzung" zu den Regelungen der SB ÜW tritt, wird die Frist in Ziff. 1.5 SB EÜ „in Änderung" der Regelung der SB ÜW vereinbart. Es ist davon auszugehen, dass die für die Echtzeitüberweisung charakteristische Frist aus Ziff. 1.5 SB EÜ in Verbindung mit den jeweiligen Preis- und Leistungsverzeichnissen die alleinige Regelung zur Ausführungsfrist darstellen soll.

c. Ziff. 1.4 SB EÜ – „kurzfristig"

Ziff. 1.4 SB EÜ regelt, dass der Zahlungsdienstleister die Ausführung des Auftrages kurzfristig ablehnen wird, wenn ein Ablehnungsgrund ermittelt wurde oder die Prüfung der Ausführungsbedingungen nicht kurzfristig abschließend möglich ist.

Die Wortlautauslegung („wird ... ablehnen") legt nahe, dass bei Erfüllung des Tatbestandes von Ziff. 1.4 SB EÜ eine Ablehnungspflicht der Bank besteht. Systematisch wird diese Auslegung unterstützt, da Ziff. 1.7 S. 1 SB ÜW für die herkömmliche Überweisung festhält, dass die Bank die Ausführung des Überweisungsauftrages ablehnen *kann*, wenn die Voraussetzungen der Ziff. 1.6 SB ÜW nicht vorliegen. Dass der AGB-Verwender bewusst differenziert hat, wird zusätzlich in Ziff. 1.7 S. 2 SB ÜW deutlich, in welchem die Pflicht der Bank zur Unterrichtung des Kunden von der Ablehnung ebenfalls mit dem Wort „wird" und nicht „kann" eingeleitet wird.[202] Der Zahlungsdienstleister ist also verpflichtet, die Ausführung des Zahlungsauftrages unter den vertraglichen Voraussetzungen „kurzfristig" abzulehnen.

Ausgehend von einer Ablehnungspflicht der Bank verbleibt die Fragestellung, wann eine Prüfung der Ausführungsbedingungen noch kurzfristig erfolgen kann und wann dieser Zeitraum überschritten wird. Das Erfordernis der Kurzfristigkeit begrenzt jedenfalls in zeitlicher Hinsicht die Prüfungsbefugnisse der Bank vor dem Hinzufügen des Zeitstempels. Bei Betrachtung der Ablehnungsgründe, die sich – abgesehen vom zweiten Spiegelstrich der Ziff. 1.4 SB EÜ – allesamt maschinell und schnell prüfen lassen, steht eine manuelle Überprüfung der sonstigen Ausführungsbedingungen wie der Geldwäschevorschriften, der Autorisierung oder der Embargobestimmungen zeitlich außer Verhältnis. Eine summarische Gegenprüfung eines Mitarbeiters der Bank – wie *Casper* sie vorschlägt[203] – kann in Sonderfällen durchaus angezeigt sein. Wenn der Geldwäsche-Verdacht vom System unberechtigt ausgelöst wird, wäre dem Kunden ohne manuelle Nachsteuerung durch einen Bank-Mitarbeiter die Durchführung einer Echtzeitüberweisung gar nicht möglich. Solche Fälle rechtfertigen es aber nicht, der Bank grundsätzlich die Option einer manuellen Gegenprüfung einzuräumen. Sowohl Telos (Überweisung in Echtzeit) als auch Systematik führen zu dem Ergebnis, dass das Erfordernis der Kurzfristigkeit eng auszulegen ist.[204] Diese Auslegung geht auch nicht zulasten einer sorgfältigen Geldwäsche-Prüfung. Bei vom System erkannten Verdachtsfällen wird die Bank den Überweisungsauftrag nicht zur Ausführung gelangen lassen. Eine detaillierte Überprüfung des Verdachts kann sie im Anschluss vornehmen. Der Kunde wird hinreichend geschützt, da er umgehend über die Nichtdurchführung der Echtzeitüberweisung informiert wird. Gemäß § 47 Abs. 1 GwG ist es dem Kreditinstitut allerdings untersagt, den

---

[202] Zur Ablehnungsmöglichkeit und Mitteilungspflicht bei der normalen Überweisung unter Verweis auf § 675o Abs. 1 BGB und Art. 79 ZDRL II vgl. *Zahrte*, in: Bunte/Zahrte, ABG-Banken, 4. Teil IV. Rn. 66.
[203] *Casper*, RdZ 2020, 28 (32).
[204] So auch *Herresthal*, ZIP 2019, 895 (902).

Zahlungsauftraggeber von der Verdachtsmeldung bzw. einem daraus resultierenden Ermitt-
lungsverfahren in Kenntnis zu setzen,[205] sodass die Ablehnung ohne Begründung zu erfolgen
hat.

d. Zwischenergebnis

Das Kreditinstitut ist zur Umsetzung der gesetzlichen und regulativen Vorgaben (Embargobestimmungen, Geldtransfer-VO[206], die EU-VO über Entgelte bei Zahlungen im EWR-
Raum, Maßnahmen der EU zur Abwehr von Terrorfinanzierung sowie die allgemeinen bank-
aufsichtsrechtlichen Vorgaben (unter anderem des KWG)[207]) für Zahlungsvorgänge verpflichtet. De lege lata beginnt die sekundenmäßig definierte Ausführungsfrist nach der Hin-
zufügung eines Zeitstempels und damit nach der Prüfung der Ausführungsbedingungen.
Ziff. 1.4 SB EÜ ist dahingehend auszulegen, dass der Zahlungsdienstleister des Zahlers zur
unmittelbaren Ablehnung des Zahlungsauftrages verpflichtet ist, wenn er zu der Prüfung der
Ausführungsbedingungen im Rahmen der automatisierten Vorgänge nicht abschließend in
der Lage ist. Eine manuelle Überprüfung der Ausführungsbedingungen steht nicht mit dem
Erfordernis der Kurzfristigkeit in Einklang, da das primäre Ziel einer sekundenschnellen Abwicklung der Echtzeitüberweisung sonst nicht erfüllt werden könnte. Das Rulebook verpflichtet die Banken, die Überprüfung unmittelbar nach Eingang des Zahlungsauftrages
durchzuführen.

4. Mitteilungspflicht bei der Ablehnung eines Zahlungsauftrages

Gemäß § 675o Abs. 1 S. 1 BGB ist der den Zahlungsauftrag ablehnende Zahlungsdienstleister verpflichtet, dem Zahler die Ablehnung unverzüglich[208], spätestens innerhalb der Fristen
des § 675s Abs. 1 BGB anzuzeigen. Auch Ziff. 1.7 Abs. 1 S. 2 SB ÜW erfordert eine unverzügliche Mitteilung der Ablehnung an den Kunden, auf jeden Fall aber innerhalb der in
Ziff. 2.2.1 und 3.2 SB ÜW vereinbarten Durchführungsfrist. Die zeitlichen Obergrenzen für

---

[205] *Herresthal*, ZIP 2019, 895 (902).
[206] VO (EU) 2015/847 des Europäischen Parlaments und des Rates vom 20.05.2015 über die Übermittlung
von Angaben bei Geldtransfers und zur Aufhebung der VO (EU) Nr. 1781/2006, ABl. EU Nr. L 141/1.
[207] *Herresthal*, ZIP 2019, 895 (902).
[208] Also ohne schuldhaftes Zögern, § 121 Abs. 1 BGB.

die Mitteilung knüpfen daher wiederum an die Ausführungsfrist der konventionellen Überweisung an. Die SB EÜ enthalten keine eigene zeitliche Höchstgrenze für die Ablehnungs-
mitteilung. Ziff. 2.2.1 SB ÜW verweist wiederum auf das Preis- und Leistungsverzeichnis
des Zahlungsdienstleisters und könnte darüber die kürzere Ausführungsfrist[209] als Ober-
grenze für die Mitteilungspflicht zur Anwendung bringen. Diese Frist beginnt „ab Feststellung der Ausführbarkeit einer Echtzeit-Überweisung", kann also auf die Mitteilungsfrist an-
gewendet werden. Ziff. 4.3.1 i.V.m. Ziff. 4.3.2 SICT RB schreibt vor, dass der Zahler über
eine Ablehnung in diesem Stadium sofortig und automatisiert zu informieren ist.[210]

Dabei hat das Zahlerinstitut gemäß § 675o Abs. 1 S. 2 BGB die Ablehnungsgründe mitzutei-
len, wenn gesetzliche Vorschriften dieser Auskunft nicht entgegenstehen. Grundsätzlich
kann die Information auf jedem verfügbaren Weg vollzogen werden.[211] Ziff. 1.4 S. 2 i.V.m.
Ziff. 1.1 S. 4, 5 SB EÜ regelt, dass der Zahlungsdienstleister des Zahlers seinen Kunden auf
einem vereinbarten elektronischen Weg und nachträglich über die Kontoauszüge von der
Ablehnung unterrichtet.

IV. Modifizierung der Ausführungsfrist

Wenn der Echtzeitüberweisungsauftrag zugegangen ist und die Ausführungsbedingungen erfüllt sind, gelangt die Echtzeitüberweisung in das Durchführungsstadium. Der zentrale Unterschied der Echtzeitüberweisung zur Standard-Überweisung besteht in der erheblich
schnelleren Abwicklung. Dies ist der Vorteil, den sich der Bankkunde von der Inanspruchnahme dieser Überweisungsform verspricht. Bei näherer Betrachtung werden Unterschiede
des Fristenregimes bei den SEPA Instant Payments im Vergleich zur herkömmlichen Überweisung deutlich. Aber auch die Fristensystematik zwischen dem Rulebook und dem deutschen Zahlungsverkehrsrecht verläuft nicht parallel.

---

[209] Vgl. 20-sekündige Frist zur Sparkasse Emsland, S. 11, abrufbar unter: https://www.sparkasse-ems-
land.de/content/dam/myif/sk-emsland/work/dokumente/pdf/preise-leistungen/preis-leistungsverzeich-
nis.pdf (letzter Abruf: 30.09.2022).
[210] Anders *Casper*, RdZ 2020, 28 (31), der eine optionale negative Meldung innerhalb der Ausführungsfrist
aus Ziff. 4.2.3 (B) SICT RB herleitet.
[211] *Berger*, in: Jauernig, BGB, §§ 675n ff. Rn. 3.

1. Verkürzung der Fristendauer

§ 675s Abs. 1 S. 1 BGB statuiert die Pflicht des Zahlungsdienstleisters des Zahlers, dass der zu überweisende Geldbetrag spätestens am Ende des auf den Zugang des Zahlungsauftrages folgenden Geschäftstages beim Zahlungsdienstleister des Zahlungsempfängers eingeht. Wie bereits herausgestellt worden ist, verweist Ziff. 2.2.1 SB ÜW für die Ausführungsfrist der herkömmlichen Überweisung bereits auf das Preis- und Leistungsverzeichnis. Dies kann beispielsweise derart ausgestaltet sein, dass beleglose Überweisungen – wie gesetzlich vorgesehen – in einem Geschäftstag, und beleghafte Überweisungen in zwei Geschäftstagen durchzuführen sind.[212]

Das SICT RB, welches die technischen und rechtlichen Rahmenbedingungen der SEPA Instant Payments eingeführt hat, setzt den teilnehmenden Zahlungsdienstleistern eine gegenüber § 675s Abs. 1 BGB deutlich verkürzte Ausführungsfrist. Eine Echtzeitüberweisung darf nach Ziff. 4.2.3 (B) SICT RB maximal zehn Sekunden in Anspruch nehmen. Ziff. 1.5 SB EÜ verweist dagegen für die Ausführungsfrist wiederum auf die Vereinbarung zur Echtzeitüberweisung im Preis- und Leistungsverzeichnis des jeweiligen Zahlungsdienstleisters. In den Verzeichnissen der Sparkassen wird für Echtzeitüberweisungen – abweichend von der Rulebook-Frist – eine Ausführungsfrist von maximal 20 Sekunden festgelegt.[213]

2. Späterer Fristbeginn

Trotz der beschriebenen zeitmäßigen Verkürzung der Ausführungsfrist von einem Geschäftstag auf wenige Sekunden ist in rechtlicher Hinsicht eine Überweisung in Echtzeit nicht sichergestellt. Sowohl die im Rulebook[214] statuierte als auch die in den SB EÜ mit Wirkung für das Deckungsverhältnis vereinbarte Ausführungsfrist setzen nicht am Zugang des Überweisungsauftrages an, sondern verlagern den Fristbeginn auf den erfolgreichen Abschluss der Prüfung der Ausführungsvoraussetzungen. § 675s Abs. 1 S. 1 BGB sowie Ziff. 2.2.2 Abs. 1 SB ÜW gehen von einem Fristbeginn mit Zugang des Überweisungsauftrages aus.

---

[212] Vgl. PuLV der Sparkasse Emsland, S. 12.
[213] Vgl. PuLV der Sparkasse Emsland, S. 12; PuLV der Sparkasse Westmünsterland, S. 8.
[214] Ziff. 4.2.3 (B) SICT RB.

Dies wird in den Darstellungen zu den Ausführungsfristen der herkömmlichen Überweisung in den Preis- und Leistungsverzeichnissen klarstellend nochmals wiederholt.

Bei der Echtzeitüberweisung ist gemäß Ziff. 1.5 SB EÜ der Eingang des Geldbetrages beim Zahlungsdienstleister des Empfängers nach erfolgreicher Prüfung der Ausführungsvoraussetzungen innerhalb der im Preis- und Leistungsverzeichnis vereinbarten Ausführungsfrist sicherzustellen. Auch im Preis- und Leistungsverzeichnis ist als Fristbeginn die Feststellung der Ausführbarkeit der Echtzeitüberweisung angelegt.[215] In einer Fußnote zu der Bestimmung der 20-sekündigen Ausführungsfrist wird diese von der Akzeptanz der Echtzeitüberweisung durch den Zahlungsdienstleister des Empfängers und einer fristgerechten Mitteilung derselben abhängig gemacht. Diese Bedingung ist aber deklaratorischer Natur, da die Teilnahme der Empfängerbank an der Echtzeitüberweisung bereits in Ziff. 1.4 SB EÜ als Ausführungsbedingung vor Beginn der Ausführungsfrist geprüft worden ist.

Es ist also festzustellen, dass die grundsätzlich auf die Echtzeitüberweisung anwendbare Frist aus § 675s Abs. 1 BGB und die in Ziff. 1.5 SB EÜ vereinbarte Frist zu unterschiedlichen Zeitpunkten beginnen und daher nicht parallel verlaufen. Grundlage dieser Ausgestaltung des Fristbeginns bei der Echtzeitüberweisung ist der Zeitstempel aus Ziff. 4.2.3 SICT RB.[216] Danach ist der Zahlungsdienstleister des Zahlers verpflichtet, dem Überweisungsauftrag vor Auslösung des Zahlungsvorgangs einen Zeitstempel zuzuordnen. Mit dem Hinzufügen dieses Zeitstempels unterwirft sich das Kreditinstitut einer Erfolgspflicht für den Zahlungsvorgang. Zudem unterfallen die weiteren Handlungen der 10-sekündigen Ausführungsfrist des Rulebooks. Bevor die Bank sich diesen Pflichten aussetzt, muss sie jedenfalls sichergestellt haben, dass dem Zahlungsvorgang keine Ausführungshindernisse entgegenstehen. Aus diesem Grund sind die Prüfung der Ausführungsbedingungen sowie der hinreichenden Deckung des Zahlerkontos nicht von der 10-sekündigen Ausführungsfrist umfasst.[217]

---

[215] Vgl. PuLV der Sparkasse Emsland, S. 12.
[216] Vgl. *Casper*, RdZ 2020, 28 (32).
[217] Ablaufdiagramm zur Target Maximum Execution Time auf S. 24 des SICT RB.

3. Zulässigkeit der modifizierten Ausführungsfrist

In der Literatur wird die verkürzte Ausführungsfrist aus Ziff. 1.5 SB EÜ einhellig für zulässig erachtet.[218] Die Abweichung zu der in § 675s Abs. 1 BGB statuierten Pflicht erfolge lediglich zugunsten des Zahlungsdienstnutzers und dadurch in Einklang mit § 675e Abs. 1 BGB. Dies ist im Ergebnis auch zutreffend. Die Verkürzung der Ausführungsfrist in Ziff. 1.5 SB EÜ erfolgt ausdrücklich in Abweichung von Ziff. 3.1.2 und 3.2.2 SB ÜW, wonach die Überweisung baldmöglichst bewirkt wird. Es ist im Wege der Auslegung aber anzunehmen, dass die Frist aus § 675s Abs. 1 BGB nicht vollständig abbedungen werden sollte,[219] sondern als Höchstfrist im Normensystem der Echtzeitüberweisung verbleibt.[220]

Dies gilt auch vor dem Hintergrund, dass im Rahmen der Unwirksamkeitsprüfung von AGB-Klauseln grundsätzlich die kundenfeindlichste Auslegung heranzuziehen ist.[221] Mit der Anwendung der kundenfeindlichsten Auslegung wird auf eine im Zweifel eintretende Nichtigkeit der Klausel zum Schutz der dem Verwender gegenüberstehenden Vertragspartei hingewirkt. Sie ist aber nur dann anzuwenden, wenn die Nichtigkeit der Klausel – hier der Ziff. 1.5 SB EÜ – tatsächlich zu einer Besserstellung des Zahlers führen würde.[222] Die Frist aus Ziff. 1.5 SB EÜ ist aus den dargestellten Gründen in aller Regel erheblich kürzer als die aus § 675s Abs. 1 BGB. Durch die parallele Anwendung der Fristen aus Ziff. 1.5 SB EÜ und § 675s Abs. 1 BGB ist der Zahlungsdienstleister des Zahlers aber jedenfalls verpflichtet sicherzustellen, dass die Prüfung der Ausführungsbedingungen und die anschließende Durchführung der Echtzeitüberweisung innerhalb der Frist des § 675s Abs. 1 BGB geschieht. Relevant wird diese Höchstfrist, wenn die Prüfung der Ausführungsbedingungen unter Verstoß gegen die Vorgabe der Kurzfristigkeit einen erheblichen Zeitraum in Anspruch nimmt. Hinzu tritt die AGB-rechtliche Verpflichtung gegenüber dem Zahler zur Ausführung des Echtzeitzahlungsvorganges nach erfolgreicher Prüfung der Ausführungsbedingungen innerhalb von 20 Sekunden. Die Ausführungsfrist aus Ziff. 1.5 SB EÜ führt mithin nicht zu einer Abweichung von den gesetzlichen Bestimmungen zulasten des Zahlungsdienstleisters.

---

[218] Vgl. nur *Casper*, RdZ 2020, 28 (31); *Herresthal*, ZIP 2019, 895 (901).
[219] So z.B. *Häuser*, in: MüKo HGB, B Rn. 222 – hier ließe sich wegen der potentiellen Benachteiligung des Zahlungsdienstnutzers eine Unzulässigkeit diskutieren, wobei diese mit Blick auf die vorgeschriebene Kurzfristigkeit aus Ziff. 1.4 SB EÜ abzulehnen ist.
[220] Vgl. *Casper*, RdZ 2020, 28 (31 f.).
[221] *Basedow*, in: MüKo BGB, § 305c Rn. 50 f.
[222] Vgl. *H. Schmidt*, in: BeckOK BGB, § 305c Rn. 61.

Eine kundenfeindliche Auslegung zur etwaigen Herbeiführung einer Nichtigkeit der Ziff. 1.5 SB EÜ würde den Zahler daher schlechter stellen und ist nicht angezeigt. Vielmehr wird mit der kundenfreundlichen Auslegung, die zu einer parallelen Anwendung führt, das für den Bankkunden günstigste Ergebnis erzielt. Folglich bleiben die Fristen nebeneinander bestehen.

4. Fristende: Geschuldeter Erfolg innerhalb der Ausführungsfrist

Die Vorschriften des Zahlungsverkehrsrecht sind derart systematisiert, dass sie sich an den Pflichtenkreisen der Zahlungsdienstleister gegenüber ihren jeweiligen Kunden orientieren.

a. Eingang des Geldes bei dem Zahlungsdienstleister des Empfängers

Nach § 675s Abs. 1 BGB hat der Zahlungsdienstleister des Zahlers gegenüber dem Zahler dafür Sorge zu tragen, dass der Überweisungsbetrag innerhalb der definierten Frist beim Zahlungsdienstleister des Empfängers eingeht. Ein endgültiger Transaktionserfolg in Form der Gutschrift auf dem Konto des Zahlungsempfängers wird in der Ausführungsfrist nicht verlangt. Ab dem Zeitpunkt des Eingangs auf dem Konto des Empfängerinstituts trifft dieses die Pflicht zum unverzüglichen Verfügbarmachen des Geldbetrages beim Empfänger aus § 675t Abs. 1 BGB.[223] An die gesetzliche Systematik anknüpfend wurde in Ziff. 1.5 SB EÜ (i.V.m. den jeweiligen Preis- und Leistungsverzeichnissen) eine 20-sekündige Ausführungsfrist für die Echtzeitüberweisung bestimmt, innerhalb derer der Überweisungsbetrag bei der Empfängerbank eingehen muss. Diese Vorgaben sind im Deckungsverhältnis zur Bestimmung der Ausführungsfrist maßgeblich.

b. Möglichkeit des nachgelagerten Clearings und Settlements

Allerdings berücksichtigt diese Systematik gerade nicht, dass bei den SEPA Instant Payments ausweislich des Rulebooks der Interbankenausgleich auch erst nachgelagert zur Gutschrift

---

[223] Siehe ausführlich 3. Kapitel B.

beim Empfänger erfolgen kann. Der Geldbetrag geht dann erst nach der Gutschrift beim Zahlungsempfänger bei dessen Zahlungsdienstleister ein. Vor dem Hintergrund dieser Möglichkeit trennt Ziff. 4.2.3 (B) SICT RB nicht zwischen den Pflichtenkreisen der Zahlungsdienstleister, sondern bestimmt eine 10-sekündige Ausführungsfrist, bis zu welcher der Überweisungsbetrag beim Empfänger verfügbar gemacht werden muss. Die in Ziff. 1.5 SB EÜ geregelte Verpflichtung des Zahlungsdienstleisters des Zahlers, innerhalb der vereinbarten Frist den Betrag zum Empfängerinstitut zu übertragen, resultiert bei einem nachgelagerten Clearing und Settlement und strikter Wortlautauslegung in der Regel in einem Verstoß gegen die Ausführungsfrist.[224] Dies widerspricht dem Telos der Ausführungsfrist. Diese soll das Zahlerinstitut gegenüber seinem Kunden verpflichten, innerhalb der definierten Frist alle in ihrer Hand liegenden Akte zur Umsetzung der Transaktion zu tätigen, um eine Beschleunigung und besser zeitliche Planbarkeit von Zahlungsvorgängen bei mehreren beteiligten Zahlungsdienstleistern zu erreichen.[225] Mit dem zwingenden Erfordernis der Übertragung des Geldbetrages an die Empfängerbank innerhalb der Ausführungsfrist wird letztlich allein die Empfängerbank stärker geschützt. Der Zahler hingegen hat kein eigenes Interesse an der Durchführung des Interbankenausgleiches innerhalb der Ausführungsfrist, solange die Transaktion in Echtzeit abgewickelt wird. Für den Zahler ist mit Blick auf die Erfüllung seiner Schuld im Valutaverhältnis der rechtzeitige Zugang des Geldbetrages beim Zahlungsempfänger relevant.

c. Auslegung der Sonderbedingungen für die Echtzeitüberweisung

Unabhängig davon, ob dem Zahler aufgrund einer etwaigen Pflichtverletzung durch die Durchführung eines nachgelagerten Clearings und Settlements ein Schaden entstehen könnte, ist zunächst eine interessengerechte Auslegung[226] von Ziff. 1.5 SB EÜ auf Tatbestandsebene in Betracht zu ziehen. Bei der Auslegung des Vertrages ist vom Wortlaut der Erklärung auszugehen.[227] Nach der ständigen Rechtsprechung gilt für die Auslegung von AGB der Grundsatz der objektiven Auslegung.[228] Sie sind nach ihrem objektiven Inhalt und typischen Sinn

---

[224] Zu den haftungsrechtlichen Konsequenzen, vgl. 3. Kapitel A. VII.
[225] Vgl. *Schmalenbach*, in: BeckOK BGB, § 675s Rn. 1.
[226] Vgl. BGH, Urt. v. 30.06.2011 – VII ZR 13/10 = NJW 2011, 3287 (3288).
[227] Vgl. BGH, Urt. v. 27.01.2010 – VIII ZR 58/09, Rn. 33 = NJW 2010, 2422 (2425).
[228] Vgl. nur BGH, Urt. v. 09.04.2014 – VIII ZR 404/12, Rn. 57= BGHZ 200, 362; *Basedow*, in: MüKo BGB, § 305c Rn. 33.

einheitlich in der Weise auszulegen, wie sie von verständigen und redlichen Vertragspartnern unter Abwägung der Interessen der normalerweise beteiligten Kreise verstanden werden.[229] Für zufällige Einzelfallgestaltungen oder die individuellen Vorstellungen der Vertragsparteien ist insoweit kein Raum. Aus diesem Grund schließt der eindeutige Wortlaut von Ziff. 1.5 SB EÜ und auch die darauf beruhenden Angaben in den Preis- und Leistungsverzeichnissen, wonach der Geldbetrag beim Zahlungsdienstleister eingehen muss, bereits eine anderweitige Auslegung für die Fälle des nachgelagerten Clearings und Settlements aus. Es wird deutlich, dass sich der AGB-Verwender am Regelungsansatz des Zahlungsverkehrsrechts orientiert hat, ohne die Varianten des Interbankenausgleichs bei den Instant Payments überhaupt zu berücksichtigen. Bei typisierender Betrachtung wird ein Kunde davon ausgehen, dass innerhalb der vorgegebenen Zeit das Geld zu dem Empfängerinstitut transferiert wird.

Eine Erfassung dieser Fälle kommt nur über eine ergänzende Vertragsauslegung in Betracht. Auch für AGB ist das Institut der ergänzenden Vertragsauslegung anerkannt,[230] orientiert sich aber nicht am hypothetischen Parteiwillen, sondern an einem objektiv-generalisierenden Maßstab.[231] Die Voraussetzungen einer ergänzenden Vertragsauslegung von AGB werden in der Rechtsprechung unterschiedlich strikt bewertet.[232] Ein Konflikt mit dem Verbot geltungserhaltender Reduktion ist vorliegend nicht zu befürchten, da nicht eine als unwirksam gestrichene Klausel ersetzt werden soll. Daher sollte eine ergänzende Auslegung zulässig sein, wenn die Regelung keine angemessene, den typischen Interessen des AGB-Verwenders und des Kunden Rechnung tragende Lösung bietet.[233] Die Annahme einer Pflichtverletzung des Zahlerinstituts bei einer erfolgreichen Transaktionsdurchführung und nachgelagertem Clearing und Settlement steht zu den Interessen der Vertragsparteien im Widerspruch.

---

[229] BGH, Urt. v. 09.04.2014 – VIII ZR 404/12, Rn. 57 = BGHZ 200, 362; *Busche*, in: MüKo BGB, § 133 Rn. 25.

[230] Vgl. BGH, Urt. v. 20.04.2017 – VII ZR 194/13, Rn. 25= NJW 2017, 2025 (2027); BGH, Urt. v. 18.07.2007 – VIII ZR 227/06, Rn. 34 = NJW-RR 2017, 1697; kritisch mit Blick auf die Lösung vom Parteiwillen und die Umgehung des Verbots geltungserhaltender Reduktion, *Busche*, in: MüKo BGB, § 157 Rn. 32.

[231] Vgl. BGH, Urt. v. 14.03.2012 – VIII ZR 113/11, Rn. 26 = BGHZ 192, 372; *Busche*, in: MüKo BGB, § 157 Rn. 32.

[232] Vgl. hierzu *Busche*, in: MüKo BGB, § 157 Rn. 32 m.w.N.

[233] Vgl. zum Maßstab: BGH, Urt. v. 09.07.2008 – VIII ZR 181/07, Rn. 18 = BGHZ 177, 186; BGH, Urt. v. 03.11.1999 – VIII ZR 269/98 = BGHZ 143, 103 (120); BGH, Urt. v. 01.02.1984 – VIII ZR 54/83 = BGHZ 90, 69 (75).

In ergänzender Auslegung ist daher jedenfalls eine Ausnahme von dem in Ziff. 1.5 SB EÜ bezeichneten Fristende anzunehmen, wenn das Zahlerinstitut alle erforderlichen Schritte vorgenommen hat, damit das Empfängerinstitut die Gutschrift ausführen kann. Ob diese aufgestellte Formel im Wege des vorgelagerten Clearings und Settlements über die Zuleitung des Überweisungsbetrages an die Empfängerbank oder im Wege des nachgelagerten Clearings über die Übermittlung der Transaktionsnachricht erfolgt, spielt für die Fristwahrung richtigerweise keine Rolle. Auf diese Weise bringt die ergänzende Vertragsauslegung die Interessen des Zahlers (und damit mittelbar auch des Zahlungsempfängers)[234] sowie des Zahlerinstituts in den Fällen des nachgelagerten Clearings und Settlements in Einklang. Ein striktes Festhalten an der Frist aus dem Wortlaut der Ziff. 1.5 SB EÜ würde hingegen allein zu einem verbesserten Schutz der Empfängerbank und zu einer inadäquaten Überhöhung der Pflichten der Zahlerbank führen.

Eine ergänzende Auslegung dahingehend, dass eine Gutschrift auf dem Empfängerkonto innerhalb der Ausführungsfrist der Ziff. 1.5 SB EÜ bei nachgelagertem Clearing und Settlement zur Pflichterfüllung geschuldet ist,[235] würde dem vom europäischen Zahlungsverkehrsrecht und den SB EÜ gewählten Ansatz der Trennung in Verantwortungsbereiche zuwiderlaufen. Der Zahlerseite sind danach im Rahmen der Ausführungsfrist lediglich die Schritte bis zur Übermittlung der Transaktionsnachricht bzw. des Überweisungsbetrages an die Empfängerbank aufzuerlegen. Die sich anschließenden Ausführungsakte des Überweisungsvorgangs liegen nicht mehr im Einflussbereich der Zahlerbank und können daher auch nicht in die Frist aus Ziff. 1.5 SB EÜ fallen. Außerdem ginge ein solch weitgehendes Pflichtenverständnis auch deutlich über den nach dem Wortlaut der Ziff. 1.5 SB EÜ geschuldeten Erfolg hinaus.

---

[234] Für diese Parteien ist allein der Geldfluss zum Empfänger und nicht der Interbankenausgleich entscheidend.

[235] Dies entspräche dem Fristenverständnis aus Ziff. 4.2.3 (B) SICT RB.

5. Time-Out-Deadline des Rulebooks

Das Rulebook führt neben der Zielfrist von zehn Sekunden (sog. Target-Maximum-Execution-Time[236]) eine starre Frist von zwanzig Sekunden (sog. Time-Out-Deadline[237]) ein, innerhalb derer die Clearingstelle der Empfängerbank eine positive oder negative Rückmeldung von der Empfängerbank zur Transaktion erhalten haben muss. Die Time-Out-Deadline beginnt ebenfalls mit dem Auftragen des Zeitstempels nach der erfolgreichen Prüfung der Ausführungsbedingungen. Im Falle der Überschreitung dieser ausschließlich im Interbankenverhältnis vereinbarten Frist setzt sich grundsätzlich ein automatisierter Abbruchprozess in Gang.[238]

Falls eine Partei im Interbankenraum oder die Empfängerbank die Transaktionsnachricht erst nach Ablauf der starren Frist erhält oder eine Weiterleitung nicht innerhalb dieser Frist möglich ist, hat die betroffene Partei unverzüglich eine negative Meldung mit dem entsprechenden Code „Time-Out" an die vorherige Partei zu übermitteln. Für die Empfängerbank gilt, dass sie den Überweisungsbetrag nicht dem Empfänger gutschreiben darf, wenn ihr bewusst ist, dass sie ihre Clearingstelle zur Bestätigung der Transaktion nicht innerhalb der Time-Out-Deadline erreichen wird. Stattdessen muss sie der Clearingstelle dann ein Scheitern des Überweisungsvorganges anzeigen. Gleichermaßen hat die Clearingstelle der Empfängerbank selbst eine negative Meldung an Zahler- und Empfängerbank zu übermitteln, wenn sie innerhalb der starren Frist keine Bestätigung der Empfängerbank erhalten hat.

Allerdings kann die Clearingstelle der Zahlerbank das Scheitern der Echtzeitüberweisung nicht eigenständig nach Ablauf der Time-Out-Deadline feststellen. Bis zum Erhalt einer negativen Mitteilung muss die Clearingstelle der Zahlerbank die Settlement-Sicherheit durch die fortdauernde Reservierung des Überweisungsbetrages aufrechterhalten. Die Zahlerbank muss eine positive Bestätigungsnachricht spätestens zum Ablauf von fünfundzwanzig Sekunden nach der Zuordnung des Zeitstempels erhalten. Ist dies nicht der Fall, kann sie einen Untersuchungsprozess gemäß Ziff. 4.4 SICT RB anstoßen, auf andere Weise versuchen, Klarheit zu erlangen oder weiter auf eine Rückmeldung der Clearingstellen warten. Zwischen

---

[236] Ziff. 4.2.3 (B) SICT RB.
[237] Ziff. 4.2.3 (C) SICT RB.
[238] Ablaufdiagramm zur Time-Out-Deadline, vgl. Ziff. 4.2.3 (C), Fig. 4.

den Parteien des Rulebooks kann auch eine kürzere als die 20-sekündige Deadline vereinbart werden. Dieser automatisierte Prozess stellt sicher, dass eine verspätete Instant-Transaktion nicht mehr durchgeführt, sondern unter Mitteilung der beteiligten Parteien abgebrochen wird. Im Deckungsverhältnis entstehen hieraus aber keine Rechte und Pflichten.

V. Widerruf und Rückruf

Die Instant Payments gewährleisten bei pflichtgemäßer Durchführung durch die beteiligten Zahlungsdienstleister eine Bereitstellung des Geldbetrages auf dem Empfängerkonto innerhalb von Sekunden.[239] Es sind aber aus Zahlerperspektive Konstellationen denkbar, in denen die Rückabwicklung der Transaktion gewünscht ist. Im Anschluss an die erfolgreiche Übertragung des Geldbetrages gewährt das Rulebook der Zahlerseite zwei Rückrufverfahren, den sog. SCT Inst Recall (Rückruf oder Recall) und den SCT Inst Request for Recall by Originator (Rückrufnachfrage oder Request for Recall). Diese sollen in den Kontext der Widerrufsvorschriften des Zahlungsverkehrsrechts gestellt werden.

1. Grundsatz der Unwiderruflichkeit nach dem Zahlungsverkehrsrecht

Der Widerruf ist der actus contrarius zum ursprünglichen Zahlungsauftrag.[240] Er ist eine einseitige, empfangsbedürftige Willenserklärung, die als Gegenweisung im Sinne des §§ 665, 675c BGB zu verstehen ist, den Zahlungsauftrag nicht mehr auszuführen.[241] In diesem Zuge entfällt auch die Zahlungsautorisierung im Sinne des § 675j Abs. 1 BGB, weshalb eine Belastung des Kontos des Zahlers gemäß § 675u S. 2 BGB ex tunc rückgängig zu machen ist.[242] Zum Widerruf ist diejenige Person berechtigt, die den Zahlungsauftrag erteilt hat. Adressat

---

[239] Zur Gutschrift im Inkassoverhältnis, siehe 3. Kapitel B.
[240] *Jungmann*, in: MüKo BGB, § 675p Rn. 54.
[241] *Korff*, in: Derleder/Knops/Bamberger, Deutsches und europäisches Bank- und Kapitalmarktrecht, Bd. 1, § 45 Rn. 19; *Jungmann*, in: MüKo BGB, § 675p Rn. 54; *Linardatos*, in: MüKo HGB, K Rn. 74.
[242] *Lindardatos*, in: MüKo HGB, K Rn. 74.

ist der Empfänger des Zahlungsauftrages, der mit dem Zahler in einer vertraglichen Beziehung steht.[243] Dies ist regelmäßig der Zahlungsdienstleister des Zahlers.[244] Die Möglichkeit eines Direktwiderrufs gegenüber anderen beteiligten Stellen besteht demgegenüber nicht.[245]

Für die SEPA-Echtzeitüberweisung gilt wie für die konventionelle Überweisung grundsätzlich § 675p Abs. 1 BGB, wonach ein Überweisungsauftrag im Anschluss an den Zugang bei dem Kreditinstitut nicht mehr widerrufen werden kann. Da bei der Echtzeitüberweisung jeder Tag ein Geschäftstag im Sinne des § 675n Abs. 1 S. 4 BGB ist und der Zahlungsauftrag unmittelbar auf elektronischem Wege übermittelt wird,[246] tritt die Unwiderruflichkeit faktisch sofort mit der Abgabe des Auftrages in der Mobile App oder im Online-Banking ein.[247] Ausnahmen bilden grundsätzlich die Termin-Echtzeitüberweisung nach § 675p Abs. 3 BGB[248] oder eine Widerrufsvereinbarung nach § 675p Abs. 4 BGB. In letzterem Fall kann dem Zahlungsdienstleister des Zahlers aufgetragen werden, die weiteren Schritte zur Umsetzung des Widerrufs nach Vereinbarung durchzuführen. Ob der Widerruf über die zwischengeschalteten Stellen geleitet werden muss, hängt von der konkreten Vereinbarung ab.[249]

2. Zwingende Unwiderruflichkeit aufgrund vorrangiger Regelungen des Zahlungsverkehrssystems im Sinne von § 675p Abs. 5 BGB

Zur zeitlichen Grenze eines Widerrufs kann ein Zahlungsverkehrssystems (§ 1 Abs. 16 KWG) gemäß § 675p Abs. 5 BGB vorrangige Regelungen bereitstellen. Ein Teilnehmer an diesem Zahlungsverkehrssystem kann einen Zahlungsvorgang nach einem in den Regularien des Systems bestimmten Zeitpunkt nicht mehr widerrufen. Es besteht dann eine Pflicht zur unbedingten Umsetzung des Zahlungsauftrages.[250]

---

[243] *Jungmann*, in: MüKo BGB, § 675p Rn. 55; *Zahrte*, in: Fandrich/Karper, MAH Bank- und Kapitalmarktrecht, § 5 Rn. 95.
[244] Anders bei der Einschaltung von Drittdienstleistern z.B. Zahlungsauslösedienstleistern, vgl. 4. Kapitel B.
[245] *Jungmann*, in: MüKo BGB, § 675p Rn. 56.
[246] Vgl. hierzu 3. Kapitel A. I.
[247] Auf die Rechtsfrage, ob ein Widerruf im Falle des Zugangs an einem Nicht-Geschäftstag bis zum fingierten, späteren Zugangszeitpunkt im Sinne des § 675n Abs. 1. S. 2 BGB möglich ist, kommt es bereits nicht an. So BGH, Urt. v. 19.03.2019 – XI ZR 280/17, Rn. 33 m.w. N. auch zur a.A. (Widerruf nur bis zum faktischen Zugang) = NJW 2019, 2469.
[248] Möglich gemäß Ziff. 4.2.1 SICT RB.
[249] *Werner*, BKR 2010, 353 (357 ff.).
[250] *Jungmann*, in: MüKo BGB, § 675p Rn. 60; *Sprau*, in: Grüneberg, BGB, § 675p Rn. 7.

Die Regelung des § 675p Abs. 5 BGB ist die Umsetzung des Art. 5 der Finalitätsrichtlinie[251] aus dem Jahr 1998, welche die schnelle, effiziente und rechtssichere Abwicklung von Zahlungen in Zahlungsverkehrssystemen sicherstellen sollte. Ein Zahlungsauftrag im Sinne des § 675p Abs. 5 BGB ist ausweislich der Legaldefinition aus Art. 2 lit. i) der Finalitätsrichtlinie „eine Weisung eines Teilnehmers, einem Endbegünstigten einen bestimmten Geldbetrag mittels Verbuchung auf dem Konto eines Kreditinstituts, einer Zentralbank oder einer Verrechnungsstelle zur Verfügung zu stellen". Die Echtzeitüberweisung unterfällt diesem Begriff ebenso wie dem Begriff des Zahlungsauftrages aus § 675f Abs. 4 S. 2 BGB.[252]

a. Teilnehmer eines Zahlungsverkehrssystems

Nach § 675p Abs. 5 BGB sind aber lediglich die Teilnehmer des Zahlungsverkehrssystems an die vorrangigen Vorgaben zum Widerruf gebunden.[253] Die in § 1 Abs. 16 KWG ausgeführte Definition eines Zahlungsverkehrssystems beruht auf Art. 2 lit. a) der Finalitätsrichtlinie. Die Richtlinie definiert den Begriff „System" als eine förmliche Vereinbarung zwischen mindestens drei Teilnehmern, die gemeinsame Regeln und vereinheitlichte Vorgaben für die Ausführung von Zahlungs- bzw. Übertragungsaufträgen zwischen Teilnehmern vorsieht, dem Recht eines von den Teilnehmern gewählten Mitgliedstaats unterliegt, als System angesehen wird und der europäischen Wertpapier- und Marktaufsichtsbehörde (ESMA) von dem Mitgliedstaat, dessen Recht maßgeblich ist, gemeldet worden ist, nachdem der Mitgliedstaat sich von der Zweckdienlichkeit der Regeln des Systems überzeugt hat.[254] Das Target Instant Payment Settlement (TIPS) als Teil des europäischen Zahlungssystems für Individualzahlungen TARGET II, welches von Banken für das Clearing und Settlement bei Echtzeitüberweisungen genutzt wird, ist ein solches Zahlungsverkehrssystem im Sinne des § 1 Abs. 16 KWG.[255] Aber auch die Zahlungssysteme der Sparkassen und Genossenschaften selbst unterfallen dem Begriff.[256]

---

[251] RL 98/26/EG über die Wirksamkeit von Abrechnungen in Zahlungs- sowie Wertpapierliefer- und -abrechnungssystemen, ABl. EG Nr. L 166, S. 45.

[252] Auf die Frage, welche Legaldefinition Anwendung findet, kommt es insofern nicht an. Zu § 675f Abs. 4 S. 2 BGB vgl. *Keßler*, in: EBJS, HGB, § 675p BGB Rn. 19; zu Art. 2 lit. i) Finalitäts-RL vgl. *Jungmann*, in: MüKo BGB, § 675p Rn. 61.

[253] Vgl. *Schmalenbach*, in: BeckOK BGB, § 675p Rn. 14.

[254] *Schäfer*, in: Boos/Fischer/Schulte-Mattler, KWG, CRR-VO, § 1 KWG Rn. 308 f.

[255] *Keßler*, in: EBJS, HGB, § 675p BGB Rn. 19.

[256] *Schäfer*, in: Boos/Fischer/Schulte-Mattler, KWG, CRR-VO, § 1 KWG Rn. 309.

Damit sind die SEPA-Echtzeitüberweisungen anbietenden Kreditinstitute regelmäßig Teilnehmer eines Zahlungsverkehrssystems im Sinne der §§ 1 Abs. 16, 24b KWG[257] und folglich an dessen Vorgaben zur Widerruflichkeit gemäß § 675p Abs. 5 BGB gebunden. Die SEPA-Echtzeitüberweisung als Zahlungsart kann hingegen nicht pauschal als Zahlungsverkehrssystem in diesem Sinne verstanden werden. Dies ist insbesondere mit Blick auf die Tatbestandsvoraussetzung der Meldung an die ESMA dem zugrunde liegenden Clearing- und Settlement-System (insbesondere TIPS) vorbehalten.[258] Dort werden ausschließlich Zahlungsverkehrssysteme im Sinne der Finalitätsrichtlinie – also Abwicklungssysteme – erfasst. Auch im Gesetzesentwurf zum Überweisungsgesetz, welches die Regelungen der Finalitätsrichtlinie erstmals in das deutsche Recht umgesetzt hat, wird das Zahlungsverkehrssystem als Zahlungssystem bezeichnet, in dem Überweisungen zwischen Kreditinstituten abgewickelt werden.[259] Teilnehmer sind nach Art. 2 lit. f) Finalitätsrichtlinie Institute, zentrale Vertragsparteien und Verrechnungs- oder Clearingstellen, also gerade nicht der Zahler oder Zahlungsempfänger. In Art. 2 lit. g) Finalitätsrichtlinie sind sogar indirekte Teilnehmer an Zahlungsverkehrssystemen definiert als Kreditinstitute, die eine vertragliche Beziehung zu einem Teilnehmerinstitut haben. Für diese indirekten Teilnehmer kann der Mitgliedsstaat bestimmen, dass die Regelungen für Teilnehmer Geltung beanspruchen. In dieser ausdifferenzierten Definition zum Teilnehmerbegriff findet der Zahler keinen Platz, sodass entsprechende Vorgaben für ihn nicht anzuwenden sind.

b. Keine Wirkung von § 675p Abs. 5 BGB im Deckungsverhältnis

Art. 5 Finalitätsrichtlinie bestimmt aber, dass der Zahlungsauftrag nach dem im Zahlungsverkehrssystem bestimmten Zeitpunkt weder vom Teilnehmer noch von einem Dritten widerrufen werden kann. Die Richtlinie nimmt mit dieser Vorschrift die Endgültigkeit von Zahlungsaufträgen in den Blick.[260] Das Überweisungsgesetz hat diese Regelung zweistufig in

---

[257] So wohl auch: *Herresthal*, ZIP 2019, 895 (904); *Jungmann*, in: MüKo BGB, § 675p Rn. 60; ausdrücklich: *Schmalenbach*, BeckOK BGB, § 675p Rn. 14, für den als Teilnehmer am Zahlungsverkehrssystem lediglich die Zahlungsdienstleister einzuordnen sind.

[258] Siehe Auflistung der gemeldeten Zahlungsverkehrssysteme unter: https://www.esma.europa.eu/sites/default/files/library/designated_payment_and_securities_settlement_systems.pdf (letzter Abruf: 30.09.2022).

[259] Begr. RegE zum Überweisungsgesetz, BT-Drs. 14/745, S. 24.

[260] Vgl. u.a. Erwägungsgrund 14 zur RL 98/26/EG.

deutsches Recht umgesetzt. § 676a Abs. 4 BGB 1999 enthielt einen Absatz zur Kündigung des Überweisungsvertrages durch den Überweisenden. Nach § 676a Abs. 4 S. 1 BGB 1999 war eine Kündigung durch den Überweisenden gegenüber seinem Kreditinstitut vor dem Ablauf der Ausführungsfrist möglich, wenn sie dem Kreditinstitut des Begünstigten vor der endgültigen Gutschrift auf dem Empfängerkonto mitgeteilt wird. In S. 2 wurde ausdrücklich festgelegt, dass ein zahlerseitiger Widerruf entgegen S. 1 nicht mehr nach einem im Zahlungsverkehrssystem bestimmten Zeitpunkt möglich sei. § 676d Abs. 2 BGB 1999 enthielt hingegen die Widerrufsvorgaben für das Interbankenverhältnis. Nach S. 1 war das Kreditinstitut des Empfängers verpflichtet, den erhaltenen Betrag an das Zahlerinstitut zurückzuleiten, wenn vor dessen Eingang eine entsprechende (Kündigungs-)Mitteilung zuging. S. 2 legte wiederum fest, dass der Widerruf vom Empfängerinstitut nach dem im Zahlungsverkehrssystem bestimmten Zeitpunkt nicht mehr beachtet werden muss. Anders als es § 675p Abs. 5 BGB in seiner gegenwärtigen Form vermuten lässt, wurde die Sonderwiderrufsfrist des Zahlungsverkehrssystems aus der Finalitätsrichtlinie im Überweisungsgesetz zunächst parallel zur Richtlinienvorgabe in das Deckungs- und Interbankenverhältnis umgesetzt. Die Begründung zum Überweisungsgesetz sah in der Finalitätsrichtlinie den Zweck, dafür Sorge zu tragen, dass Zahlungsaufträge während des Laufes der Überweisung nicht mehr widerrufbar sind.[261] Im Zuge der Reform des Zahlungsverkehrsrechts durch das Umsetzungsgesetz zur ZDRL I wurde § 676d Abs. 2 S. 2 BGB 1999 in § 675p Abs. 5 BGB übertragen.[262] In der Gesetzesbegründung wird daher wiederholt hervorgehoben, dass § 675p Abs. 5 BGB nur zwischen den Zahlungsdienstleistern Wirkung entfaltet.[263] Damit drückt § 675p Abs. 5 BGB lediglich aus, dass das Empfängerinstitut oder zwischengeschaltete Institute eine Mitteilung hinsichtlich eines Zahlerwiderrufs nach dem im Zahlungsverkehrssystem bestimmten Zeitpunkt nicht mehr beachten muss. Eine Aussage zur Widerruflichkeit im Deckungsverhältnis, insbesondere dazu, ob eine Vereinbarung gemäß § 675p Abs. 4 BGB zulässig ist, trifft Abs. 5 gerade nicht.

Aus der systematischen Auslegung folgt auch nicht, dass § 675p Abs. 5 BGB in das Verhältnis zwischen Zahler und Zahlerbank gespiegelt werden müsste,[264] obwohl die Betrachtung

---

[261] Begr. RegE zum Überweisungsgesetz, BT-Drs. 14/745, S. 12.
[262] Begr. RegE, BT-Drs. 16/11643, S. 109.
[263] Begr. RegE, BT-Drs. 16/11643, S. 109.
[264] So aber *Herresthal*, ZIP 2019, 895 (904); wohl auch *Keßler*, in: EBJS, HGB, § 675p BGB Rn. 19.

der Abs. 1 bis 4, in welchen der Widerrufsrahmen für das Deckungsverhältnis gesetzt wird, dies nahelegt. § 676a Abs. 4 S. 2 BGB 1999 zur Auswirkung der Bestimmungen im Zahlungsverkehrssystem auf das Deckungsverhältnis wurde über das Umsetzungsgesetz zur ZDRL I nicht in die Widerrufsregelung aus § 675p BGB aufgenommen. Dies lässt sich damit erklären, dass § 675p Abs. 1 BGB ohnehin einen erheblich früheren Zeitpunkt für die Unwiderruflichkeit des Zahlungsauftrages im Deckungsverhältnis bestimmte, als es § 676a Abs. 4 S. 1 BGB 1999 tat.[265] Für die Aufnahme der Sonderregelung zum Zahlungsverkehrssystem wurde daher schlichtweg kein Anlass gesehen. Mangels planwidriger Regelungslücke kann ein solcher Aussagegehalt auch nicht § 675p Abs. 5 BGB in analoger Anwendung entnommen werden. Selbst falls ein Bedarf für eine derartige Regelung bestünde, könnte der Regelungsgedanke aus Art. 5 Finalitätsrichtlinie (kein Widerruf durch Dritte nach dem bestimmten Zeitpunkt des Zahlungsverkehrssystems) in § 675p BGB nicht auf dogmatisch zulässige Weise Einzug erhalten. Eine horizontale, unmittelbare Richtlinienwirkung zwischen Privaten kann Art. 5 Finalitätsrichtlinie ebenfalls nicht entfalten.[266] Wenn die zeitliche Vorgabe zur Widerruflichkeit des Zahlungsvorganges im Rahmen eines Zahlungsverkehrssystems aber nur zwischen den Teilnehmern des Systems – mithin im Interbankenverhältnis – gilt, steht zu befürchten, dass sie faktisch leerläuft und den Sinn der Endgültigkeit des Zahlungsauftrages verfehlt.

c. Vorgaben zur Widerruflichkeit der Echtzeitüberweisung

In Ziff. 1.3 der SB EÜ wird – in Übereinstimmung mit dem gesetzlichen Regelfall des § 675p Abs. 1 BGB – die Unwiderruflichkeit des Zahlungsvorgangs ab dem Zugang des Auftrages beim Zahlerinstitut festgelegt, während das Rulebook – abgesehen von den Rückrufverfahren[267] – keine gesonderte Widerruflichkeit vorsieht. Das Clearing- und Settlement-System gibt primär die technischen Voraussetzungen für die Interbanken-Abrechnung vor und ist damit Grundlage der Ausführung der Echtzeitüberweisung. In den Leitlinien zum TARGET-System, zu welchem auch das Echtzeitsystem TIPS zählt, wird unter Bezugnahme auf die

---

[265] Begr. RegE, BT-Drs. 16/11643, S. 109.
[266] Vgl. EuGH, Urt. v. 11.06.1987 – Rs. 14/86 (Pretore di Salò/X) = Slg. 1987, 2545 Rn. 19; *Ruffert*, in: Calliess/Ruffert, EUV/AEUV, Art. 288 AEUV Rn. 58 ff.
[267] Diese sind aber bereits dogmatisch nicht als Widerruf zu qualifizieren, siehe 3. Kapitel, A. V. 4.

§ 675p Abs. 5 BGB zugrundeliegende Finalitätsrichtlinie eine Unwiderruflichkeit der Echt-zeit-Transaktion für die beteiligten Zahlungsdienstleister ab der Reservierung des Geldbetra-ges auf dem Zentralbank-Konto des Zahlerinstituts vorgeschrieben.[268] Dieser Moment tritt später als der in § 675p Abs. 1 BGB statuierte Auftragszugang bei der Zahlerbank ein.

In den Fällen, in denen die Unwiderruflichkeit mit dem Zugang des Überweisungsauftrages entsteht, wird dem Zweck der Widerrufsbefristung, einen automatisierten Zahlungsvorgang nicht zu unterbrechen,[269] sicher Genüge getan. Letztlich soll dem Aufwand durch manuelle Eingriffe in diesen Prozess vorgebeugt werden.[270] Dieser Zweck ist bei der Echtzeitüberwei-sung in besonderem Maße zu beachten.[271]

d. Zulässigkeit der Vereinbarung einer längeren Widerruflichkeit

Dennoch ist gemäß § 675p Abs. 4 BGB eine Vereinbarung im Deckungsverhältnis zulässig, wonach der Zahler auch noch nach dem Zugang des Überweisungsauftrages den Widerruf erklären könnte. Im Hinblick auf die Funktionsfähigkeit des automatisierten Zahlungsver-kehrssystems für die Echtzeitüberweisung spräche beispielsweise nichts gegen eine Verein-barung, dass noch im Laufe der Prüfung der Ausführungsbedingungen durch die Zahlerbank der Widerruf erklärt werden könnte. Zu berücksichtigen ist auch, dass ein Widerruf nach § 675p Abs. 4 BGB im Deckungsverhältnis ohnehin nur bis zu dem Zeitpunkt vereinbart werden kann, in welchem der Geldbetrag beim Zahlungsdienstleister des Empfängers ein-geht.[272] Wenn der Zahlungsvorgang aus Sicht des Zahlers beendet wurde, handelt es sich nicht mehr um einen Widerruf, sondern um die Vereinbarung eines Erstattungsanspruchs.[273] Nach der (eingehaltenen) 10-sekündigen Frist ist daher ein Widerruf im Rechtssinne ohnehin

---

[268] Art. 20 Abs. 1 lit. a) Anhang III der Leitlinie (EU) 2018/1626 der EZB vom 03.08.2018, ABl. Nr. L 280, S. 76.
[269] Begr. RegE, BT-Drs. 16/11643, S. 109.
[270] Vgl. OLG Köln, Beschl. v. 21.03.2016 – 13 U 223/15 = BKR 2016, 349 (350); Erwägungsgrund 38 ZDRL I.
[271] Vgl. *Jungmann*, in: MüKo BGB, § 675p Rn. 6 f.
[272] Vgl. *Jungmann*, in: MüKo BGB, § 675p Rn. 45 unter Bezugnahme auf § 675y Abs. 1 S. 5 BGB; *Werner*, BKR 2010, 353 (357 ff.) unter Verweis auf § 676a Abs. 4 BGB a.F.
[273] Vgl. *Jungmann*, in: MüKo BGB, § 675p Rn. 12.

nicht mehr möglich. Außerdem bindet eine vertragliche Vereinbarung nur den an ihr beteiligten Zahlungsdienstleister.[274] Es ist kein Grund ersichtlich, warum der Zahlungsdienstleister des Zahlers bei der Ausführung von SEPA Instant Payments in größerem Umfang schützenswert sein soll als bei der konventionellen Überweisung.[275] In beiden Fällen ist der Widerruf eines bereits begonnenen Zahlungsvorgangs mit manuellen Eingriffen in automatisierte Prozesse verbunden. TIPS sieht eine Unwiderruflichkeit ab dem Beginn des Ausführungsstadiums ebensowenig vor wie TARGET II. Die Empfängerbank hat lediglich im Verhältnis zur Zahlerbank einen Widerruf nach der Einbringung in das Zahlungsverkehrssystem durch Reservierung des Betrages auf dem Zentralbankkonto nicht mehr zu beachten. Der Zahlungsdienstleister des Zahlers muss einer entsprechenden Vereinbarung mit dem Zahler im Vorfeld der Ausführung des Zahlungsauftrages nicht zustimmen. Dem folgend wäre auch eine aufschiebende Bedingung im Sinne der Ziff. 1.5 Abs. 3 SB ÜW zulässig, wonach der erklärte Widerruf nur dann wirksam ist, wenn die Zahlerbank die Ausführung des Zahlungsvorganges verhindern oder den Überweisungsbetrag zurückerlangen kann.[276] In der Praxis wird ein Widerruf – selbst bei einer entsprechenden Vereinbarung im Deckungsverhältnis – mit Blick auf die kurze Ausführungszeit nur sehr selten überhaupt fristgerecht eingehen können.

e. Grenzen der freiwilligen Beachtung eines Widerrufs

Unabhängig von einer vorherig geschlossenen Vereinbarung kann eine Stornierung des Überweisungsauftrages nach dessen Zugang zulässig sein, wenn die sich aus dem Grundgesetz herleitende Privatautonomie (Art. 2 Abs. 1 GG) eine solche Lösungsmöglichkeit gebietet.[277] Davon umfasst ist aber lediglich der Fall der freiwilligen Beachtung eines Widerrufs. Bei dogmatischer Betrachtung handelt es sich dabei wiederum nicht um einen Widerruf im Sinne der §§ 675j, 675p BGB, da es keine einseitige Gegenweisung zum Zahlungsauftrag, sondern vielmehr eine privatautonome zweiseitige Regelung (§§ 133, 157 BGB) darstellt. § 675p Abs. 1, 5 BGB stünden einer solchen Regelung daher nicht entgegen. Entscheidend

---

[274] Siehe Begr. RegE, BT-Drs. 18/11495, S. 159.
[275] A.A. *Herresthal*, ZIP 2019, 895 (904).
[276] A.A. *Herresthal*, ZIP 2019, 895 (904).
[277] BGH, Urt. v. 16.06.2015 – XI ZR 243/13 = BGHZ 205, 378 (381 f.); *Jungmann*, in: MüKo BGB, § 675p Rn. 51 ff., *Keßler*, in: EBJS, § 675p BGB Rn. 19.

für deren Zulässigkeit ist allein, ob die freiwillige Beachtung des Widerrufs Interessen Dritter, insbesondere des Zahlungsempfängers, berührt.[278] Dies wird im Rahmen der Echtzeitüberweisung regelmäßig der Fall sein. Sobald der Zahlungsbetrag beim Zahlungsdienstleister des Empfängers eingeht, ist dieser gemäß § 675t Abs. 1 BGB zur unverzüglichen Weiterleitung des Geldbetrages an den Empfänger verpflichtet. Zugleich entfällt gemäß § 675y Abs. 1 S. 5 BGB die Haftung des Zahlungsdienstleisters des Zahlers für eine nicht erfolgte oder fehlerhafte Ausführung des Zahlungsauftrages. Der Rechtskreis des Zahlungsempfängers würde wegen der Nichtbeachtung des § 675t BGB ohne seine Mitwirkung eingeschränkt, wenn sein Zahlungsdienstleister den Widerruf freiwillig berücksichtigen dürfte. Abgesehen von den Ausnahmefällen der längeren Prüfung der Ausführungsbedingungen wird der Geldbetrag innerhalb von wenigen Sekunden an das Kreditinstitut des Empfängers übertragen, sodass eine freiwillige Beachtung des Widerrufs faktisch ausscheidet.

3. Ablauf der Rückrufverfahren nach dem Rulebook

Insbesondere vor dem Hintergrund der sofortigen Unwiderruflichkeit der Echtzeitüberweisung ist eine nähere Auseinandersetzung mit den Rückrufverfahren aus Ziff. 4.3.2 SICT RB geboten. Die Rückrufverfahren finden allein im Interbankenverhältnis statt und werden von der Zahlerbank initiiert. Einen freiwillig vonseiten des Zahlungsempfängers angestoßenen, automatisierten Rückzahlungsprozess sieht das Rulebook gemäß Ziff. 4.3.2.1 SICT RB nicht vor.

a. SCT Inst Recall

Der Recall ermöglicht es dem Zahlerinstitut unter engen Voraussetzungen, den überwiesenen Geldbetrag von der Empfängerbank zurückzuerhalten. Die Verfahrensweise ergibt sich aus Ziff. 4.3.2.2 SICT RB.

Der Recall kann – auf Veranlassung des Zahlers oder eigene Initiative – nur vom Zahlungsdienstleister des Zahlers beantragt werden. Dies ist bis zu zehn Geschäftstage nach dem Aus-

---

[278] *Keßler*, in: EBJS, § 675p BGB Rn. 19; *Jungmann*, in: MüKo BGB, § 675p Rn. 51 f.

führungsdatum der Transaktion bei der irrtümlichen Doppelüberweisung, der aus technischen Problemen resultierenden Falschüberweisung und der betrügerisch veranlassten Überweisung zulässig. Liegen die zeitlichen oder sachlichen Voraussetzungen nicht vor, kann die Zahlerbank einen vom Zahler begehrten Rückruf ablehnen. Ansonsten übermittelt die Zahlerbank den Rückruf an die Empfängerbank.

Diese muss spätestens 15 Tage nach Zugang der Rückrufnachricht eine positive oder negative Meldung zurückleiten. Im Rulebook sind explizit die Gründe aufgeführt, bei denen die Empfängerbank eine Umsetzung des Rückrufs ablehnen kann. Dies ist der Fall, wenn das Konto des Empfängers keine ausreichende Deckung aufweist oder aufgelöst ist, Rechtsgründe gegen eine Rückzahlung sprechen, der Empfänger den Rückruf nicht oder negativ beantwortet, der Überweisungsbetrag bereits zurückgezahlt worden ist oder die ursprüngliche Echtzeitüberweisung nie eingegangen war. Das Rulebook macht das weitere Verfahren von der nationalen Gesetzeslage bzw. von der vertraglichen Konstellation zwischen Empfänger und Empfängerbank abhängig.[279] Maßgeblich ist die rechtliche Frage, ob die Empfängerbank – bei ausreichender Kontodeckung – das Konto des Empfängers ohne dessen Zustimmung belasten darf oder eine gesonderte Autorisierung zu erfolgen hat.[280]

Bei einem positiven Ausgang des Prüfverfahrens (und einer ggf. erforderlichen Autorisierung) belastet die Empfängerbank das Konto des Zahlungsempfängers. Die Rückübertragung des Geldes bei einem Rückruf folgt dem identischen Weg wie die ursprüngliche Echtzeit-Transaktion, lediglich auf umgekehrtem Weg. Die zwischengeschalteten Stellen im Interbankenverhältnis haben jegliche Mitteilungen unverzüglich an die folgende Stelle weiterzuleiten. Die Clearingstellen der beiden beteiligten Kreditinstitute unternehmen die notwendigen Vorkehrungen, um ein endgültiges Settlement zwischen den Banken zu erreichen. Zuletzt wird dem ursprünglichen Zahler (falls noch nicht geschehen) der Überweisungsbetrag wieder gutgeschrieben.

---

[279] Ziff. 4.3.2.2 SICT RB.
[280] Hierzu näher im 3. Kapitel A V. 5.

Sollte innerhalb der 15-tägigen Frist keine Rückmeldung der Empfängerbank bei der Zahler-bank eingehen, kann die Zahlerbank im automatisierten Prozess ein Status-Update bei der Empfängerbank abfragen.

b. SCT Inst Request for Recall by Originator

Wenn die Tatbestandsvoraussetzungen für den Recall nicht vorliegen, hat der Zahler über seinen Zahlungsdienstleister die Möglichkeit, eine Rückrufnachfrage im Sinne der Ziff. 4.3.2.3 SICT RB anzustoßen. Eine Rückübertragung infolge der Rückrufnachfrage hängt stets von der Zustimmung des Empfängers ab. Daher ist die Zahlerbank verpflichtet, den Zahler zu informieren, dass der Rückerhalt des überwiesenen Betrages nicht über dieses Verfahren sichergestellt werden kann.

Bevor die Zahlerbank die Rückrufnachfrage weiterleitet, hat sie zu prüfen, ob die Nachfrage einen Grund angibt und ihr Zugang in den Zeitraum von 13 Monaten seit dem Abbuchungs-datum für die gegenständliche Transaktion fällt. Für die Nachrichtenübermittlung gelten die gleichen Grundsätze wie beim Recall.

Die Empfängerbank hat dem Zahlungsempfänger die begründete Rückrufnachfrage zu des-sen Beurteilung vorzulegen. Wiederum ist die Empfängerbank zur Rückmeldung innerhalb von 15 Geschäftstagen nach Erhalt der Rückrufnachfrage verpflichtet. Auch wenn der Zah-lungsempfänger auf die Rückrufnachfrage nicht reagiert hat, muss die Empfängerbank die Zahlerbank innerhalb der gesetzten Frist hierüber benachrichtigen.

Falls der Zahlungsempfänger als Empfänger der Rückrufnachfrage zustimmt, hat die Emp-fängerbank – ggf. nach gesonderter Zustimmung – das Konto des Zahlungsempfängers mit dem ursprünglich überwiesenen Betrag zu belasten und über die bereits bei der Ursprungs-transaktion beteiligten Parteien an die Zahlerbank zurückzutransferieren. Es steht der Emp-fängerbank frei, der Zahlerbank für diesen Vorgang eine Gebühr zu berechnen. Die Zahler-bank schreibt dem Zahler dann den um diese Gebühr geminderten Betrag auf dem Überwei-sungskonto gut.

Bei einer Ablehnung der Rückzahlung durch den Empfänger wird diese Entscheidung von der Empfängerbank über alle beteiligten Parteien bis zur Zahlerbank übermittelt, welche letztlich den Zahler hiervon in Kenntnis setzt.

4. Rechtsnatur der Rückrufverfahren und Verhältnis zum Widerruf

Der Rückruf und die Rückrufnachfrage sind im Rulebook definierte Verfahren, mit welchen der Zahler über sein Kreditinstitut die Rückzahlung des Überweisungsbetrages geltend machen kann. Sie sind klar von einem Widerruf nach § 675p Abs. 1 BGB abzugrenzen.[281] In Teilen der Literatur werden die Rückrufverfahren fälschlicherweise als Beispiele für die Möglichkeit der Vereinbarung eines Direktwiderrufs im Interbankenverhältnis eingeordnet.[282] Beide Rückrufverfahren weisen deutliche Unterschiede zum Widerruf im Sinne des § 675p BGB auf.

a. Kein Bezugspunkt für den Widerruf

Ein Recall setzt in all seinen Anwendungsfällen voraus, dass bereits keine wirksame Autorisierung des Zahlungsvorgangs durch den vermeintlichen Zahler erfolgt ist. Dem vermeintlichen Zahler steht daher der Anspruch gegen seinen Zahlungsdienstleister auf Rückzahlung des Überweisungsbetrages aus § 675u S. 2 BGB unmittelbar zu. Eine Gegenweisung zum ursprünglichen Zahlungsauftrag mit dem zeitgleichen Entfallen der ursprünglichen Autorisierung, wie sie für den Widerruf charakteristisch ist, hätte daher in den Recall-Konstellationen mangels Autorisierung keinen Bezugspunkt. Über den Widerruf des Zahlers wird erst eine Situation geschaffen, in welcher für die Übertragung des Überweisungsbetrages keine Grundlage mehr besteht. Diese Situation ist für den Anstoß des Recall-Verfahrens nach dem Rulebook aber bereits Voraussetzung. Der Widerruf nach §§ 675j Abs. 2 S. 1, 675p BGB hat die Rechtsfolge, dass die Verpflichtung aus dem Zahlungsauftrag beseitigt ist.[283] Wenn die Autorisierung für den Zahlungsvorgang im Anschluss nicht mehr vorliegt und der Geldbetrag

[281] *Herresthal*, ZIP 2019, 895 (905); *Zahrte*, in: Fandrich/Karper, MAH Bank- und Kapitalmarktrecht, § 5 Rn. 110; jedenfalls begrifflich nicht klar differenzierend: *Casper*, RdZ 2020, 28 (30).
[282] *Jungmann*, in: MüKo BGB, § 675p Rn. 57 unter Bezugnahme auf die Rückrufverfahren des SEPA-Inlandsüberweisung-Abkommens, welches nach Abschn. I Abs. 1 nur auf die herkömmliche Überweisung anwendbar ist.
[283] *Jungmann*, in: Müko BGB, § 675p Rn. 59.

dennoch zum Zahlungsempfänger gelangt, besteht ein Anspruch des Zahlers gemäß § 675u S. 2 BGB.[284] Die Rückrufnachfrage zielt bereits nicht auf eine rechtsgestaltende Wirkung ab. Sie stellt lediglich eine formalisierte Anfrage zur freiwilligen Rückübertragung dar.

b. Unterschiedlicher Rechtsinhaber

Zu berücksichtigen ist weiter, dass der Widerruf ein originär dem Zahler zustehendes Recht gegenüber seinem Zahlungsdienstleister ist. Der Recall ist ein formalisiertes Verfahren, welches ausschließlich im Interbankenverhältnis ohne Rechtswirkungen gegenüber dem jeweiligen Kunden vereinbart worden ist.[285] Zwar wird auch das Recall-Verfahren in aller Regel durch den Zahler selbst angestoßen. Allerdings steht das originäre Recht zur Initiierung des Verfahrens der Zahlerbank selbst zu, welche gegenüber dem Empfängerinstitut die Rückforderung betreibt.

c. Bezug zum ursprünglichen Zahlungsvorgang

Der Widerruf hebt den ursprünglichen Zahlungsauftrag vom Zahler gegenüber seinem Zahlungsdienstleister auf. In der Folge ist der Zahler von seinem Zahlungsdienstleister gemäß § 675u BGB so zu stellen, als wäre der Zahlungsauftrag nie erteilt worden. Die Rückrufverfahren haben hingegen den Ansatz, vom Zahlungsempfänger über dessen Zahlungsdienstleister eine Rückübertragung zu erreichen, verlassen daher also das reine Deckungsverhältnis. Für den Zahler ist es – abgesehen von den Fällen aus § 675v BGB – nicht von Interesse, ob der Zahlungsempfänger zur Rückübertragung des Geldes bereit ist, da er sich ohnehin bei seinem Zahlungsdienstleister schadlos halten kann. Insofern ist wieder Bezug zu nehmen auf die Differenzierung zwischen einem Widerruf des Zahlungsauftrages und der Rückabwicklung eines Zahlungsvorganges.[286] Ein vollständig ausgeführter Zahlungsvorgang kann nicht mehr widerrufen werden. Ein anschließend initiiertes Rückrufverfahren ist nach dogmatischer Betrachtung daher richtigerweise nicht an den Widerrufsvorschriften zu messen.

---

[284] *Linardatos*, in: MüKo HGB, K Rn. 74.
[285] Siehe 2. Kapitel D.
[286] Vgl. *Linardatos*, in: MüKo HGB, G Rn. 64; *Jungmann*, in: MüKo BGB, § 675p Rn. 12 – jeweils zu § 675x BGB.

5. Effektivität der Rückrufverfahren

Bei der Bewertung der Effektivität der Rückrufverfahren aus dem Rulebook ist zwischen dem Recall und dem Request for Recall zu differenzieren.

a. Request for Recall

Der Request for Recall ist wegen seiner Abhängigkeit von der freiwilligen Zustimmung des Zahlungsempfängers als wenig effektives Mittel zur Rückerlangung des Überweisungsbetrages einzuordnen. Demgegenüber ist zu berücksichtigen, dass es ausschließlich zeitliche und formelle Tatbestandsvoraussetzungen aufweist. Sachliche Voraussetzungen bestehen gerade nicht. Unter Beachtung der grundsätzlichen Unwiderruflichkeit und dem Leitprinzip der Schnelligkeit und Sicherheit im Zahlungsverkehrsrecht[287] bietet der Request for Recall daher immerhin ein förmliches Verfahren zur Anfrage der Rückübertragungsbereitschaft. Vorteilhaft ist dies, um innerhalb eines festgelegten zeitlichen Rahmens und unter Beteiligung der Zahlungsdienstleister die Rückerlangung des Buchgeldes zu versuchen. Wenn sich die Erreichbarkeit oder unmittelbare Korrespondenz mit dem Zahlungsempfänger als schwierig erweist, kann sich dieses formelle Verfahren als hilfreich herausstellen. Dieser Vorteil wird aber regelmäßig mit einer Gebührenzahlung auszugleichen sein.

b. Recall

Der Recall ist dagegen bereits auf Tatbestandsebene auf enge Ausnahmefälle begrenzt, in welchen keine (wirksame) Zahlungsautorisierung erfolgt ist. Bei Vorliegen eines solchen Falles hat der Zahler (über seinen Zahlungsdienstleister als Verfahrensinitiator) aber die Möglichkeit, den Überweisungsbetrag zurückzuerhalten.

Der Zahlungsdienstleister des Empfängers belastet das Empfängerkonto in Höhe des bereits gutgeschriebenen Betrages in der Regel aber nur mit Einwilligung des Kontoinhabers. Ob ihm nämlich ein Recht zur zustimmungsfreien Belastung in den dem Recall zugrundeliegenden Fällen zusteht, ist umstritten und konstellationsabhängig.[288] Ein Recht zur Storno-

---

[287] *Keßler*, in: EBJS, HGB, § 675p BGB Rn. 19.
[288] Vgl. *Bunte*, in: Bunte/Zahrte, AGB-Banken, 2. Teil Rn. 149 ff.

(Abs. 1) oder Berichtigungsbuchung (Abs. 2) hat er sich in Ziff. 8 AGB-Banken für den Fall einer fehlerhaften Gutschrift gegenüber seinem Kunden vorbehalten.[289] Nach einhelliger Auffassung sind technisch fehlerhafte Buchungen von tatsächlich bestehenden Zahlungsaufträgen, wie beispielsweise Fehlbuchungen auf Grundlage der falschen Kontonummer oder der vom Namen divergierenden Kundenkennung[290], ohne Zustimmung des Zahlungsempfängers rückbuchbar. Ziff. 8 AGB-Banken differenziert auch nicht danach, in wessen Sphäre der Fehler verursacht wurde.[291] Die Möglichkeit einer Stornierung von Buchungen ohne zugrundeliegenden Zahlungsauftrag wie etwa beim Phishing oder Widerruf ist hingegen umstritten.[292] Eine überwiegende Auffassung hält ein Storno- oder Berichtigungsrecht immer dann für gegeben, wenn dem gutschreibenden Institut ein Rückforderungsanspruch gegen seinen Kunden zusteht.[293] Bei einer versehentlichen Doppelgutschrift durch das Empfängerinstitut wäre demnach eine Belastungsbuchung auf dem Empfängerkonto ohne die Zustimmung des Empfängers möglich. Unautorisierte Zahlungsvorgänge wie das Phishing haben aber zur Konsequenz, dass das Zahlerinstitut gegen den Empfänger einen Rückforderungsanspruch aus der Nichtleistungskondiktion hat. Die Empfängerbank ist nicht in die bereicherungsrechtliche Rückabwicklung integriert, sondern fungiert nur als Zahlstelle.[294] Ein Stornierungs- oder Berichtigungsrecht ist bei unautorisierten Zahlungen daher nur dann gegeben, wenn es sich um eine hausinterne Überweisung handelt.

Da in vielen Fällen die Zustimmung des Zahlungsempfängers zur Belastung und Rückübertragung erforderlich ist und der Zahler sich im Rahmen des § 675u S. 2 BGB unmittelbar an seinen Zahlungsdienstleister wenden kann,[295] wird das Recall-Verfahren zum „stumpfen Schwert". Die im Zuge des SEPA Recalls entstehenden Kosten sind zudem vom Zahler zu tragen.

---

[289] Zur Rechtsnatur des Stornorechts vgl. *Bunte*, in: Bunte/Zahrte, AGB-Banken, 2. Teil Rn. 145; *Bunte/Artz*, in: Ellenberger/Bunte, BankR-HB, § 3 Nr. 8 Rn. 7 f.

[290] Vgl. Begr. RegE, BT-Drs. 16/11643, S. 117.

[291] OLG Hamburg, Urt. v. 02.08.2006 – 1 U 75/06 = MDR 2007, 536; OLG Karlsruhe, Beschl. v. 22.01.2008 – 17 U 185/07 = BeckRS 2008, 2656 Rn. 19.

[292] *Bunte*, in: Bunte/Zahrte, AGB-Banken, 2. Teil Rn. 149 m.w.N.

[293] *Bunte*, in: Bunte/Zahrte, AGB-Banken, 2. Teil Rn. 149 ff.; *Bunte/Artz*, in: Ellenberger/Bunte, BankR-HB, § 3 Nr. 8 Rn. 10 ff.

[294] *Bunte*, in: Bunte/Zahrte, AGB-Banken, 2. Teil Rn. 152a; vgl. auch 3. Kapitel E.

[295] Diese erfüllen den Anspruch bei Plausibilität regelmäßig beanstandungslos, sodass eine gerichtliche Durchsetzung selten erforderlich ist.

VI. Sonstige Gründe für die Unwirksamkeit des Zahlungsauftrages

Für den Zahlungsauftrag gelten – wie bei der herkömmlichen Überweisung auch – neben dem Widerruf die Unwirksamkeitsgründe nach den allgemeinen Regeln.[296] Da der Zahlungsauftrag eine auftragsrechtliche Weisung im Sinne des § 665 BGB und damit eine einseitige und empfangsbedürftige Willenserklärung darstellt, sind die Nichtigkeitstatbestände anwendbar.[297] Dies betrifft insbesondere §§ 116 S. 2, 117 BGB.[298]

Der Zahlungsauftrag ist aber nicht im Sinne der §§ 119, 123 BGB anfechtbar.[299] Vor dem Hintergrund der Unwiderruflichkeit ab dem Zugang beim Zahlungsdienstleister ist eine einseitige Lösungsmöglichkeit nach diesem Zeitpunkt vom Gesetzgeber nicht gewollt. Der § 675p Abs. 1 BGB beruht auf dem Gedanken der schnellstmöglichen Finalität des Zahlungsvorganges. Zwar ist die Anfechtung ein mit Blick auf die Zielsetzung von dem Widerruf zu unterscheidendes Rechtsinstitut. Dennoch muss andererseits auch der Besonderheit des Zahlungsverkehrs Rechnung getragen werden. Aufgrund der automatisierten Prozesse des Massenverkehrs, an denen oftmals mehrere Beteiligte mitwirken, und dem hohen Bedürfnis nach Rechtssicherheit muss ein grundsätzlich wirksamer Zahlungsauftrag Bestand haben. Andernfalls verbleibt für den Zahlungsdienstleister ein hohes Risiko der Rückabwicklung, auf welches dieser selbst keinen Einfluss hat. Das Rückholrisiko wäre dann bei einer Echtzeitüberweisung nochmals erheblich erhöht.

VII. Haftungsregime der Echtzeitüberweisung

Bei der Echtzeitüberweisung verlässt sich der Zahler auf die sekundenschnelle Ausführung der Transaktion. Gerade wenn der Zahler die SEPA Instant Payments wählt, um eine Geldschuld im Valutaverhältnis auf diese Weise in Echtzeit zu tilgen, sind Fallkonstellationen, in denen beispielsweise die verzögerte oder überhaupt nicht durchgeführte Geldübertragung zu erheblichen Schäden führt, nicht selten zu erwarten. Das Haftungsregime und dessen Vereinbarkeit mit den Abläufen der Echtzeitüberweisung sind daher von besonderer Bedeutung.

---

[296] Vgl. *Herresthal*, ZIP 2019, 895 (900).
[297] Vgl. LG Karlsruhe, Urt. v. 05.07.2018 – 15 O 50/17 KfH = BKR 2019, 151 (152); *Sprau*, in: Grüneberg, BGB, § 675f Rn. 19; *Foerster*, in: BeckOGK BGB, § 675f Rn. 71; *Casper*, in: MüKo BGB, § 675f Rn. 52.
[298] *Herresthal*, ZIP 2019, 895 (900); *Schmieder*, in: Ellenberger/Bunte, Bankrechts-HB, § 28 Rn. 18 ff.
[299] *Herresthal*, ZIP 2019, 895 (900) m.w.N. zum Stand der Diskussion bei der Überweisung.

1. Anwendbare Vorschriften

Grundsätzlich finden die Haftungsregelungen für die herkömmliche Überweisung auf die Echtzeitüberweisung mit entsprechenden Anpassungen hinsichtlich der Ausführungsfrist Anwendung.[300] § 675y BGB regelt weite Teile des Leistungsstörungsrechts des Zahlers. Zu unterscheiden ist eine fehlerhafte oder nicht erfolgte Überweisung, deren Folgen § 675y Abs. 1 BGB bestimmt, von einer verspätet ausgeführten Überweisung, deren Folgen in § 675y Abs. 3 BGB festgelegt sind.

a. Haftung für die nicht oder fehlerhaft erfolgte Überweisung

§ 675y Abs. 1 BGB ist Ausdruck der für den Zahlungsauftrag und den Zahlungsdiensterahmenvertrag charakteristischen Erfolgspflicht.[301] Erfasst sind die Fälle der Untätigkeit des Zahlungsdienstleisters, die Übertragung an den falschen Empfänger[302] oder die Weiterleitung eines zu geringen Geldbetrages (insbesondere bei gesetzwidrigem Abzug von Entgelten[303]). Bis zur Umsetzung der ZDRL II in Gestalt des § 675y Abs. 3 BGB[304] stand in Streit, ob die verspätet durchgeführte Überweisung unter § 675y Abs. 1 BGB zu subsumieren ist.[305] Falls eine unautorisierte Überweisung vorliegt, greifen §§ 675u, 675v BGB ein. Wird unzulässigerweise ein Entgelt vom Überweisungsbetrag abgezogen, ist dieser Betrag gemäß § 675y Abs. 1 S. 4 BGB an den Empfänger weiterzuleiten. In den anderen Fällen fehlerhafter Überweisungen hat der Zahler gegen seinen Zahlungsdienstleister unter den Voraussetzungen eines wirksamen Zahlungsauftrages, der nicht widerrufen oder abgelehnt worden ist,[306] einen verursachungs- und verschuldensunabhängigen Anspruch aus § 675y Abs. 1 S. 1 BGB auf die ungekürzte und unverzügliche Erstattung des bankenseits bereits beanspruchten Zahlungsbetrages.[307] Rechtsfolge ist die Restitution durch eine rückwirkende Wertstellung und

---

[300] Vgl. auch *Herresthal*, ZIP 2019, 895 (903 f.); *Casper*, RdZ 2020, 28 (32).
[301] *Zetzsche*, in: MüKo BGB, § 675y Rn. 3; *Köndgen*, in: BeckOGK BGB, § 675y Rn. 21.
[302] Wenn die Überweisung nicht zulässigerweise auf Basis des § 675r BGB ausgeführt wurde.
[303] *Zetzsche*, in: MüKo BGB, § 675y Rn. 2.
[304] Verspätete Überweisung nunmehr als eigene Kategorie, Begr. RegE, BT-Drs. 18/11495, S. 172.
[305] Zum Streitstand vor der ZDRL, vgl. *Zetzsche*, in: MüKo BGB, § 675y Rn. 36 ff. m.w.N.
[306] Vgl. *Schmalenbach*, in: BeckOK BGB, § 675y Rn. 7; *Zetzsche*, in: MüKo BGB, § 675y Rn. 11.
[307] Zur Rechtsnatur, vgl. *Zetzsche*, in: MüKo BGB, § 675y Rn. 8 – „unionsrechtlicher Rechtsbehelf sui generis".

damit die Wiederherstellung des Zustandes vor Beginn der Ausführung des Zahlungsauftrages.[308] Mit dem Ausdruck des Erstattungsverlangens gilt der Zahlungsauftrag als aufgehoben; ein Erfüllungsanspruch steht dem Zahler im Anschluss nicht mehr zu.[309] Im Gegensatz
zum Widerruf führt das Erstattungsverlangen aber nicht zu einem nachträglichen Wegfallen
der Autorisierung.[310] Es wird lediglich der Rechtsgrund für einen etwaigen Aufwendungsersatzanspruch der Bank beseitigt. Zusätzlich besteht ein Anspruch des Zahlers auf die Erstattung von Entgelten und Zinsen gemäß § 675y Abs. 6 BGB.

b. Haftung für die verspätete Überweisung

Bei der verspäteten Überweisung bleibt nach § 675y Abs. 3 BGB der Zahlungsauftrag bestehen.[311] Zum Ausgleich etwaiger Zinsschäden ist die Gutschriftenbuchung derart umzusetzen,
als sei der Zahlungsvorgang ordnungsgemäß durchgeführt worden. Maßgeblich ist das hy-
pothetische Eingangsdatum bei dem Zahlungsdienstleister des Empfängers.[312] Einen entsprechenden Anspruch hat die Zahlerbank gegen die Empfängerbank gemäß § 675y Abs. 3 S. 2
BGB, dessen Geltendmachung der Zahler gegen seinen Zahlungsdienstleister gemäß § 675y
Abs. 3 S. 1 BGB verlangen kann. Zur Vereinfachung wird die Passivlegitimation in § 675y
BGB unabhängig von der Fehlerverursachung insgesamt somit allein auf den Zahlungsdienstleister des Empfängers konzentriert.[313] Insofern beharrt das Haftungsregime im Zahlungsverkehrsrecht nicht strikt auf dem Relativitätsprinzip, sondern überträgt dem Zahlerinstitut die Gesamtverantwortung für den Zahlungsvorgang bis zum Eingang des Geldbetrages bei der Empfängerbank.[314] Einen Ausgleichsanspruch kann das Empfängerinstitut gemäß
§ 676a Abs. 1 BGB[315] gegen die weiteren Zahlungsdienstleister geltend machen.

---

[308] Vgl. *Zetzsche*, in: MüKo BGB, § 675y Rn. 16.
[309] Begr. RegE, BT-Drs. 16/11643, S. 117; *Einsele*, Bank- und Kapitalmarktrecht, 2. Kap. § 6 Rn. 133; *Schmalenbach*, in: BeckOK BGB, § 675y Rn. 6.
[310] *Zetzsche*, in: MüKo BGB, § 675y Rn. 17.
[311] Vgl. *Schmalenbach*, in: BeckOK BGB, § 675y Rn. 3.
[312] Begr. RegE, BT-Drs. 18/11495, S. 172; siehe auch *Zetzsche*, in: MüKo BGB, § 675y Rn. 43; *Schwintowski*, in: Herberger/Martinek/Rüßmann/Weth/Würdinger, jurisPK-BGB, § 675y Rn. 14.
[313] Vgl. *Zetzsche*, in: MüKo BGB, § 675y Rn. 44.
[314] Vgl. *Köndgen*, in: FS Hopt, 2020, S. 539 (560 f.).
[315] Zum Teil wird unrichtigerweise eine analoge Anwendung verlangt, vgl. *Häuser*, in: MüKo HGB, B Rn. 367; *Hopt*, in: Hopt, HGB, (7) Bankgeschäfte Rn. C/73.

c. Abgrenzung der nicht erfolgten zur verspäteten Überweisung

Wenn die vereinbarte Ausführungsfrist des Zahlungsauftrages überschritten ist, kann der Zahler bis zum nachgeholten Eingang auf dem Konto der Empfängerbank ein Erstattungsverlangen ausbringen und damit die Rechtsfolge des § 675y Abs. 1 S. 1 BGB anstelle der Anwendung der Verspätungsvorschriften auslösen.[316] Mithin kann der Zahler in bestimmten Konstellationen einen Einfluss auf die Rechtsfolgen nehmen. Wenn die Empfängerbank den Zahlungsbetrag nicht auf dem Konto des Empfängers gutschreibt, liegt grundsätzlich keine Leistungsstörung im Deckungsverhältnis vor.[317] Der Empfänger muss dann nach § 675t BGB gegen seinen Zahlungsdienstleister vorgehen. Bei der Einbeziehung eines Zahlungsauslösedienstleisters oder einer sonstigen beteiligten Stelle treffen die Rechtspflichten gemäß § 675y Abs. 1 S. 3, Abs. 3 S. 3 BGB weiterhin das Zahlerinstitut, welches gegenüber dem Zahlungsauslösedienstleister oder der weiteren Stelle gemäß § 676a Abs. 1 BGB Regress nehmen kann.[318]

d. Begrenzter Rückgriff auf das allgemeine Leistungsstörungsrecht

In Bezug auf ihren Regelungsbereich sind die Ansprüche aus §§ 675u, 675y BGB gemäß § 675z S. 1 BGB selbständig und abschließend. Insofern ist ein Rückgriff auf das allgemeine Leistungsstörungsrecht des BGB ausgeschlossen.[319] Folgeschäden oder entgangener Gewinn können aber im Wege des verschuldensabhängigen Schadensersatzanspruch aus § 280 Abs. 1 BGB geltend gemacht werden. Konkret können dies beispielsweise Vertragsstrafen, Nichterfüllungs- oder Verzugsschäden sein.[320] In den Fällen von nicht erfolgten oder fehlerhaft bzw. verspätet durchgeführten Überweisungen[321] kann diese Haftung aber gemäß § 675z S. 2 BGB der Höhe nach auf 12.500 EUR begrenzt werden. Durch Ziff. 2.3.3 Abs. 2 SB ÜW

---

[316] So auch *Schmalenbach*, in: BeckOK BGB, § 675y Rn. 7; *Graf von Westphalen*, in: Erman, BGB, § 675y Rn. 22; anders *Zetzsche*, in: MüKo BGB, § 675y Rn. 42, 49, der eine Frist bis zur Wertstellung auf dem Empfängerkonto gewährt.

[317] Vgl. *Zetzsche*, in: MüKo BGB, § 675y Rn. 11.

[318] Dem Zahler soll nicht die Beweislast im Verhältnis zu weiteren Dienstleistern auferlegt werden, vgl. Begr. RegE, BT-Drs. 18/11495, S. 171.

[319] Vgl. *Zetzsche*, in: MüKo BGB, § 675z Rn. 6.

[320] Vgl. BGH, Urt. v. 05.10.2016 – VIII ZR 222/15 Rn. 48 = NJW 2017, 1596 (1599); *Schmalenbach*, in: BeckOK BGB, § 675z Rn. 3.

[321] Damit nicht bei unautorisierten Zahlungsvorgängen, vgl. *Schmalenbach*, in: BeckOK BGB, § 675z Rn. 7.

haben die Banken diese gesetzlich gewährte Möglichkeit auch in den Zahlungsdiensterahmenvertrag zum Kunden aufgenommen. Diese Haftungsbegrenzung gilt aber nicht für Vor-
satz und grobe Fahrlässigkeit oder Gefahren, die der Zahlungsdienstleister explizit übernommen hat.

Weiterhin gelten für die jeweils bezeichneten Ansprüche die Ausschlusstatbestände aus
§ 676b BGB (Anzeigepflichten des Zahlers), § 676c BGB (höhere Gewalt oder gesetzliche
Pflicht des Zahlungsdienstleisters). Streitig ist, ob ein Mitverschulden gemäß § 254 BGB zu
berücksichtigen ist.[322]

2. Besonderheiten und relevante Konstellationen bei der Echtzeitüberweisung

Aufgrund der Durchführung des Zahlungsvorganges in Echtzeit ergeben sich mit Blick auf
die dargestellten Grundsätze praktische Besonderheiten.

a. Modifizierte Ausführungsfrist

Die Rechtzeitigkeit der Zahlung im Sinne des § 675y Abs. 3 BGB richtet sich grundsätzlich
nach der Ausführungsfrist des § 675s Abs. 1 BGB.[323] Im Verhältnis des Zahlungsdienstleisters zu seinem Kunden ist die modifizierte Ausführungsfrist aus Ziff. 1.5 SB EÜ in Verbindung mit dem jeweiligen Preis- und Leistungsverzeichnis heranzuziehen. *Casper* spricht an
dieser Stelle von einer 10-sekündigen Ausführungsfrist, die anstelle von § 675s BGB zu beachten sei.[324] Diese Frist wird vom Rulebook vorgegeben und zwar als Frist, bis zu welcher
der Geldbetrag beim Empfänger gutgeschrieben werden muss. Das Rulebook entfaltet aber,
wie bereits dargestellt wurde, lediglich im Interbankenverhältnis Wirksamkeit und hat gerade
keine Auswirkungen auf das materielle Haftungsrecht des BGB.[325] Eine Vielzahl der Banken
hat im Preis- und Leistungsverzeichnis festgelegt, dass der Geldbetrag spätestens nach 20

---

[322] Dies bejahend: *Schmalenbach*, in: BeckOK BGB, § 675y Rn. 4; *Herresthal*, in: LBS, BankR, § 675y Rn.
18; dies verneinend: *Zetzsche*, in: MüKo BGB, § 675y Rn. 17.
[323] *Graf von Westphalen*, in: Erman, BGB, § 675y Rn. 22.
[324] *Casper*, RdZ 2020, 28 (32).
[325] Dies stellt *Casper*, RdZ 2020, 28 (32 f.) auch zutreffend dar.

Sekunden beim Zahlungsdienstleister des Empfängers eingehen muss.[326] Spätestens mit Ablauf dieser Frist kann der Zahler daher nach den beschriebenen Grundsätzen ein Erstattungsverlangen an seinen Zahlungsdienstleister gemäß § 675y Abs. 1 S. 1 BGB richten, sofern sein Konto zuvor mit dem Überweisungsbetrag bereits belastet wurde.[327]

b. Nachgelagertes Clearing und Settlement

Allerdings wird bei strikter Wortlautanwendung des § 675y BGB in Verbindung mit den in den Preis- und Leistungsverzeichnissen vereinbarten Ausführungsfristen wiederum die Möglichkeit des nachgelagerten Clearings und Settlements im Interbankenverhältnis nicht angemessen berücksichtigt. Wenn der Überweisungsbetrag daher innerhalb der vereinbarten 20-sekündigen Frist beim Zahlungsempfänger gutgeschrieben wurde, aber noch nicht bei dessen Zahlungsdienstleister eingegangen ist, könnte man für den Zahler immer noch die Möglichkeit des Erstattungsverlangens gewähren und eine verspätete Überweisung annehmen. Dieses Ergebnis kann evident nicht gewollt sein. Eine Pflichterfüllung ist nach der ergänzenden Vertragsauslegung der Ziff. 1.5 SB EÜ beim nachgelagerten Clearing und Settlement bereits dann anzunehmen, wenn der Zahlungsdienstleister des Zahlers alle in seiner Hand liegenden Schritte zur Ermöglichung der Gutschrift durch die Empfängerbank getätigt hat.[328] Aber auch ohne die ergänzende Vertragsauslegung könnte dem nachgelagerten Clearing und Settlement auf Haftungsebene de lege lata begegnet werden. Sinn und Zweck der ZDRL und auch Hintergrund des Erstattungsverlangens als Rechtsbehelf ist es, einen Ausgleich zwischen dem Schutz des Bankkunden und der Stabilität des Zahlungssystems herzustellen.[329] Richtigerweise ist die vorgenannte Konstellation nicht unter die Fallgruppe der nicht erfolgten oder fehlerhaften Überweisung im Sinne des § 675y Abs. 1 BGB zu subsumieren. Die Transaktion mit dem Ziel der Gutschrift auf dem Konto des Empfängers ist vereinbarungsgemäß durchgeführt worden. Der Zahlungsdienstleister ist gerade nicht untätig geblieben oder hat ein ungewünschtes Resultat hervorgerufen. Ein Erstattungsverlangen scheidet mithin aus. Schwieriger, wenngleich mangels eintretenden Schadens von sehr geringer Relevanz, wäre dagegen

---

[326] Siehe hierzu 3. Kapitel A. IV.
[327] So auch *Casper*, RdZ 2020, 28 (32).
[328] Siehe 3. Kapitel A. IV.
[329] Vgl. *Zetzsche*, in: MüKo BGB, § 675y Rn. 10.

die Ablehnung einer verspäteten Überweisung. Der Zahlungsbetrag wird im Falle des nachgelagerten Clearings und Settlements regelmäßig erst nach der wortlautgemäß vereinbarten 20-sekündigen Frist beim Zahlungsdienstleister des Empfängers eingehen. Aber auch insofern dürfte ausnahmsweise der Verspätungsbegriff nicht strikt an der im Preis- und Leistungsverzeichnis beschriebenen Frist bestimmt werden. Dies ist bereits daran ersichtlich, dass die Rechtsfolge des § 675y Abs. 3 BGB, also die Gutschrift entsprechend dem hypothetisch rechtzeitigen Eingangszeitpunkt, in dieser Konstellation leerliefe. Aber auch im Rahmen des § 280 Abs. 1 BGB würde mit den dargestellten Erwägungen eine Pflichtverletzung abzulehnen sein.

c. Time-Out-Deadline

Als weitere Besonderheit kommt die in Ziff. 4.2.3 (C) SICT RB vorgesehene Time-Out-Deadline hinzu, der zufolge zwanzig Sekunden nach dem Auftragen des Zeitstempels eine nicht vollständig durchgeführte Echtzeitüberweisung nicht mehr fortgesetzt werden darf, sondern abgebrochen werden muss. Hierbei handelt es sich wiederum um eine Vorgabe, die ausschließlich im Interbankenverhältnis Rechtswirkungen entfaltet. Dennoch ist danach eine verspätete Überweisung in aller Regel nicht mehr zu erwarten, da die Vorgänge und Benachrichtigungsmechanismen im Rahmen der Transaktion auf automatisierten Prozessen beruhen.[330] Mit Blick auf die in vielen Preis- und Leistungsverzeichnissen mit maximal zwanzig Sekunden festgelegte Ausführungsfrist tritt eine verspätet durchgeführte Überweisung kaum noch auf.[331] Dies hat zur Folge, dass bei einer gemäß dem Rulebook abgebrochenen Instant-Überweisung im Falle der bereits vorgenommenen Belastungsbuchung auf dem Konto des Zahlers nur die Rechtsfolge des § 675y Abs. 1 BGB in Betracht käme. Sollte das Konto noch nicht belastet worden, aber der Zahlungsbetrag auf dem Konto des Zahlers reserviert sein, hat er gegen seinen Zahlungsdienstleister aus § 675y Abs. 1 S. 1 BGB auch einen Anspruch auf Freigabe des reservierten Betrages. Eine solche Auslegung widerspricht zunächst nicht dem Wortsinn einer „Erstattung" des Betrages. Lediglich S. 2 nennt die Kontobelastung als Voraussetzung des Anspruchs, um in S. 1 auch Fälle der Barauszahlung zu erfassen. Aber als Minus zur Kontenbelastung ist auch der Fall der Reservierung von S. 1 abgedeckt. Vor

---

dem Hintergrund des Zwecks der Vorschrift, eine vollständige Restitution auf Seiten des Zahlers zu erreichen, [332] ist ein solcher Anspruch unmittelbar aus dem Haftungssystem des BGB zu gewähren.

Eine verspätete Überweisung ist nur noch in zwei Konstellationen denkbar, die jeweils einen Verstoß gegen die Vorschriften des Rulebooks voraussetzen.[333] Sollten die Zahlungsdienstleister eine 10-sekündige Ausführungsfrist in ihr Preis- und Leistungsverzeichnis aufgenommen haben und die Überweisung nach Ablauf dieser Frist, aber vor dem Erreichen der Time-Out-Deadline ausgeführt haben, wäre die Überweisung als verspätet zu bewerten. Außerdem ist es möglich, dass eine Transaktion entgegen der Vorgaben des Rulebooks, zum Beispiel durch manuelle Nachsteuerung, nach dem Ablauf der Time-Out-Deadline vollendet wird.

d. Rechtsfolgenseite

Auf Rechtsfolgenseite greift bei der verspäteten Überweisung § 675y Abs. 3 BGB unverändert ein. Die Gutschrift auf dem Konto des Zahlungsempfängers ist dahin zu korrigieren, als sei sie ordnungsgemäß durchgeführt worden.[334] Dies muss nach gegenwärtiger Rechtslage nicht zwingend bedeuten, dass die Gutschrift ansonsten innerhalb von zehn Sekunden erfolgt wäre, da die Ausführungsfrist nur den Zeitraum bis zum Eingang auf dem Konto des Zahlungsdienstleisters des Empfängers beschreibt.[335] Die Gutschrift hat aber unmittelbar im Anschluss daran stattzufinden.[336] Auch wenn es sich bei § 675y Abs. 3 S. 2 BGB um einen Anspruch im Interbankenverhältnis handelt, kann nicht die Frist aus Ziff. 4.2.3 (B) SICT RB zugrunde gelegt werden. Im Haftungssystem des § 675y BGB sind weiterhin die Regelungen des Deckungsverhältnisses maßgeblich, deren Umsetzung diese gesetzliche Vorschrift dient. Faktisch läuft diese Vorschrift bei den SEPA Instant Payments regelmäßig leer, da bei der Umsetzung einer Instant-Transaktion selten ein Kalendertag überschritten wird, was eine Korrektur der valutarischen Buchung erfordern würde.[337]

---

[332] Vgl. *Zetzsche*, in: MüKo BGB, § 675y Rn. 16.
[333] Zu diesen auch *Casper*, RdZ 2020, 28 (33).
[334] A.A. *Casper*, RdZ 2020, 28 (33), der von einer Korrektur dahingehend spricht, dass die Gutschrift innerhalb der Ausführungsfrist stattgefunden habe.
[335] Vgl. *Zetzsche*, in: MüKo BGB, § 675y Rn. 11.
[336] Siehe Ausführungen zum Zeitpunkt der Gutschrift, 3. Kapitel B.
[337] Vgl. *Casper*, RdZ 2020, 28 (33).

Von größerer Relevanz kann dagegen eine Haftung gemäß §§ 280, 286 BGB sein. Zwar wird die Verspätung einer Zahlung oftmals am Kalendertag bemessen,[338] weshalb eine zeitnahe Nachholung der Transaktionsbeendigung einen Schadenseintritt verhindert. Ausgeschlossen ist aber nicht, dass auch eine konkrete Uhrzeit am Kalendertag als Zahlungsziel oder unter Einbeziehung der Instant Payments auch eine sofortige Zahlung vereinbart wird. Als Folge können dann insbesondere Vertragsstrafen oder Refinanzierungsschäden auftreten. Bei der abgebrochenen Echtzeitüberweisung sind Folgeschäden ohnehin in ähnlicher Gestalt wie bei der herkömmlichen Überweisung vorstellbar. Die Haftung für eine verspätete Durchführung kann grundsätzlich auch bei der Echtzeitüberweisung nach § 675z S. 2 BGB auf 12.500 EUR begrenzt werden. Im Gegensatz zur Eilüberweisung[339] kann nicht im Regelfall davon ausgegangen werden, dass die Echtzeitüberweisung ein besonders übernommenes Risiko des Zahlungsdienstleisters des Zahlers für die rechtzeitige Übermittlung des Geldbetrages in sich trägt. Da die Echtzeitüberweisung in einige Kontomodelle integriert ist, nutzen Bankkunden diese Überweisungsform zum Teil auch ohne explizites Eilbedürfnis. Anders ist es freilich zu bewerten, wenn die besondere Eilbedürftigkeit des Zahlungsvorgangs gesondert mitgeteilt wird und das Kreditinstitut eine entsprechende Durchführung zusichert. Bei der Eilüberweisung haben Bankkunden oftmals in der Filiale selbst einen solchen Zahlungsauftrag gegen eine im Verhältnis zur Echtzeitüberweisung deutlich höhere Gebühr erteilt, weshalb die Dringlichkeit evident war.[340] Eine derartige Evidenz ist bei den Instant Payments und der Entwicklung des Zahlungsverkehrs zu schnelleren Abwicklungslösungen nicht anzunehmen.

VIII. Zulässigkeit der Entgeltmodelle der Echtzeitüberweisung

Die SEPA-Echtzeitüberweisung wird von den Kreditinstituten mit unterschiedlichen Preismodellen angeboten. In den eigens für diese Zahlungsart erstellten Rechtsquellen, dem SICT RB und den SB EÜ, werden keine (detaillierten) Angaben zu den Entgelten für die Durchführung einer Echtzeitüberweisung getätigt. Ziff. 4.2.4 SICT RB legt lediglich das „Shared

---

[338] So auch *Casper*, RdZ 2020, 28 (33).
[339] Vgl. *Schmalenbach*, in: BeckOK BGB, § 675z Rn. 5; die praktische Relevanz der Eilüberweisung beschränkt sich insbesondere auf Zahlungsdienstleister, die nicht an der Echtzeitüberweisung teilnehmen und Bankkunden, die keinen Online-Banking-Zugang haben.
[340] Vgl. *Schmalenbach*, in: BeckOK BGB, § 675z Rn. 5.

Principle" fest, wonach die Kreditinstitute des Zahlers und des Empfängers separat und individuell mit ihrem jeweiligen Kunden Vereinbarungen über die Gebühren treffen.[341] Da die SB EÜ zu den Gebühren keinerlei Angaben machen, sind über den Verweis aus Ziff. 1 SB EÜ die Entgeltregelungen der Banken-AGB und SB ÜW anwendbar. Ziff. 1.10.1 Abs. 1 SB ÜW verweist hinsichtlich der Entgelte gegenüber Verbrauchern auf das Preis- und Leistungsverzeichnis, gegenüber Nichtverbrauchern folgt der Verweis auf das Preis- und Leistungsverzeichnis aus Ziff. 1.10.2 SB ÜW i.V.m. Ziff. 12 Abs. 2 AGB-Banken. Diese Regelungen erfüllen zeitgleich die zahlungsdiensterechtliche Informationspflicht aus § 675d BGB i.V.m. Art. 248 § 4 Abs. 1 Nr. 3a EGBGB.[342] Konkret wird die Echtzeitüberweisung entweder in den Leistungskatalog des Girokontos bei gleichbleibendem monatlichem Gesamtentgelt integriert[343] oder als außerhalb des preislich integrierten Leistungskatalogs liegender Zahlungsdienst gesondert bepreist.[344] Ebenfalls ist eine Kombination beider Modelle in der Praxis anzutreffen, bei welcher dem Bankkunden die Wahl bleibt, im Standard-Kontenmodell ein transaktionsbezogenes Entgelt für die Echtzeitüberweisung zu zahlen oder alternativ im höherpreisigen Kontomodell keine Einzelgebühren je Echtzeitzahlungsvorgang zu tragen.[345] Der Preis der einzelnen Echtzeitüberweisung variiert im Markt zwischen der Unentgeltlichkeit und einer Gebühr pro Transaktion von 1,00 EUR.[346]

§ 675f Abs. 5 S. 1 BGB statuiert nach seinem Wortlaut eine Pflicht des Zahlungsdienstnutzers zur Entrichtung eines für die Ausführung eines Zahlungsdienstes vereinbarten Entgelts.

---

[341] Vgl. *Herresthal*, in: MüKo HGB, A Rn. 4.
[342] *Zahrte*, in: Bunte/Zahrte, AGB-Banken, 4. Teil IV. Rn. 84a; zu den Informationspflichten, vgl. *Hopt*, in: Hopt, HGB, (7) Bankgeschäfte Rn. A/16; *Casper*, in: MüKo BGB, Art. 248 § 4 EGBGB, Rn. 9.
[343] So z.B. hinsichtlich Verbraucherkonten im PuLV der Sparkasse Emsland, S. 6.
[344] So z.B. PuLV der OstseeSparkasse Rostock, S. 11 f., abrufbar unter: https://www.ospa.de/content/dam/myif/ostseespk-rostock/work/dokumente/pdf/preise-leistungen/preis-leistungsverzeichnis.pdf?n=true (letzter Abruf: 30.09.2022).
[345] So z.B. PuLV der Hamburger Sparkasse, abrufbar unter: https://www.haspa.de/content/dam/myif/haspa/work/dokumente/pdf/haspa/pulv-data.pdf?n=true (letzter Abruf: 30.09.2022).
[346] Vgl. z.B. Entgeltinformation der Sparkasse Darmstadt, S. 2; zuvor hatte die Ostseesparkasse Rostock mit einem Transaktionsentgelt von 5,00 EUR die Spanne erheblich erweitert, vgl. *Keßler*, in: EBJS, HGB, § 675j BGB Rn. 21; FAZ, "Instant Payments", Bericht vom 11.07.2018, abrufbar unter: https://www.faz.net/aktuell/finanzen/meine-finanzen/geld-ausgeben/echtzeitueberweisung-bei-der-sparkasse-vorsicht-kosten-15684421.html (letzter Abruf: 30.09.2022).

Daraus folgt, dass es einer Entgeltvereinbarung als Grundlage dieser Zahlungspflicht bedarf.[347] Der Zahlungsdienstleister kann aber auch einen kostenfreien Zahlungsdienst vorsehen und vereinbaren.[348] Das Entgelt ist vom Aufwendungsersatzanspruch infolge der Durchführung eines Zahlungsdienstes zu differenzieren.[349] Nach § 675f Abs. 5 S. 2 BGB kann der Zahlungsdienstleister für Nebenpflichten nur Entgelte beanspruchen, soweit sie gesetzlich zugelassen, zwischen den Parteien vereinbart und an den tatsächlichen Kosten ausgerichtet sind. Mithin sind Nebenpflichten im Grundsatz kostenfrei zu erfüllen.[350] Gesetzlich vorgesehene Ausnahmen bilden im Überweisungsverkehr die berechtigte Ablehnung eines Überweisungsauftrages (§ 675o Abs. 1 S. 4 BGB), die Bearbeitung eines vertraglich vereinbarten Widerrufs (§ 675p Abs. 4 S. 3) und das Entgelt für das Bemühen um Wiedererlangung des Zahlungsbetrages (§ 675y Abs. 5 S. 5).[351]

1. Zur Zulässigkeit der Entgeltmodelle nach AGB-Recht

Die konkreten Bestimmungen zum Entgelt für die Echtzeitüberweisung befinden sich regelmäßig in den Preis- und Leistungsverzeichnissen der Banken, welche allgemeine Geschäftsbedingungen im Sinne des § 305 Abs. 1 BGB darstellen.[352] Zu berücksichtigen ist aber, dass die SB ÜW nur transaktionsbezogene Entgelte erfassen.[353] Wenn ein pauschales Entgelt vereinbart ist, ist dies als Gegenleistung für die Kontoführung und die gesamte Bereitstellung der vereinbarten Zahlungsdienste zu verstehen.[354] Die Vereinbarung der Kontoführungsgebühren in dem Zahlungsdiensterahmenvertrag hat ihre Grundlage ebenfalls in § 675f Abs. 5 S. 1 BGB.[355]

---

[347] Vgl. *Casper*, in: MüKo BGB, § 675f Rn. 60 f.
[348] Vgl. Begr. RegE, BT-Drs. 16/11643, S. 102; *Zahrte*, in: Bunte/Zahrte, AGB-Banken, 4. Teil IV. Rn. 86 f.; *Casper*, in: MüKo BGB, § 675f Rn. 59.
[349] Vgl. *Casper*, in: MüKo BGB, § 675f Rn. 60 f.
[350] *Casper*, in: MüKo BGB, § 675f Rn. 62 ff.; *Zahrte*, in: Bunte/Zahrte, AGB-Banken, 4. Teil IV. Rn. 89.
[351] *Grüneberg*, in: Grüneberg, BGB, § 307 Rn. 69; *Casper*, in: MüKo BGB, § 675f Rn. 62 ff.; *Zahrte*, in: Bunte/Zahrte, AGB-Banken, 4. Teil IV. Rn. 89.
[352] Vgl. BGH, Urt. vom 12.09.2017 – XI ZR 590/15 = NJW 2017, 3649.
[353] Vgl. *Zahrte*, in: Bunte/Zahrte, AGB-Banken, 4. Teil IV. Rn. 86.
[354] Vgl. *Zahrte*, in: Bunte/Zahrte, AGB-Banken, 4. Teil IV. Rn. 86; *Häuser*, in: MüKo HGB, B Rn. 322.
[355] Vgl. *Casper*, in: MüKo BGB, § 675f Rn. 33.

a. Meinungsstand zur Kontrollfähigkeit von Preisklauseln zu Zahlungsdiensten

Inwiefern eine Kontrollfähigkeit von Entgeltklauseln im Sinne des § 307 Abs. 1 BGB besteht, hängt von deren Einordnung in die Dogmatik des § 307 Abs. 3 BGB ab.[356] Danach findet die Inhaltskontrolle grundsätzlich nur dann Anwendung, wenn die AGB von gesetzlichen Vorschriften abweichen oder diese ergänzen. Nach der kritikwürdigen, ständigen Rechtsprechung des BGH sind Klauseln zu den Hauptleistungspflichten und damit korrespondierenden Entgelten kontrollfrei.[357] Eine Abweichung von gesetzlichen Preisvorgaben liege nicht vor. Keiner Kontrolle unterlägen daher Sonderleistungen, zu denen der Zahlungsdienstleister nicht gesetzlich verpflichtet ist.[358] Anders sei dies bei Preisnebenabreden, die zwar mittelbare Auswirkungen auf Preis und Leistung haben, an deren Stelle aber dispositives Gesetzesrecht treten kann.[359] Ebenso kontrollfähig seien Entgeltklauseln zu allgemeinen Betriebskosten oder Aufwänden für die Erfüllung eigener Pflichten sowie Tätigkeiten, die im eigenen Interesse stehen.[360] Der BGH führt zur Bestimmung einer kontrollfreien Hauptleistungspflicht also einen Abgleich mit dem dispositiven Gesetzesrecht durch.

In Literatur und Rechtsprechung wird zurecht diskutiert, ob diese Differenzierung vor dem Hintergrund der Änderungen des Zahlungsverkehrsrechts durch die ZDRL noch tragfähig sind. Das OLG Bamberg[361] – und dieser Auffassung folgend zahlreiche Stimmen in der Literatur[362] – halten sämtliche in § 1 ZAG benannten Zahlungsdienste unter Bezugnahme auf den eingeführten § 675f Abs. 5 S. 1 BGB für Hauptleistungspflichten des Zahlungsdienstleisters und in der Konsequenz diese betreffende Entgeltklauseln für kontrollfrei. § 675f Abs. 5 S. 1 BGB lässt die Vereinbarung eines Entgelts ausdrücklich zu. Da diese Norm auf

---

[356] Vgl. *Casper*, in: MüKo BGB, § 675f Rn. 62.
[357] *Wurmnest*, in: MüKo BGB, § 307 Rn. 197.
[358] Vgl. *Wurmnest*, in: MüKo BGB, § 307 Rn. 197.
[359] BGH, Urt. v. 28.01.2003 – XI ZR 156/02 = BGHZ 153, 344 (347); BGH, Urt. v. 30.11.2004 – XI ZR 200/03 = NJW 2005, 1275.
[360] BGH, Urt. v. 12.09.2017 – XI ZR 590/15 Rn. 25 = NJW 2017, 3649; BGH, Urt. v. 13.05.2014 – XI ZR 405/12 Rn. 24 = BGHZ 201; hierzu auch *Fervers*, BKR 2019, 165 (166).
[361] Urt. v. 17.04.2013 – 3 U 229/12 = ZIP 2013, 1855.
[362] Vgl. *Schmalenbach*, in: BeckOK BGB, § 675f Rn. 100; *Grüneberg*, in: Grüneberg, BGB, § 307 Rn. 69; *Herresthal*, FS Coester-Waltjen, 2015, 1109 (1120); *Fornasier*, WM 2013, 205 (208); *Fornasier*, EWiR 2018, 193 (194) zu OLG München, Urt. v. 12.10.2017 – 29 U 4903/16; a.A. *Niebling*, NJW 2017, 133 (137), der sich immer dann für eine Inhaltskontrolle ausspricht, wenn das Entgelt kraft Gesetzes nicht geschuldet ist; *Fervers*, BKR 2019, 165 (167), der eine Kontrollfähigkeit negiert, wenn eine privatautonome Entscheidung des ZDN vorlag.

Grundlage der in der ZDRL vorgesehenen Vollharmonisierung eingeführt wurde, seien lediglich nicht in der Richtlinie benannte Entgelte kontrollfähig.[363] Der BGH[364] hat sich zu dieser Auffassung nicht abschließend positioniert, widerspricht dem aber jedenfalls weiterhin insoweit, als dass die Klauselkontrolle auch dann nicht ausgeschlossen sein solle, wenn gestellte Entgeltbedingungen von den gesetzlichen Preisregelungen abweichen.[365] Nur auf diese Weise könnten auch Verstöße gegen die Richtlinie geahndet werden.[366] Im Unternehmerbereich sei eine Kontrolle jedenfalls zulässig, da die ZDRL diesbezüglich keine zwingenden Entgeltvorschriften beinhaltet.[367]

b. Kontrollfreiheit der Preisklauseln zur Echtzeitüberweisung

Selbst bei der Anwendung der regelmäßig restriktiveren BGH-Rechtsprechung zu der Differenzierung von Preisabreden und Preisnebenabreden ist das Entgelt für die Instant Payments als Preisabrede zu qualifizieren und damit ohne Inhaltskontrolle gemäß § 307 Abs. 1 BGB zulässig.[368] Die Echtzeitüberweisung stellt eine Sonderleistung dar, zu der der Zahlungsdienstleister nicht verpflichtet ist.[369] Eine Abweichung von gesetzlichen Preisregelungen liegt nicht vor. Nach der vorzugswürdigen Auffassung des OLG Bamberg und der herrschenden Literatur wäre die Entgeltklausel zur Echtzeitüberweisung als Zahlungsdienst im Sinne des § 675f Abs. 5 S. 1 BGB i.V.m. § 1 ZAG ebenfalls nicht gemäß § 307 Abs. 1 BGB kontrollfähig.

---

[363] Vgl. näher *Wurmnest*, in: MüKo BGB, § 307 Rn. 197; auch die Gesetzesbegründung zu § 675f Abs. 5 BGB definiert die Entgeltzahlung als Hauptleistungspflicht, vgl. BT-Drs. 16/11643, S. 102 rechte Spalte.

[364] BGH, Urt. v. 27.01.2015 – XI ZR 174/13 = BeckRS 2015, 3939; BGH, Urt. v. 05.10.2017 – III ZR 56/17 Rn. 15 = NJW 2018, 534; so auch OLG Karlsruhe, Urt. v. 26.06.2018 – 17 U 147/17 = BKR 2019, 201.

[365] Zur Kontrollfähigkeit trotz der Vorgaben der ZDRL, *Fervers*, BKR 2019, 165 (167 ff.).

[366] BGH, Urt. v. 12.09.2017 – XI ZR 590/15 Rn. 45 = NJW 2017, 3649; so auch *Graf von Westphalen*, in: Erman, BGB, § 675f Rn. 28.

[367] Art. 38 ZDRL; § 675e Abs. 4 BGB; vgl. hierzu *Zahrte*, in: Bunte/Zahrte, AGB-Banken, 4. Teil IV. Rn. 85.

[368] So auch *Herresthal*, ZIP 2019, 895 (902); *Casper*, in: MüKo BGB, § 675f Rn. 86; *Zahrte*, AGB-Banken, 4. Teil V. Rn. 9; *Zahrte*, in: BeckOGK BGB, § 675s Rn. 38; zur Standard-Überweisung, vgl. *Schwintowski*, in: jurisPK-BGB, § 675f Rn. 23 ff.

[369] Vgl. *Casper*, in: MüKo BGB, § 675f Rn. 86.

c. Konkrete Ausgestaltung von Preismodellen

Die konkrete Preisgestaltung liegt mithin im Ermessen des Zahlungsdienstleisters.[370] Das Entgelt kann nach den allgemeinen Grundsätzen[371] auch in mehrere Preisbestandteile aufgeteilt werden, sodass der Zahlungsdienstleister sowohl eine Pauschale als auch die Bepreisung einzelner Transaktionen einführen kann. Es ist auch nach Art. 3 Abs. 1 EU-PreisVO[372] nicht verpflichtend, die SEPA-Echtzeitüberweisung wie die herkömmliche Überweisung zu bepreisen.[373] Dort ist nur ein Verbot der Entgeltdifferenzierung zwischen innerdeutscher und EWR-weiter Überweisung geregelt.[374] Die bereits dargestellten, in der Praxis genutzten Entgeltmodelle sind daher allesamt zulässig.[375]

Das Entgelt kann auch für eine erfolglose Transaktion beansprucht werden.[376] Voraussetzung ist, dass die Überweisung nicht fehlerhaft ausgeführt wurde.[377] Dies ist insbesondere bei den zeitgebundenen Instant Payments relevant.[378] Die Transaktion ist nach den Vorgaben des Rulebooks abzubrechen, wenn sie nicht innerhalb von 20 Sekunden nach Auftragen des Zeitstempels erfolgen kann. Außerdem hat die Zahlerbank den Zahlungsauftrag bereits abzulehnen, wenn die Prüfung der Ausführungsbedingungen (vor allem GWG- und Embargobestimmungen) nicht kurzfristig möglich ist.

d. Keine überraschende Klausel im Sinne von § 305c Abs. 1 BGB

Ein Entgelt für die Nutzung der Echtzeitüberweisung wird in aller Regel auch nicht als überraschende Klausel gemäß § 305c Abs. 1 BGB zu qualifizieren sein.[379] Eine überraschende Klausel ist anzunehmen, wenn sie in ihrem Inhalt über das hinausgeht, was bei Würdigung

---

[370] Vgl. *Zahrte*, in: Bunte/Zahrte, AGB-Banken, 4. Teil V. Rn. 9; *Herresthal*, ZIP 2019, 895 (903).
[371] Vgl. BGH, Beschl. v. 24.04.2018 – XI ZR 335/17 = BeckRS 2018, 18297; BGH, Urt. v. 09.05.2017 – XI ZR 308/15 Rn. 28 = NJW 2017, 2538; BGH, Urt. v. 19.11.1991 – X ZR 63/90 = BGHZ 116, 117 (120 ff.); BGH, Urt. v. 14.10.1997 – XI ZR 167/96 = BGHZ 137, 27 (30).
[372] VO (EG) Nr. 924/2009, ABl. Nr. L 266, S. 11.
[373] Vgl. *Zahrte*, in: Bunte/Zahrte, AGB-Banken, 4. Teil V. Rn. 9.
[374] *Casper*, in: MüKo BGB, § 675f Rn. 63; *Zahrte*, in: Bunte/Zahrte, AGB-Banken, 4. Teil IV. Rn. 88.
[375] So auch *Herresthal*, ZIP 2019, 895 (903).
[376] Zur Standard-Überweisung: *Sprau*, in: Grüneberg, BGB, § 675f Rn. 21; *Schmalenbach*, in: BeckOK BGB, § 675f Rn. 126; *Herresthal*, ZIP 2019, 895 (903).
[377] Vgl. BGH, Urt. v. 27.01.2015 – XI ZR 174/13 Rn. 13 f. = BeckRS 2015, 3939 unter Bezugnahme auf die Wertung aus § 675y Abs. 1 S. 2, Abs. 2 S. 2, Abs. 4 BGB.
[378] Zu solchen Beispielen, vgl. *Herresthal*, ZIP 2019, 895 (903).
[379] Diese Problematik aufwerfend: *Keßler*, in: EBJS, HGB, § 675j BGB Rn. 21.

aller Umstände bei Verträgen dieser Art zu erwarten ist.[380] Die meisten Bankkunden dürften allerdings für eine mögliche Gebühr für die Instant Payments ohnehin sensibilisiert sein. Es handelt sich bei der Echtzeitüberweisung noch nicht um die Standard-Überweisungsform, sondern vielmehr um eine Zusatzleistung, bei welcher ein gesondertes Entgelt auch erwartet werden kann. Dies zeigt auch ein Vergleich zu der Eilüberweisung, welche separat über das TARGET II-System abgewickelt wurde, um eine taggleiche Verfügbarkeit des Geldbetrages beim Empfänger zu gewährleisten.[381] Für diese wird eine zusätzliche Gebühr in einer Höhe von etwa 10-15 EUR bankenseits beansprucht.[382] Außerdem sind die Entgelte für Zahlungsdienste der Kreditinstitute nicht in den Preis- und Leistungsverzeichnissen „versteckt". Um eine möglichst übersichtliche und transparente Lösung zu schaffen, haben die Zahlungsdienstleister in Gestalt der Preis- und Leistungsverzeichnisse eine gesammelte Aufstellung sämtlicher Entgelte für Zahlungsdienste veröffentlicht. Die Problematik einer überraschenden Klausel wird sich zudem bereits deshalb selten stellen, da die Banken bei der Einbeziehung der SB EÜ in den Zahlungsdiensterahmenvertrag regelmäßig auf einschlägige Entgeltmodelle hingewiesen haben. Dies schließt eine Unwirksamkeit gemäß § 305c Abs.1 BGB aus.[383]

2. Zur Zulässigkeit der Entgelthöhe nach § 138 BGB

Nach einhelliger Auffassung sind die allgemeinen nationalen Regelungen zur Überprüfung der Entgeltbestimmung unabhängig von der Kontrollfähigkeit nach AGB-Recht anwendbar.[384] Bei synallagmatischen Hauptleistungspflichten ist daher die Wuchergrenze gemäß § 138 BGB zu beachten.[385] *Keßler* nahm bei Transaktionsentgelten von bis zu 5 EUR zumindest ein besonders grobes Missverhältnis zwischen Leistung und Gegenleistung bei der Ausführung von SEPA Instant Payments an.[386] Dies begründet er mit den niedrigen Transaktionskosten von nur 0,2 Cent je Echtzeitüberweisung, die die Zahlungsdienstleister für die

---

[380] *Grüneberg*, in: Grüneberg, BGB, § 305c Rn. 3.
[381] *Schmieder*, in: Ellenberger/Bunte, BankR-HB, § 27 Rn. 9.
[382] PuLV der Sparkasse Emsland, S. 12; Entgeltinformation GiroFlex Sparkasse Darmstadt, S. 2.
[383] So auch *Keßler*, in: EBJS, HGB, § 675j BGB Rn. 21.
[384] *Wurmnest*, in: MüKo BGB, § 307 Rn. 197; *Hofauer*, BKR 2015, 397 (402); *Knops*, ZBB 2010, 479 (481).
[385] Vgl. *Zahrte*, in: Bunte/Zahrte, AGB-Banken, 4. Teil V. Rn. 9; *Zahrte*, NJW 2018, 337 (338); *Keßler*, in: EBJS, HGB, § 675j BGB Rn. 21; mit einem entsprechenden Bsp. auch BT-Drs. 19/11661, S. 2.
[386] Vgl. *Keßler*, in: EBJS, HGB, § 675j BGB Rn. 21.

Nutzung des TIPS-Systems zahlen müssen.[387] Das TIPS-System wirtschaftet lediglich kostendeckend und damit auf Non-Profit-Basis. Neben den Transaktionskosten fallen keine Teilnahme- oder Kontoführungsgebühren für die Zahlungsdienstleister an. Diese Bepreisung galt seit der Einführung und ist bis zum November 2023 garantiert.[388] Dennoch ist ein grobes Missverhältnis zwischen Leistung und Gegenleistung bei den gegenwärtig gegenüber den Bankkunden aufgerufenen Preisen je Transaktion nicht anzunehmen. Neben den Transaktionskosten im TIPS-System sind nämlich auch konkret die Instant Payments betreffende Einführungs- und Overheadkosten zu berücksichtigen.[389] Allein die Einführungskosten werden höher eingeschätzt als die für die SEPA-Umstellung.[390] Hinzu können der Höhe nach zu vernachlässigende Gebühren der Automated Clearing Houses (ACHs)[391] für die Integration ihrer technischen Abrechnungsvorgänge in TIPS von 0,05 Cent je Transaktion kommen,[392] die jedenfalls auch von den ACHs an die Zahlungsdienstleister weitergegeben werden. Maßgeblich für die Bestimmung eines groben Missverhältnisses zwischen Leistung und Gegenleistung ist aber ohnehin der objektive Wert der Leistung.[393] Dieser wiederum ermittelt sich nicht allein auf Grundlage der Kosten, sondern auch anhand von Marktentwicklungen.[394] Als Indiz für ein grobes Missverhältnis kann der doppelte Wert gegenüber der Gegenleistung herangezogen werden. Die Durchführung einer SEPA-Echtzeitüberweisung wird – falls sie nicht in ein (teureres) Kontomodell integriert ist – im Bankenumfeld in unterschiedlicher Höhe bepreist. Selbst eine Gebühr, welche einen Euro je Transaktion überschreiten würde, erscheint dabei noch nicht derart außerhalb der Wertentwicklung, dass ein grobes Missverhältnis angenommen werden könnte. Auch an dieser Stelle kann ein Vergleich zu der Bepreisung von Eilüberweisungen herangezogen werden.[395] Wengleich die Preisspanne zwischen den Banken durchaus als verwunderlich zur Kenntnis genommen werden kann, führt sie nicht zu einer rechtlichen Bewertung als unzulässiges Wuchergeschäft im Sinne des § 138 BGB. Dies gilt auch bei Annahme eines groben Missverhältnisses, da es an der weiteren Voraussetzung

---

[387] Siehe zu den Kosten die Ausführungen auf der Website der Europäischen Zentralbank, abrufbar unter: https://www.ecb.europa.eu/paym/target/tips/html/index.en.html (letzter Abruf: 30.09.2022).

[388] Vgl. Website der Europäischen Zentralbank.

[389] Dies in der Argumentation einpreisend, *Keßler*, in: EBJS, HGB, § 675j BGB Rn. 21.

[390] Vgl. *Herresthal*, ZIP 2019, 895 (899).

[391] Hierzu näher im 3. Kapitel C. I.

[392] Vgl. Website der Europäischen Zentralbank.

[393] Vgl. nur BGH, Urt. v. 24.03.1988 – III ZR 30/87 = BGHZ 104, 102 (105).

[394] Vgl. OLG Bamberg, Urt. v. 23.01.2019 – 3 U 37/18 Rn. 15 = NJOZ 2019, 1658 (1659).

[395] Siehe eine Preisaufstellung unter https://www.bezahlen.net/ratgeber/blitzueberweisung/#Kosten_und_Gebuehren_fuer_eine_Eilueberweisung (letzter Abruf: 30.09.2022).

einer verwerflichen Gesinnung[396] fehlt. Hierzu müsste der Zahlungsdienstleister als wirtschaftlich stärkere Partei die schwächere Lage der Kundenseite bewusst zu seinem Vorteil genutzt haben.[397] Der Bankkunde könnte Echtzeitüberweisungen auch bei anderen Banken durchführen lassen, wenn er dort ein Girokonto unterhält. Dies ist zwar in der konkreten Eilsituation nicht möglich, zeigt aber, dass die Banken eine einseitige Drucksituation auf dem Markt für Zahlungsdienste schwerlich aufbauen können. Regelmäßig hat er spätestens dadurch die Gelegenheit, auch ein Kontomodell zu wählen, welches die Echtzeitüberweisung in den Leistungskatalog integriert hat. Überdies ist in einigen – wenn auch nicht in allen – Fällen – die Nutzung anderer Bezahlsysteme (zum Beispiel mit Garantiefunktion) ebenfalls zur Zielerreichung möglich.

IX. Gebot der Verfügbarkeit der Echtzeitüberweisung für Basiskonten

Voraussetzung für die Verfügbarkeit der Echtzeitüberweisung für den Zahlungsdienstnutzer ist zunächst, dass der Zahlungsdienstleister dem SICT Rulebook beigetreten ist und seinem Kunden die Durchführung der Echtzeitüberweisung unter Einbeziehung der SB EÜ anbietet. Ob der Zahlungsdienstleister mit seinem Kunden die Durchführbarkeit von Instant Payments vereinbart, liegt aber grundsätzlich in seinem Ermessen. Dies könnte anders sein, wenn einem Kunden das verpflichtende Basiskonto zur Verfügung gestellt werden muss und die Ausführung der Echtzeitüberweisung Teil der darin zwingend zu erbringenden Dienstleistungen ist.

1. Grundlagen des Basiskontos

Mit der Einführung des Zahlungskontengesetzes (ZKG) hat der deutsche Gesetzgeber im Jahr 2016 die EU-Zahlungskontenrichtlinie[398] umgesetzt. Das Ziel der zugrunde liegenden Richtlinie bestand darin, der Kontenlosigkeit in der EU entgegenzuwirken, indem ein Zahlungs-

---

[396] Vgl. OLG Bamberg, Urt. v. 23.01.2019 – 3 U 37/18 Rn. 16 f. = NJOZ 2019, 1658 (1659).
[397] BGH, Urt. v. 17.04.1980 – III ZR 96/78 = NJW 1980, 2076.
[398] RL 2014/92/EU, ABl. Nr. L 257, S. 214 ff.

konto mit grundlegenden Funktionen jedem Bürger auf Antrag zur Verfügung gestellt werden muss.[399] Damit sollte ein erhöhter Verbraucherschutz und die Förderung des Binnenmarktes einhergehen.[400] Ein Girokonto mit den zentralen Zahlungsdiensten erfüllt mittlerweile die Funktion einer sozialen Zugangsvoraussetzung. Zahlungsdienstleister, die Verbrauchern Zahlungskonten anbieten, sollten daher „einem umfassenden verbraucherschützenden Pflichtenprogramm" unterworfen werden.[401] Eine Pflicht zur Führung eines Zahlungskontos bestand zuvor nur für die Mehrzahl der (öffentlich-rechtlich organisierten) Sparkassen auf Grundlage der Sparkassengesetze der Länder oder der Sparkassenordnungen.[402] Für Privatbanken hingegen existierten lediglich rechtlich unverbindliche Empfehlungen zum „Girokonto für jedermann" vonseiten der damaligen Deutschen Kreditwirtschaft (1995) sowie von der EU-Kommission (2011),[403] die in der Praxis keine Umsetzung fanden. Eine zentrale Rolle innerhalb der Neuregelungen nahm daher die Verpflichtung der Zahlungsdienstleister gemäß § 31 Abs. 1, 2 ZKG ein, allen rechtmäßig in der EU ansässigen Verbrauchern ein sog. Basiskonto anzubieten.[404] Ein Basiskonto zeichnet sich dadurch aus, dass es die in § 38 Abs. 2 Nr. 1 und 2 ZKG bezeichneten Zahlungsdienste ermöglicht, aufgrund eines Basiskontovertrages geführt wird und in Erfüllung des Anspruchs aus § 31 Abs. 1 S. 1 ZKG eingerichtet wurde (§ 30 Abs. 2 ZKG). Es besteht ein sachlich begrenzter Kontrahierungszwang.[405]

Die Bereitstellung des Basiskontos hat vom Zahlungsdienstleister nicht zwingend unentgeltlich zu erfolgen. Gemäß § 41 Abs. 1, 2 ZKG kann er hierfür ein vereinbartes, angemessenes Entgelt verlangen. Bei der Kostenkontrolle ist insbesondere die Marktüblichkeit entscheidend.[406] Laut Regierungsentwurf ist das Entgelt angemessen, wenn es „im Durchschnitt die Kosten der Institute deckt und ihnen einen angemessenen Gewinn sichert".[407] Mit Blick auf

---

[399] *Schmieder*, in: Ellenberger/Bunte, BankR-HB, § 26 Rn. 5.
[400] RL 2014/92/EU, Erwägungsgrund 3, 7; Begr. RegE, BR-Drs. 537/15, S. 48; *Herresthal*, BKR 2016, 133 (133 f.).
[401] Begr. RegE, BR-Drs. 537/15, S. 77.
[402] *Herresthal*, BKR 2016, 133 (135) unter Nennung von § 5 SpkG-NRW und § 5 SpkO-Bayern.
[403] Empfehlung der Kommission v 18.07.2011 über den Zugang zu einem Konto mit grundlegenden Zahlungsfunktionen („Basiskonto"), 2011/442/EU, ABl. EU Nr. L 190, S. 87; vgl. hierzu ausführlich *Herresthal*, BKR 2016, 133 (135).
[404] Vgl. hierzu *Grüneberg*, WM 2018, 2157 (2157 ff.) m.w. Rechtsprechungsnachw.; *Graf von Westphalen*, in: Erman, BGB, § 675f Rn. 58.
[405] Begr. RegE, BT-Drs. 18/7204, S. 1.
[406] Zu weiteren Voraussetzungen: BGH, Urt. v. 30.06.2020 – XI ZR 119/19 = NJW 2020, 2726.
[407] Begr. RegE, BR-Drs. 537/15, S. 101; vgl. näher hierzu *Herresthal*, BKR 2016, 133 (141).

die systematische Stellung vor der Entgeltvorschrift (§ 41 ZKG) und der Bezugnahme auf die vorhergehenden Vorschriften („im Übrigen") ist das Diskriminierungsverbot gegenüber sonstigen Zahlungskonten des Instituts aus § 40 ZKG bei der Bewertung der Zulässigkeit des vereinbarten Entgelts nicht anzuwenden.[408] Für über die nach § 38 Abs. 2 ZKG gewährleisteten Zahlungsdienste hinausgehenden Zusatzleistungen können der Basiskontennutzer und das Kreditinstitut weitere Entgelte nach den allgemeinen Grundsätzen vereinbaren.

Die Rechtsfolgen eines Verstoßes gegen eine etwaige Pflicht zum Angebot der Echtzeitüberweisung im Rahmen des Basiskontos richten sich nach dem BGB.[409] In der Praxis würden sich die rechtlichen Folgen regelmäßig auf den Erfüllungsanspruch beschränken. Theoretisch denkbar wären aber zusätzlich auch Schadensersatzansprüche aus §§ 280 ff., 249 ff. BGB. Es kämen nur sehr eng begrenzte Ausnahmefälle in Betracht, in denen dem Nutzer eines Basiskontos ein konkreter Schaden daraus erwachsen kann, dass ihm von vornherein nicht die Echtzeitüberweisung angeboten worden ist.

2. Echtzeitüberweisung als Teil des Pflichtenkatalogs aus § 38 Abs. 2 ZKG

Die gesetzliche Mindestvorgabe an Zahlungsdiensten, die ein Zahlungsdienstleister im Rahmen eines Basiskontos anbieten muss, ist in § 38 Abs. 2 ZKG dargestellt. Diese soll ausweislich der Richtlinie grundlegende Funktionen wie die „Einzahlung von Geldbeträgen, Abhebung von Bargeld sowie Ausführung und Empfang von Zahlungsvorgängen an Dritte und von Dritten, einschließlich der Ausführung von Überweisungen" umfassen.[410] Als zwingender Bestandteil des Basiskontos hat der Zahlungsdienstleister gemäß § 38 Abs. 2 Ziff. 2 lit. b) ZKG Sorge für die Ausführung von Zahlungsvorgängen, einschließlich der Übermittlung von Geldbeträgen auf ein Zahlungskonto beim kontoführenden Institut des Kontoinhabers oder bei einem anderen Zahlungsdienstleister, durch die Ausführung von Überweisungen zu tragen. Da die Echtzeitüberweisung ein Überweisungsgeschäft in besonderer Ausgestaltung ist, könnte ihre Durchführung zum allgemeinen Pflichtenkatalog eines Basiskontos des § 38 Abs. 2 ZKG gezählt werden. Die Vorschrift differenziert ihrem Wortlaut nach nicht zwischen unterschiedlichen Formen der Überweisung.

---

[408] Vgl. *Herresthal*, BKR 2016, 133 (141).
[409] *Herresthal*, BKR 2016, 133 (140); *Häuser*, in: MüKo HGB, B Rn. 83.
[410] RL 2014/92/EU, Erwägungsgrund 12.

Im Zeitpunkt des Inkrafttretens des ZKG am 18.06.2016 wurde die SEPA-Echtzeitüberweisung noch nicht angeboten.[411] Dementsprechend ist auch in die Gesetzesmaterialien zum ZKG kein Hinweis zu der Echtzeitüberweisung aufgenommen worden. Gleiches gilt für die dem ZKG zugrundeliegende Zahlungskontenrichtlinie vom 23.07.2014. Bei einer reinen Wortlautbetrachtung („Überweisung", „Überweisungsgeschäft") wäre es zumindest möglich, die Echtzeitüberweisung ebenfalls als zum Pflichtenkanon gehörig einzustufen.[412] Andererseits könnte auch mit der normalen Überweisung dem Wortlaut genügt werden.[413] Im üblichen Sprachgebrauch wird unter dem Begriff „Überweisungsgeschäft" weiterhin die normale Überweisung verstanden. Letztlich ist dies eine Frage der weiteren Auslegung des § 38 Abs. 2 ZKG.

Mit Blick auf den Sinn und Zweck des § 38 Abs. 2 ZKG, ein dem sozialen Sicherungsgedanken Rechnung tragendes Mindestmaß an Leistungen festzulegen, ist zurzeit nicht davon auszugehen, dass die SEPA-Echtzeitüberweisung vom Pflichtenkanon umfasst wird. Ausweislich der Gesetzesbegründung zum ZKG sind die in § 38 Abs. 2 ZKG aufgezählten Zahlungsdienstleistungen in dem Umfang im Basiskonto zur Verfügung zu stellen, wie sie auch allgemein angeboten werden.[414] Darüber hinausgehende Dienste können, müssen aber nicht vereinbart werden. Zu fragen ist, ob ein Verbraucher, der keinen Anspruch auf Zugang zu der SEPA-Echtzeitüberweisung hat, entgegen der Zielsetzung des ZKG vom Binnenmarkt ausgeschlossen wird. Das Basiskonto muss seiner Funktion als „elementare, zur Lebensführung notwendige Finanzdienstleistung" gerecht werden können.[415]

Für den allgemeinen Lebensbedarf genügt aber in aller Regel die Nutzung der konventionellen Überweisung. Die Instant Payments haben eine besondere Eignung für zeitdringliche Zahlungen. In zahlreichen Ländern der EU werden SEPA-Echtzeitüberweisungen noch gar nicht angeboten.[416] Aus diesen Gründen kann die Echtzeitüberweisung jedenfalls noch nicht

---

[411] Vgl. *Herresthal*, ZIP 2019, 895 (905), der dies als historische Auslegung heranzieht.
[412] Siehe bereits oben zur Vereinbarkeit mit den Legaldefinitionen aus § 1 Abs. 22 ZAG, § 1 Abs. 1 S. 2 Nr. 3 c) ZAG.
[413] So auch *Herresthal*, ZIP 2019, 895 (905).
[414] Begr. RegE, BT-Drs. 18/7204, S. 46.
[415] Begr. RegE, BT-Drs. 18/7204, S. 44 ff.
[416] Website des EPC, abrufbar unter: https://www.europeanpaymentscouncil.eu/what-we-do/sepa-instant-credit-transfer (letzter Abruf: 30.09.2022).

als eine grundlegende Funktion eines Zahlungskontos eingeordnet werden. Sie steht vielmehr faktisch neben der üblichen SEPA-Überweisung als eine gegen Entgelt angebotene Sonderleistung der Banken. Für solche Sonderleistungen gebietet es die Privatautonomie aus Art. 2 Abs. 1 GG sowie die Berufsfreiheit aus Art. 12 GG und Art. 16 GRCh, dass Banken neue Zahlungsdienstleistungen innerhalb der Oberkategorie „Überweisungsgeschäft" entwickeln und mit verschiedenen Bepreisungsmodellen in den Wettbewerb einstellen können.[417] Von der grundrechtlichen Berufsfreiheit ist die Vertrags- und Dispositionsfreiheit des Unternehmers geschützt.[418] Ein Kontrahierungszwang ist dem deutschen Recht grundsätzlich fremd und darf nicht über das erforderliche Maß hinaus installiert werden.[419] Eine Beschränkung der bezeichneten Freiheiten in dem Maße, dass die Kreditinstitute sämtliche unter die Oberkategorien des § 38 Abs. 2 ZKG fallenden Dienstleistungen im Basiskonto anzubieten verpflichtet sind, wäre durch den Zweck des Basiskontos nicht zu rechtfertigen. Zu berücksichtigen ist hierbei, dass neben der Vorgabe des Vertragsschlusses als solchem auch der Vertragsinhalt gesetzlich vorgeschrieben wird.[420] Der Gesetzgeber selbst ordnete das Basiskonto als einen nicht geringfügigen Eingriff in die Freiheitsrechte ein, da das Leistungsangebot in weiten Teilen nicht hinter normalen Zahlungskonten zurückbleibe.[421] Die Abgrenzung dieser Sonderleistungen vom Basiskonto muss auch bei Lastschrift-, Überweisungs- und Zahlungskartengeschäften für die Banken daher möglich bleiben.

Dennoch bleibt festzuhalten, dass der Wortlaut des § 38 Abs. 2 ZKG dem Rechtsanwender einen Spielraum überlässt. Sollte die Echtzeitüberweisung in der weiteren Nutzungsentwicklung derart standardisiert werden, dass andere Überweisungsverfahren faktisch nicht mehr durchgeführt – also von der Echtzeitüberweisung ersetzt – werden, kann dies zu einer anderen rechtlichen Betrachtung führen.

---

[417] *Herresthal*, ZIP 2019, 895 (905).
[418] BVerfG, Urt. v. 10.06.2009 – 1 BvR 706/08 = NJW 2009, 2033; *Schmidt*, in: ErfK ArbR, Art. 12 GG Rn. 9.
[419] Vgl. *Herresthal*, BKR 2016, 133 (137).
[420] Vgl. *Herresthal*, BKR 2016, 133 (137).
[421] Vgl. Begr. RegE, BR-Drs. 537/15, S. 101.

3. Pflicht zur Integration der Echtzeitüberweisung in das Basiskonto zur Einhaltung des Diskriminierungsverbotes

Eine Pflicht zur Integration der Echtzeitüberweisung in das Leistungsangebot des Basiskontos könnte aber aus den Vorgaben der Diskriminierungsverbote aus §§ 38 Abs. 4, 40 ZKG folgen.

Nach § 38 Abs. 4 S. 1 ZKG sind die in § 38 Abs. 2 und 3 ZKG aufgeführten Zahlungsdienste in dem Umfang zur Verfügung zu stellen, wie sie Verbrauchern als Inhabern von Zahlungskonten allgemein angeboten werden. Dem Wortlaut zufolge erscheinen die Anforderungen an die Wahrung des Diskriminierungsverbotes sehr hoch. Wenn die Basiskonten im Umfang der Zahlungsdienste nicht von den allgemein angebotenen Zahlungskonten abweichen dürfen, stellt sich die Frage, inwiefern eine Differenzierung vor dem Maßstab des § 38 Abs. 4 ZKG überhaupt zulässig ist. Dass ein unterschiedliches Leistungsangebot für Basis- und allgemein angebotene Verbraucherkonten möglich sein muss, wird bereits bei der Betrachtung des Zwecks der Basiskonten deutlich. Dies bestätigt der Gesetzgeber, wenn er davon spricht, dass das Leistungsangebot der Basiskonten „in weiten Bereichen kaum hinter demjenigen für ‚normale' Zahlungskonten zurückbleibt".[422] Eine völlige Gleichstellung aller Verbraucherkonten ist also vom Gesetzgeber nicht beabsichtigt.

Bezugspunkt des Schlechterstellungsverbotes aus § 38 Abs. 4 S. 1 ZKG ist ein normales Girokonto des zu betrachtenden Kreditinstituts.[423] Dennoch folgt aus der Einbeziehung der Echtzeitüberweisung in das Standard-Girokontomodell ohne Aufpreis nicht die Pflicht, diese Überweisungsform auch für Basiskonteninhaber zur Verfügung zu stellen. Von allgemein angebotenen Dienstleistungen im Sinne des § 38 Abs. 4 ZKG sind besondere Dienste der Kreditinstitute zu unterscheiden, die grundsätzlich bei normalen Verbraucherkonten angeboten und regelmäßig auch vereinbart werden.[424] Denn § 38 Abs. 4 S. 1 ZGK nimmt die Zahlungsdienste in § 38 Abs. 2 und 3 ZKG in Bezug. Zahlungsdienste, die nicht vom Pflichten-

---

[422] Begr. RegE, BR-Drs. 537/15, S. 101.
[423] *Herresthal*, BKR 2016, 133 (161).
[424] *Herresthal*, ZIP 2019, 895 (905).

katalog umfasst sind, können auch nicht über das Diskriminierungsverbot zur Pflicht werden.[425] Die darüber verpflichtenden Zahlungsdienstleistungen dürfen nicht in ihrem Umfang,
d.h. in ihrer Art und Weise negativ vom allgemein angebotenen Standard abweichen. Insofern ist aber bezogen auf die Überweisungsformen gemeint, dass die Durchführung einer
konventionellen SEPA-Überweisung zwischen den Konten nicht divergieren darf. Die Norm
darf nicht so verstanden werden, dass der Umfang einer Überweisung auch die Integration
anderer Überweisungsformen wie der SEPA Instant Payments einschließt.

Nach § 38 Abs. 4 S. 2 ZKG darf zudem die Anzahl der Zahlungsdienste nicht beschränkt
werden. Dies bezieht sich allerdings nicht auf die Anzahl der Arten der Zahlungsdienste,
sondern lediglich auf die Kontingentierung eines Zahlungsdienstes.[426] § 40 ZKG verbietet
eine Benachteiligung des Basiskontos in Bezug auf die sonstigen Vertragsbedingungen und
die tatsächliche Umsetzung.[427] Die Pflicht zum Angebot einer weiteren Dienstleistung wie
der Echtzeitüberweisung kann hieraus aber nicht resultieren. Dieses Schlechterstellungsver-
bot ist dabei nicht auf die Dienstleistungen aus § 38 Abs. 2 ZKG beschränkt, sondern umfasst
auch bei normalen Girokonten allgemein angebotene Zusatzleistungen.[428]

4. Zwischenergebnis

Es besteht keine Pflicht zum Angebot der Echtzeitüberweisung im Rahmen von Basiskonten.
Eine solche lässt sich weder aus dem Pflichtenkanon in § 38 Abs. 2 ZKG noch aus dem
Diskriminierungsverbot der §§ 38, 40 ZKG herleiten. Dem Schutzzweck des Basiskontos
wird mit der Bereitstellung der herkömmlichen Überweisung hinreichend Genüge getan.

---

[425] So auch *Herresthal*, ZIP 2019, 895 (905).
[426] Vgl. *Herresthal*, BKR 2016, 133 (137) mit Verweis auf Art. 17 Abs. 3, 4 ZKRL.
[427] Begr. RegE, BR-Drs. 537/15, S. 99 f.; *Herresthal*, BKR 2016, 133 (139); *Bülow*, in: Bülow/Artz, ZKG, §
38 Rn. 12.
[428] Begr. RegE, BR-Drs. 537/15, S. 99 f.; *Herresthal*, BKR 2016, 133 (161).

B. Inkassoverhältnis

Der Anspruch auf die Gutschrift (§ 675t Abs. 1 BGB) folgt allein aus dem Rechtsverhältnis des Zahlungsempfängers zu seiner Bank, dem Inkassoverhältnis.[429] Ob das Verhältnis des Zahlungsdienstnutzers zu seinem Kreditinstitut als Deckungsverhältnis oder Inkassoverhältnis bezeichnet wird, hängt von der jeweiligen Stellung des Kontoinhabers im Rahmen des konkreten Zahlungsvorgangs ab. Es werden dafür vom Zahlungsdienstnutzer nicht zwei separate Rechtsverhältnisse eingegangen, sondern beide Stellungen im Zahlungsvorgang basieren auf demselben Zahlungsdiensterahmenvertrag.[430] Allerdings hat der Bankkunde nur zu seinem eigenen Zahlungsdienstleister einen Zahlungsdienstevertrag. Zwischen Zahler und Empfängerbank bzw. Empfänger und Zahlerbank besteht ein solches Verhältnis gerade nicht.[431]

Im Inkassoverhältnis hat der Zahlungsempfänger bei der Überweisung gemäß § 675t Abs. 1 BGB einen Anspruch gegen seinen Zahlungsdienstleister auf das unverzügliche Verfügbarmachen des überwiesenen Geldbetrages, sobald er auf dem Konto des Zahlungsdienstleisters eingeht. Da dieser Anspruch zeitlich von dem Eingang des Geldbetrages bei der Empfängerbank abhängt, resultieren aus der Möglichkeit des nachgelagerten Clearings und Settlements bei der Echtzeitüberweisung wiederum Besonderheiten.

I. Grundlagen zum Anspruch auf die Gutschrift

Die Pflicht des Zahlungsdienstleisters des Empfängers, diesem den erhaltenen Geldbetrag unverzüglich verfügbar zu machen, ist letztlich in dem gleichen rechtlichen Umfang umzusetzen, wie der Zahlungsdienstleister die Zahlung selbst erhalten hat.[432] Damit stellt § 675t Abs. 1 BGB eine lex specialis zum Anspruch aus § 667 BGB (Herausgabe des Erlangten) dar.[433] Die Leistungspflicht wird folglich durch den Eingang des Zahlungsbetrages auf dem Eingangskonto des Zahlungsdienstleisters ausgelöst.[434] In dogmatischer Hinsicht stellt die Gutschrift nach der weit überwiegenden Auffassung ein abstraktes Schuldversprechen des

---

[429] *Casper*, in: MüKo BGB, § 675f Rn. 82.
[430] *Häuser*, in: MüKo HGB, B Rn. 3.
[431] Vgl. *Häuser*, in: MüKo HGB, B Rn. 3.
[432] *Schmalenbach*, in: BeckOK BGB, § 675t Rn. 2.
[433] *Jungmann*, in: MüKo BGB, § 675t Rn. 3; *Schmalenbach*, in: BeckOK BGB, § 675t Rn. 2.
[434] *Jungmann*, in: MüKo BGB, § 675t Rn. 3.

Zahlungsdienstleisters, also eine vom Valuta- und Deckungsverhältnis unabhängige Forderung des Bankkunden dar.[435] Umgesetzt wird das Schuldversprechen in der Regel durch eine auf dem Konto des Kunden mit Rechtsbindungswillen vorgenommene Buchung. Hierdurch wird wiederum der Anspruch aus der Gutschrift begründet, der regelmäßig in das Kontokorrent eingestellt und auf diese Weise verfügbar gemacht wird.[436] Das Unverzüglichkeitskriterium lässt sich unter Bezugnahme auf die Legaldefinition in § 121 Abs. 1 BGB bestimmen. Bei dem Verstoß gegen die Pflicht zur Erteilung der Gutschrift gemäß § 675t Abs. 1 BGB gewährt die herrschende Auffassung dem Zahlungsempfänger einen Schadensersatzanspruch aus § 280 Abs. 1 BGB.[437] Der Sekundäranspruch folgt nicht aus § 675z BGB, da der Zahlungsdienstleister des Empfängers bei der Gutschrift keinen Zahlungsauftrag ausführt.[438]

II. Möglichkeit des nachgelagerten Clearings und Settlements

In den Fällen, in denen das Clearing und Settlement der Echtzeitüberweisung ebenfalls in Echtzeit durchgeführt wird, kann der Anspruch des Zahlungsempfängers wie bei der normalen Überweisung regelmäßig auf § 675t Abs. 1 BGB gestützt werden. Die Unverzüglichkeit der Gutschrift im Anschluss an den Eingang des Geldbetrages bei der Empfängerbank ist dann – anders als bei der normalen Überweisung – auf einen Sekundenzeitraum begrenzt. Ziff. 1.5 SB EÜ verpflichtet – in Anlehnung an § 675s Abs. 1 BGB – den Zahlungsdienstleister des Zahlers nur zur Übertragung des Geldbetrages an den Zahlungsdienstleister des Empfängers innerhalb des im Preis- und Leistungsverzeichnis ausgewiesenen Zeitrahmens. Den sich anschließenden Anspruch des Zahlungsempfängers auf die Gutschrift beinhaltet diese Klausel nicht. Fälle des nachgelagerten Clearings und Settlements zeichnet demgegenüber aus, dass der Überweisungsbetrag erst nach der Gutschrift bei dem Empfänger im Interbankenverhältnis zugunsten des Zahlungsdienstleisters des Empfängers übertragen wird. Der Anspruch aus § 675t Abs. 1 gelangt nach dem eindeutigen Wortlaut der Vorschrift bereits nicht zur Entstehung.

---

[435] Vgl. nur BGH, Urt. v. 16.04.1991 – XI ZR 68/90 = NJW 1991, 2140; *Schmalenbach*, in: BeckOK BGB, § 675f Rn. 44; *Jungmann*, in: MüKo BGB, § 675t Rn. 2; *Schwintowski*, in: Herberger/Martinek/Rüßmann/Weth/Würdinger, jurisPK-BGB, § 675t Rn. 7.
[436] *Schmalenbach*, in: BeckOK BGB, § 675f Rn. 44.
[437] *Sprau*, in: Grüneberg, BGB, § 675t Rn. 1.
[438] *Schmalenbach*, in: BeckOK BGB, § 675t Rn. 15.

Ziff. 4.2.3 (B) SICT RB regelt zum Ablauf, dass der Überweisungsbetrag innerhalb des 10-sekündigen Zeitraumes ab dem Anbringen des Zeitstempels bei dem Zahlungsempfänger eingehen – also in der Regel gutgeschrieben sein – muss. Diese Vorschrift ist unabhängig von dem Eingang des Geldbetrages bei dem Empfängerinstitut. Entsprechendes findet sich in dem konkreten Pflichtenkatalog des Empfängerinstituts im Rulebook: nach Ziff. 5.8 Nr. 10 SICT RB muss der Zahlungsdienstleister des Empfängers den Betrag „immediately", also sofort, verfügbar machen, sobald er die Instant-Payments-Transaktionsnachricht – nicht den Geldbetrag – erhalten hat. Die Gutschrift muss laut Ziff. 5.8 Nr. 12 SICT RB jedenfalls unter Einhaltung der 10-sekündigen Frist aus Ziff. 4.2.3 (B) SICT RB erfolgen. Die Bestimmungen des Rulebooks gelten aber grundsätzlich nur zwischen den Parteien des Abkommens, d.h. im Interbankenverhältnis.

In Ziff. 1.1 SB EÜ wird der Zahlungsdienstleister des Zahlungsempfängers verpflichtet, dem Zahlungsempfänger den überwiesenen Geldbetrag möglichst innerhalb von Sekunden zur Verfügung zu stellen. Diese Klausel aus dem Abschnitt „Wesentliche Merkmale" betrifft zwar den Anspruch des Empfängers gegenüber seinem Institut, ist aber vergleichsweise vage formuliert. *Casper* verweist zudem zutreffend darauf, dass nicht in jedem Fall eine Abrede hinsichtlich der Echtzeitüberweisung zwischen dem Zahlungsempfänger und seinem Kreditinstitut besteht, wenn das Kreditinstitut nicht aktiv, sondern nur passiv am Echtzeitüberweisungsverfahren teilnimmt.[439] Resultat daraus kann sein, dass die SB EÜ bereits nicht in den Zahlungsdiensterahmenvertrag einbezogen worden sind.

III. Lösungsansätze in der Literatur: Anwendung der 10-sekündigen Ausführungsfrist des Rulebooks

Diese Regelungslücke im Zahlungsverkehrsrecht bei der Echtzeitüberweisung mit nachgelagertem Clearing und Settlement wird in der Literatur unterschiedlich gefüllt. Einigkeit besteht darüber, dass der Zahlungsempfänger einen von dem Eingang des Geldbetrages bei der Bank unabhängigen Anspruch gegen seinen Zahlungsdienstleister auf die Gutschrift hat. Als dogmatische Grundlage werden verschiedene Vertragsverhältnisse vorgeschlagen.

---

[439] *Casper*, RdZ 2020, 28 (33).

1. Ausnahmsweise drittschützende Wirkung des Rulebooks

Casper sieht weder im Gesetz noch im unmittelbaren Vertragsverhältnis zwischen Zahlungs-empfänger und Empfängerbank einen Anspruch des Empfängers auf die Erteilung der Gut-schrift begründet.[440] Nach seiner Ansicht habe die Regelung in Ziff. 4.2.3 (B) SICT RB aus-nahmsweise drittschützende Wirkung zugunsten des Zahlungsempfängers und begründe ei-nen Anspruch auf die Gutschrift für den Empfänger. Der Geldbetrag müsse danach innerhalb von zehn Sekunden nach Anbringen des Zeitstempels im Falle der positiven Bestätigung der Clearingstelle des Empfängerinstituts bei dem Empfänger verfügbar gemacht werden. Die Herleitung aus einer drittschützenden Wirkung der entsprechenden Rulebook-Vorschrift schließt *Schmalenbach* ebenfalls nicht aus, ohne sie abschließend zu bewerten.[441]

2. Sondervereinbarung zum Zahlungsdiensterahmenvertrag

Jedenfalls sei laut *Schmalenbach* ein konkludentes Erfüllungsversprechen der Empfän-gerbank aus dem Zahlungsdiensterahmenvertrag mit dem Inhalt der Ziff. 4.2.3 (B) SICT RB anzunehmen.[442] Dieses leite sich bereits aus der (selbst passiven) Teilnahme am SEPA-In-stant-Überweisungsverkehr her.[443] Eine solche Parteivereinbarung zugunsten des Zahlungs-empfängers sei mit § 675e Abs. 1 BGB vereinbar. *Herresthal* nimmt zusätzlich Bezug auf das Unverzüglichkeitskriterium in § 675t Abs. 1 BGB, welches sich nach der vertraglichen Abrede im Zahlungsdiensterahmenvertrag richte.[444] So seien die Vorgaben aus § 675t Abs. 1 BGB und der gesonderten vertraglichen Abrede nebeneinander anzuwenden. Eine sofortige Verfügbarkeit des Überweisungsbetrages nach Erhalt der SEPA-Instant-Überweisungsnach-richt sei aber in keinem Fall geschuldet, da Gültigkeitsprüfungen und sonstige Prüfungsrou-tinen innerhalb der Unverzüglichkeit gemäß § 675t Abs. 1 BGB und auch nach Ziff. 1.4 SICT RB[445] zulässig seien. Äußere zeitliche Grenze für die Gutschrift ist auch nach dieser Auffassung jedenfalls die 10-sekündige Frist nach dem Anbringen des Zeitstempels.

---

[440] *Casper*, RdZ 2020, 28 (33); grundsätzliche Sympathie für die Drittwirkung bei Betrachtung nach deut-schem Recht zeigt auch *Köndgen*, in: BeckOGK BGB, § 675c Rn. 48.
[441] *Schmalenbach*, in: BeckOK BGB, § 675t Rn. 4.
[442] Ebenso *Jungmann*, in: MüKo BGB, § 675t Rn. 26.
[443] Vgl. *Herresthal*, ZIP 2019, 895 (902).
[444] *Herresthal*, ZIP 2019, 895 (901 f.).
[445] „Validation checks", siehe hierzu ausführlich 3. Kapitel C. II.

IV. Vorzugswürdige Lösung

Richtig ist, dass auch bei der Echtzeitüberweisung immer dann auf § 675t Abs. 1 BGB als Anspruchsgrundlage des Zahlungsempfängers zurückgegriffen werden kann, wenn der Geldbetrag (vor der Gutschrift) bei dem Empfängerinstitut eingeht. Dies ist regelmäßig bei dem Clearing und Settlement in Echtzeit der Fall. Für die Fälle nachgelagerten Clearings und Settlements findet § 675t Abs. 1 BGB wegen der eindeutigen Abhängigkeit vom Eingang des Geldbetrages bei dem Empfängerinstitut keine Anwendung. Auch eine vertragliche Bestimmung im Rahmen des Unverzüglichkeitsbegriffs ist zur Beseitigung dieser Abhängigkeit nicht geeignet.

1. Keine Rechte Dritter aus dem Interbankenverhältnis

Für die von *Casper* vorgeschlagene vertragliche Lösung einer ausnahmsweisen drittschützenden Wirkung von Ziff. 4.2.3 (B) SICT RB spricht aus praktischer Sicht, dass diese Konstruktion auch Fälle erfassen würde, bei denen im Inkassoverhältnis die SB EÜ nicht in den Zahlungsdiensterahmenvertrag einbezogen wurden, weil beispielsweise der Zahlungsdienstleister ausschließlich passiv am Echtzeitüberweisungsverkehr teilnimmt. In dogmatischer Hinsicht überzeugt sie jedoch aus mehreren Gründen nicht.

a. Keine ausnahmsweise Drittwirkung des Rulebooks

Zunächst ist die Rechtsfolge eines Vertrages mit Schutzwirkung zugunsten Dritter in den Blick zu nehmen. Danach können vertragliche Schutz- und Sorgfaltspflichten zugunsten einer dritten, nicht am Vertragsverhältnis beteiligten Person, die in die Leistungsnähe gekommen ist, entstehen.[446] Es handelt sich mithin nicht um einen eigenen Leistungsanspruch, sondern lediglich um einen eigenen Schadensersatzanspruch nach den Vertragsgrundsätzen. Damit bliebe der Zahlungsempfänger selbst bei der unterstellten Einordnung von Ziff. 4.2.3 (B) SICT RB als vertragliche Vorschrift mit Schutzwirkung zugunsten des Zahlungsempfängers

---

446 Zum deutschen Recht: BGH, Urt. v. 14.06.2012 – IX ZR 145/11 = BGHZ 193, 297 Rn. 13; BGH, Urt. v. 21.07.2010 – XII ZR 189/08 = NJW 2010, 3152 (3153).

hinter der üblichen Rechtsfolge des § 675t Abs. 1 BGB[447] zurück. Das belgische Recht, welches selbst bei rein nationalen Sachverhalten maßgebend ist, sieht ein solches Rechtsinstitut ohnehin nicht vor.[448] Im Grundsatz wird eine drittschützende Wirkung der Rulebook-Vorschriften in der Literatur ohne nähere Begründung abgelehnt.[449] Ein eigener Anspruch auf die Gutschrift könnte aus den Grundsätzen des Vertrages zugunsten Dritter folgen, welche dem Dritten einen selbständigen einklagbaren Anspruch gewähren.[450] Eine vertraglich vereinbarte Anspruchsgewährung für einen Dritten ist auch nach belgischem Recht möglich,[451] im Rulebook aber nicht enthalten. Im Gegenteil wird in Ziff. 5.2 SICT RB sogar die Herleitung von Rechten und Pflichten für Dritte explizit ausgeschlossen. Dies ist gerade vor dem Hintergrund nachvollziehbar, dass im SICT Rulebook die beteiligten Zahlungsdienstleister zur Aufnahme der Mindestvorgaben des Rulebooks in Sonderbedingungen verpflichtet werden.[452] Die Rechte und Pflichten im Deckungs- und Inkassoverhältnis sollen nach der eindeutig festgelegten Normstruktur über vertragliche Regelungen in den jeweiligen Verhältnissen festgelegt werden. Daneben bleibt jedenfalls kein Auslegungsspielraum für die Gewährung eines eigenen Anspruchs des Zahlungsempfängers nach den Grundsätzen des Vertrages zugunsten Dritter.[453]

b. Keine Drittwirkung aus dem nationalen Geschäftsbesorgungsvertrag

In Betracht käme lediglich die Ableitung eines Primaranspruchs oder einer Schutzwirkung zugunsten des Zahlungsempfängers aus den bankinternen vertraglichen Beziehungen hinsichtlich der konkreten Überweisung. Zwischen den an der Überweisung beteiligten Zahlungsdienstleistern bestehen neben den Rulebook-Vorgaben, die als eine Art Rahmenvertrag für sämtliche Echtzeitüberweisungsvorgänge fungieren, entlang der Leistungskette jeweils

---

[447] Dort handelt es sich um einen eigenen Leistungsanspruch.
[448] Siehe 2. Kapitel D.
[449] Dazu *Herresthal,* ZIP 2019, 895 (896) m.w.N.; sich grundsätzlich anschließend *Casper,* RdZ 2020, 28 (30).
[450] Zum deutschen Recht: *Gottwald,* in: MüKo BGB, § 328 Rn. 19.
[451] Siehe 2. Kapitel D.
[452] Vgl. *Herresthal,* ZIP 2019, 895 (896); *Casper,* RdZ 2020, 28 (30).
[453] Wohl a.A. zumindest im Hinblick auf die Grundsätze des Vertrages mit Schutzwirkung zugunsten Dritter *Köndgen,* in: BeckOGK BGB, § 675c Rn. 48.

Geschäftsbesorgungsverträge im Sinne des § 675 Abs. 1 BGB für den einzelnen Echtzeitüberweisungsvorgang.[454] Diese Vertragsverhältnisse können bei rein nationalen Sachverhalten nach deutschem Recht beurteilt werden. Grundvoraussetzung für eine Drittwirkung der Fristenregelung aus Ziff. 4.2.3 (B) SICT RB nach deutschem Recht wäre aber, dass die Fristenregelung für die Gutschrift auch Bestandteil der jeweiligen nationalrechtlichen Geschäftsbesorgungsverträge des Interbankenverhältnisses ist.

Die in Ziff. 4.2.3 (B) SICT RB statuierte Regelung zur Gutschrift kann aber bereits nicht ohne explizite Vereinbarung in das Vertragsverhältnis der Banken hinsichtlich der konkreten Überweisung gespiegelt werden. Die Geschäftsbesorgungsverträge geben dem Zahlungsdienstleister die gleiche Rechtsstellung zu dem sich in der Leistungskette anschließenden Zahlungsdienstleister wie sie der Zahler gegenüber ihm selbst innehat.[455] Dies beinhaltet insbesondere das girovertragliche Weisungsrecht gemäß §§ 675 Abs. 1, 665 BGB. Das Geschäftsbesorgungsverhältnis hat damit einen erkennbar anderen Zweck als das SICT Rulebook. Es wird auch nicht zwingend unmittelbar zwischen den am Rulebook beteiligten Zahlungsdienstleistern des Zahlers und des Empfängers vereinbart, sondern kann auch im Verhältnis zu zwischen Zahler- und Empfängerinstitut geschalteten Stellen bestehen. Es gibt keine Veranlassung, die Verfahrensregelungen des Rulebooks in die jeweiligen Geschäftsbesorgungsverträge zu übertragen. Mithin fehlt es im Ausgangspunkt schon an einem vom Rulebook zu unterscheidenden Vertrag im Interbankenverhältnis, welcher Vorgaben zur Gutschrift enthält und drittschützende Wirkung auf Basis der nationalen Vorschriften entfalten könnte.

Überdies wären die Voraussetzungen des Vertrages zugunsten Dritter nach § 328 BGB ohnehin nicht erfüllt. § 328 Abs. 2 BGB legt fest, dass bei fehlender ausdrücklicher Bestimmung im Vertragstext alle Umstände des Einzelfalls und der von den Parteien verfolgte Zweck heranzuziehen sind.[456] Dabei ist nicht allein auf den Vertragswortlaut oder auf eine

---

[454] Vgl. *Häuser*, in: MüKo HGB, B Rn. 406, 410; i.d.R. umgesetzt durch Gironetze, vgl. *Herresthal*, in: MüKo HGB, A Rn. 108.
[455] Vgl. *Häuser*, in: MüKo HGB, B Rn. 406.
[456] BGH, Urt. v. 10.02.1971 – VIII ZR 182/69 = BGHZ 55, 307 (309); BGH, Urt. v. 16.10.1990 – XI ZR 330/89 = NJW 1991, 2209; *Gottwald*, in: MüKo BGB, § 328 Rn. 32; *Grüneberg*, in: Grüneberg, BGB, § 328 Rn. 3.

bewusste Reflektion durch die Vertragsparteien abzustellen.[457] Entscheidend ist die Vorstellung redlicher, mit den allgemeinen Verkehrssitten vertrauter Parteien.[458] Es gelten die allgemeinen Regeln zur Vertragsauslegung gemäß §§ 133, 157 BGB. Wenn die Zahlungsdienstleister im Interbankenabkommen aber bereits die Herleitung von Rechten Dritter explizit ausschließen, kann ohne anderslautende ausdrückliche Vereinbarung nicht angenommen werden, dass sie über den Umweg der nationalrechtlichen Geschäftsbesorgungsverträge entsprechende Rechte gewähren wollten.[459]

Die Annahme eines Vertrages mit Schutzwirkung zugunsten Dritter scheitert aus vergleichbaren Gründen. Zwar muss den Anforderungen des § 328 BGB nicht genügt werden[460] und die dogmatische Herleitung des Rechtsinstituts ist weiterhin streitig.[461] Jedenfalls setzt die Schutzwirkung zugunsten Dritter eine dahingehende objektiv-normative ergänzende Vertragsauslegung (§§ 157, 242 BGB) unter Berücksichtigung der typischen sozialen Interessen, des Vertragszwecks, der legitimen Erwartungen der Dritten und der Grundsätze der Billigkeit und Nützlichkeit voraus.[462] Es darf nicht die Grenze überschritten werden, im Rahmen derer der Schutz auf das Recht der unerlaubten Handlung beschränkt bleiben muss.[463] Zur Einbeziehung eines Dritten in die Schutzwirkung eines Vertrages bedarf es einer Vertragsnähe des Dritten[464], eines Interesses am Schutz des Dritten[465], einer Erkennbarkeit des geschützten Personenkreises[466] sowie der Schutzbedürftigkeit des Dritten.[467] Über den Geschäftsbesorgungsvertrag sah der BGH in einem Urteil zu der Rückgabe unbezahlter Lastschriften diese

---

[457] BGH, Urt. v. 29.11.1974 – V ZR 73/73 = NJW 1975, 344 (345); *Gottwald*, in: MüKoBGB, § 328 Rn. 32; *Janoschek*, in: BeckOK BGB, § 328 Rn. 23.
[458] *Gottwald*, in: MüKo BGB, § 328 Rn. 33.
[459] Im Ergebnis auch BGH, Urt. v. 28.02.1977 – II ZR 52/75 Rn. 8 = NJW 1977, 1916 zu dem Abkommen der Spitzenverbände des Kreditgewerbes über den Lastschriftverkehr, in dessen Abschn. IV Nr. 1 vertragliche Ansprüche der Bankkunden aus dem Abkommen ausgeschlossen wurden; vgl. auch OLG Karlsruhe, Urt. v. 21.11.2006 – 17 U 19/06, Rn. 13 = WM 2007, 300.
[460] Vgl. nur BGH, Urt. v. 28.02.1977 – II ZR 52/75, Rn. 10 = NJW 1977, 1916.
[461] Vgl. *Gottwald*, in: MüKo BGB, § 328 Rn. 170 ff. m.w.N.
[462] *Ebke*, JZ 1998, 991 (994); *Gottwald*, in: MüKo BGB, § 328 Rn. 171.
[463] BGH, Urt. v. 28.02.1997 – II ZR 52/75, Rn. 8 = NJW 1977, 1916.
[464] Vgl. BGH, Urt. v. 26.06.2001 – X ZR 231/99 = NJW 2001, 3115 (3116); *Grüneberg*, in: Grüneberg, BGB, § 328 Rn. 17.
[465] Vgl. *Gottwald*, in: MüKo BGB, § 328 Rn. 187.
[466] BGH, Urt. v. 18.02.2014 – VI ZR 383/12 = BGHZ 200, 188 Rn. 8; *Medicus/Petersen*, Bürgerliches Recht, Rn. 844, 846; *Westermann*, in: Erman, BGB, § 328 Rn. 15; *Leyens*, JuS 2018, 217 (220); *Gottwald*, in: MüKo BGB, § 328 Rn. 190.
[467] Entfällt bei eigenem vertraglichem Anspruch des Dritten, vgl. BGH, Urt. v. 07.12.2017 – IX ZR 45/16 = NJW 2018, 608; BGH, Urt. v. 18.02.2014 – VI ZR 383/12 = BGHZ 200, 188 Rn. 11; *Harke*, SchR AT, Rn. 437; *Grüneberg*, in: Grüneberg, BGB, § 328 Rn. 18; *Gottwald*, in: MüKo BGB, § 328 Rn. 191.

Voraussetzungen als erfüllt an.[468] Die jeweiligen Zahlungsdienstleister verträten in der Regel die Interessen ihrer Kunden, weshalb die Gläubigernähe anzunehmen sei. Sicherlich sind die Vorgaben zur Gutschrift auch das Hauptanliegen des Empfängers im Inkassoverhältnis. Da dieses Verhältnis den Zahler und dessen Kreditinstitut nicht unmittelbar betrifft, lägen auch eine Vertragsnähe und die Erkennbarkeit für die Vertragsparteien durchaus vor.[469] Unabhängig von der Interessenlage ist ein Ausschluss der Einbeziehung Dritter aber möglich.[470] Den Ausschluss aus Ziff. 5.2 SICT RB müsste man bei der Annahme der Spiegelung der Vorgaben des Abkommens in den Geschäftsbesorgungsvertrag aber ebenfalls übertragen, weshalb eine Drittwirkung ausscheidet. Darüber hinaus wäre die Schutzbedürftigkeit des Zahlungsempfängers zweifelhaft, da ihm ein eigener vertraglicher Anspruch aus Ziff. 1.1 SB EÜ zusteht.

2. Anspruch aus Ziff. 1.1 SB EÜ bzw. Sondervereinbarung

Ziff. 1.1 SB EÜ verpflichtet den Zahlungsdienstleister des Empfängers gegenüber seinem Kunden, den Zahlungsbetrag möglichst innerhalb von Sekunden zur Verfügung zu stellen. Der Passus „innerhalb von Sekunden" in Ziff. 1.1 SB EÜ beschreibt der Regelungstechnik der ZDRL und der Preis- und Leistungsverzeichnisse folgend keinen konkreten Zeitrahmen (dort „unverzüglich"). In der Formulierung ist weiterhin unpräzise, dass diese Gutschrift „möglichst" innerhalb dieser Zeit erfolgen muss. Der Begriff „möglichst" wird in der Gesetzgebung nur selten verwendet. Bei reiner Wortlautbetrachtung ist davon auszugehen, dass der Zahlungsdienstleister des Empfängers so schnell, wie es ihm möglich ist, den Geldbetrag gutschreiben muss. Damit wäre die zeitliche Vorgabe dieses vertraglichen Anspruchs dem Unverzüglichkeitskriterium aus § 675t Abs. 1 BGB angenähert. Diese Verpflichtung des Zahlungsdienstleisters des Empfängers ist – anders als § 675t Abs. 1 BGB – in seinem Wortlaut nicht an den Eingang des Geldbetrages bei der Bank geknüpft. Auch ihre systematische Stellung in den Sonderbedingungen spricht gegen eine derartige Anknüpfung. Die Klausel

---

[468] BGH, Urt. v. 28.02.1977 – II ZR 52/75, Rn. 10, 13 = NJW 1977, 1916; Rechtsansicht mittlerweile wohl aufgegeben, vgl. BGH, Urt. v. 06.05.2008 – XI ZR 56/07 = NJW 2008, 2245 (2247); vgl. dazu auch *Herresthal*, in: MüKo HGB, A Rn. 35.

[469] Aufgrund der Vertragskette sieht der BGH (NJW 2008, 2245 (2247)) dagegen keine Leistungsnähe des Zahlungsempfängers zu den vertraglichen Pflichten im Interbankenverhältnis.

[470] BGH, Urt. v. 14.06.2012 – BGHZ 193, 297 Rn. 15; BGH, Urt. v. 23.01.1985 – IVa ZR 66/83 = NJW-RR 1986, 484.

befindet sich in der ersten Ziffer der Sonderbedingungen zu den wesentlichen Merkmalen und zeigt an dieser Stelle bereits auf, dass der Geldbetrag bei der Echtzeitüberweisung innerhalb von Sekunden beim Empfänger – und nicht bei seinem Zahlungsdienstleister – verfügbar sein muss. Die Klausel befindet sich insbesondere deutlich vor Ziff. 1.5 SB EÜ, welche für das Deckungsverhältnis den Eingang bei dem Zahlungsdienstleister für maßgebend erachtet. Von den bisherigen Abhandlungen in der Literatur wird diese Klausel nicht gewürdigt.[471] Falls die SB EÜ in den relevanten Zahlungsdiensterahmenvertrag einbezogen worden sind, resultiert der Anspruch des Zahlungsempfängers gegen seinen Zahlungsdienstleister auf die Gutschrift innerhalb von wenigen Sekunden ab dem Eintritt der Transaktion in seine Verantwortungssphäre daher aus Ziff. 1.1 SB EÜ.

Eine konkrete Vorgabe, innerhalb von zehn Sekunden ab dem Auftragen des Zeitstempels durch die Zahlerbank die Gutschrift vorzunehmen, widerspräche der Regelungstechnik der ZDRL, der nationalen Umsetzungsgesetze und dem folgend auch der SB EÜ in Verbindung mit den Preis- und Leistungsverzeichnissen. Diese separieren auch im Rahmen der Instant Payments nach den Pflichtenkreisen des Zahler- und Empfängerinstituts. Zu berücksichtigen ist, dass der Zahlungsdienstleister des Empfängers bei der Pflicht zur Vornahme der Gutschrift davon abhängig ist, über seine Clearingstelle oder von dem Zahlungsdienstleister des Zahlers Kenntnis von der Transaktion zu erlangen.[472] Erst dann kann er den darin bezifferten Geldbetrag auch verfügbar machen. Dementsprechend kann das Empfängerinstitut gegenüber seinem Kunden auch nicht verpflichtet werden, innerhalb des 10-sekündigen Zeitrahmens den Überweisungsbetrag gutzuschreiben, da er die Pflichterfüllung nicht allein in der Hand hat. Vielmehr ist die Vorschrift so auszulegen, dass das Empfängerinstitut zur unverzüglichen Gutschrift verpflichtet ist, sobald es die Empfangsbestätigung seiner Clearingstelle erhalten hat. Dies entspricht auch dem Verfahrensablauf, den das Rulebook in Ziff. 4.2.3 (B) vorsieht.

---

[471] So explizit *Casper*, RdZ 2020, 28 (33): „enthalten die SB-Echtzeitüberweisungen keine Aussagen zur Gutschrift"; *Herresthal*, ZIP 2019, 895 (901 f.); *Schmalenbach*, in: BeckOK BGB, § 675t Rn. 4; *Jungmann*, in: MüKo BGB, § 675t Rn. 26.
[472] Dies wird ausdrücklich in Ziff. 4.2.3 (B) SICT RB erwähnt; auch *Casper*, RdZ 2020, 28 (33) erkennt dieses Erfordernis.

Sollten die SB EÜ in den Zahlungsdiensterahmenvertrag nicht einbezogen worden sein, weil der Zahlungsdienstleister des Empfängers nur passiv am Echtzeitüberweisungsverkehr teilnimmt, ist der in der Literatur vertretenen Auffassung[473] insofern zuzustimmen, dass bereits über die passive Teilnahme eine unverzügliche Gutschrift nach der zweiten Bestätigung[474] der Clearingstelle im Zahlungsdiensterahmenvertrag mit dem Empfänger konkludent vereinbart worden ist. Wenn die Parteien im Inkassoverhältnis keinerlei Kontakt hinsichtlich der passiven Teilnahme an der Echtzeitüberweisung hatten und daher eine selbst konkludente Vereinbarung ausscheidet, ist eine entsprechende Regelung über die Grundsätze der ergänzenden Vertragsauslegung gemäß §§ 157, 242 BGB herzuleiten. Der Zahlungsempfänger wird einer Teilnahme am Echtzeitüberweisungsverkehr mit der Konsequenz eines möglicherweise nachgelagerten Clearings und Settlements nur dann zustimmen, wenn er einen vom Eingang des Geldes bei der Empfängerbank unabhängigen Anspruch auf die Gutschrift hat. Der Zahlungsdienstleister des Empfängers hat sich dieser Konsequenz bereits mit dem Beitritt zum SICT Rulebook bewusst unterworfen. Es ist bei rein objektiver Betrachtung, insbesondere mit Blick auf die SB EÜ, davon auszugehen, dass die Empfängerbank bei einer Vereinbarung zur Echtzeitüberweisung dem Zahlungsempfänger einen Anspruch auf die Gutschrift innerhalb dieses Zeitrahmens zuerkannt hat.

V. Zwischenergebnis

Der Anspruch des Zahlungsempfängers auf die Gutschrift folgt bei dem Clearing und Settlement in Echtzeit aus § 675t Abs. 1 BGB. Im Falle des nachgelagerten Clearings und Settlements findet § 675t BGB hingegen wegen seiner Abhängigkeit vom Eingang des Geldbetrages bei der Empfängerbank keine Anwendung. Ein Anspruch auf die unverzügliche Gutschrift nach der Empfangsbestätigung durch die Clearingstelle an die Empfängerbank steht dem Zahlungsempfänger aus Ziff. 1.1 SB EÜ zu.

---

[473] *Jungmann*, in: MüKo BGB, § 675t Rn. 26; *Schmalenbach*, in: BeckOK BGB, § 675t Rn. 4.
[474] Zum konkreten Verfahren im Interbankenverhältnis, siehe 3. Kapitel C. II.

C. Interbankenverhältnis

Das Interbankenverhältnis bezeichnet das Rechtsverhältnis zwischen den in die Instant-Transaktion einbezogenen Zahlungsdienstleistern. Neben dem überweisenden Kreditinstitut und demjenigen des Zahlungsempfängers können auch weitere Zahlungsdienstleister im Interbankenverhältnis zwischengeschaltet sein. Dann spricht man bei institutsübergreifenden Überweisungen von einem mehrgliedrigen Zahlungsvorgang.[475] Innerhalb der Leistungskette bestehen jeweils Geschäftsbesorgungsverträge im Sinne des § 675 Abs. 1 BGB.[476] Näher ausgestaltet werden die Rechte und Pflichten der beteiligten Zahlungsdienstleister größtenteils selbstregulierend durch Interbankenabkommen wie dem SICT Rulebook. Zahlungsvorgänge im Interbankenverhältnis sind keine Zahlungsdienste im Sinne des § 675c Abs. 1 BGB, weshalb die §§ 675c ff. BGB in diesem Verhältnis keine Anwendung finden.[477]

Da die Interbankenregelungen als solche hauptsächlich auf dem Rulebook als vertraglicher Grundlage nach belgischem Recht basieren, sollen hier nur wesentliche Aspekte und Abläufe zusammenfassend dargestellt werden. Das Rulebook verfolgt den Ansatz, für den gesamten Vorgang der Echtzeitüberweisung Regelungen bereit zu stellen.[478] Daher wurden diese Vorgaben bereits wiederholt in das Verhältnis zu denen für das Deckungs- und Interbankenverhältnis gesetzt. Im Folgenden werden Besonderheiten der Echtzeitüberweisung im Interbankenverhältnis gegenüber der herkömmlichen Überweisung, namentlich das Clearing und Settlement, die Validierungsprüfung der Empfängerbank und das Haftungsregime zwischen den beteiligten Zahlungsdienstleistern, erörtert.

I. Besonderheiten des nachgelagerten Clearings und Settlements

Die Clearing-und-Settlement-Systeme (CSM[479]) sind Teil der Finanzmarktinfrastrukturen zur Abrechnung der gegenseitigen Verpflichtungen im Interbankenverhältnis.[480] Innerhalb des Eurosystems nehmen sie eine erhebliche Bedeutung für die Durchführung der Geldpolitik und Zahlungssysteme ein. Ein Ausfall der Aufrechnungsfunktion durch die CSM kann eine

---

[475] *Schmalenbach*, in: BeckOK BGB, § 675f Rn. 67; *Casper*, in: MüKo BGB, § 675f Rn. 83.
[476] *Häuser*, in: MüKo HGB, B Rn. 4.
[477] Vgl. *Häuser*, in: MüKo HGB, B Rn. 4.
[478] Siehe 2. Kapitel D. II.
[479] Clearing-and-Settlement-Mechanism.
[480] Vgl. *Papathanassiou*, in: Ellenberger/Bunte, BankR-HB, § 120 Rn. 114.

Vielzahl von Transaktionen blockieren. Ein wesentliches Merkmal der SEPA-Echtzeitüber-weisung im Vergleich zur herkömmlichen Überweisung ist die bereits wiederholt angespro-chene Möglichkeit des nachgelagerten Clearings und Settlements. An dieser Stelle sollen insbesondere die Konsequenzen für die beteiligten Zahlungsdienstleister näher thematisiert werden.

1. Clearing und Settlement bei der Standard-Überweisung

Bei einer konventionellen SEPA-Überweisung werden die Auftragsdaten im Kernbanken-system typischerweise einen Tag nach der Transaktion ausgetauscht. Das System des Kre-ditinstituts kann außerhalb der Geschäftstage offline bleiben und am kommenden Geschäfts-tag die Transaktionen synchronisieren. Wenn die Überweisung lediglich bankenintern ver-läuft, führt das Kreditinstitut auch eine interne Abrechnung durch. Bei institutsübergreifen-den Transaktionen sammeln die Clearinghäuser der Institute bei Netto-Abrechnungssyste-men die Informationen zu den getätigten Geldübertragungen und führen (beispielsweise am Ende eines Geschäftstages, meistens mehrfach am Tag) eine Aufrechnung sämtlicher daraus bestehender Verbindlichkeiten der Kreditinstitute durch. Möglich ist auch die Nutzung eines Brutto-Abrechnungssystems, welches jede Transaktion einzeln abrechnet. Im Settlement werden die danach bestehenden Ansprüche zwischen den Kreditinstituten ausgeglichen. Ver-rechnet werden die Salden (in der Netto-Abwicklung) oder die jeweilige Transaktions-Datei (in der Bruttoabwicklung) über Konten der Finanzdienstleister bei der Zentralbank oder bei einer privaten Settlement-Bank. Für das Clearing und Settlement kann sich ein Zahlungs-dienstleister gegenwärtig verschiedener Systeme bedienen.[481] Zwei oder mehrere Zahlungs-dienstleister können auf direktem Wege eine dezentralisierte bi- oder multilaterale Vereinba-rung über das Clearing und Settlement treffen. Häufiger nutzen die Kreditinstitute ein sog. Automated Clearing House (ACH). Das ACH gibt eine multilaterale Vereinbarung vor, zu welcher die teilnehmenden Banken ihr Einverständnis erklären. Damit unterwerfen sie sich gemeinsamen Regeln und standardisierten Verfahren.

---

[481] Vgl. hierzu *Nitsche*, SCT Inst, CSM und TIPS, abrufbar unter: www.paymentandbanking.com/sct-inst-csm-und-tips/ (letzter Abruf: 30.09.2022).

2. Möglichkeit des nachgelagerten Clearings und Settlements

Die Instant-Überweisung ist derart konzipiert, dass der Empfänger den Geldbetrag innerhalb eines 10-sekündigen Zeitraums verfügbar hat und das Konto des Zahlers belastet wird.[482] Aus diesem Grund bedürfen Instant Payments eines eigenen Clearingsystems, jedenfalls für die Abwicklung des Echtzeit-Prozesses bis zur Erteilung der Gutschrift.[483] Die Einhaltung von Geldwäsche- oder Embargobestimmungen müssen in Echtzeit überprüft werden. Für die Einrichtung der entsprechenden IT-Systeme waren und sind erhebliche Investitionen der Banken erforderlich.

a. Rechtliche Grundlagen

Ausweislich Ziff. 1.4 SICT RB befindet sich das Clearing und Settlement der SEPA-Echtzeitüberweisung außerhalb des Regelungsbereichs des Rulebooks. Damit sind sowohl die konkrete Ausgestaltung des Prozesses als auch die Wahl des konkreten CSM für die Zahlungsdienstleister frei.[484] Der Interbankenausgleich kann daher in Echtzeit vor der Gutschrift auf dem Empfängerkonto oder erst im Nachgang zu der Gutschrift erfolgen. Die CSM sollen vom Markt definiert werden und deren Konkurrenz eine stetige Fortentwicklung des Angebots zutage fördern.[485] Voraussetzung ist gemäß Ziff. 5.3, 5.7 Nr. 6 SICT RB lediglich, dass die Einhaltung des Rulebooks gewährleistet werden kann. Die Wahl des CSM durch die Banken erfolgt auf eigenes Risiko, wobei das Rulebook anerkennt, dass es außergewöhnliche Umstände für die Unerreichbarkeit geben kann.[486] Clearing und Settlement können auch von unterschiedlichen Dienstleistern abgewickelt werden.[487]

b. Vorteile und Risiken

Die Vorteile einer solchen zeitlich flexiblen Lösung für die Kreditinstitute liegen auf der Hand. Von zentraler Bedeutung ist die Option, das günstigste Clearingverfahren im Nachgang zur Gutschrift wählen zu können, sodass die Interbanken-Abrechnung nicht in Echtzeit

---

[482] Vgl. *Herresthal*, ZIP 2019, 895 (903).
[483] Vgl. *Keßler*, in: EBJS, HGB, § 675j BGB Rn. 19.
[484] Vgl. *Herresthal*, ZIP 2019, 895 (898).
[485] Vgl. Ziff. 1.6 SICT RB.
[486] Ziff. 5.3 SICT RB; vgl. *Herresthal*, ZIP 2019, 895 (898).
[487] Ziff. 3.1, 3.3 SICT RB; vgl. *Herresthal*, ZIP 2019, 895 (898).

vorgenommen werden muss.[488] Von dieser Möglichkeit machen die Zahlungsdienstleister regelmäßig Gebrauch.[489] Dann ist die Nutzung eines regulären Clearingsystems mit Netto-zahlungsverfahren möglich.[490] Zur Vermeidung einer Doppelgutschrift muss der Datensatz als bereits umgesetzte Instant-Überweisung erkennbar sein. Nach der Mitteilung der Emp-fängerbank an seinen CSM bezüglich der erfolgreichen Echtzeitüberweisung leitet der CSM dann das finale Settlement ein.[491]

Die Empfängerbank, welche – anders als bei der Standard-Überweisung (vgl. § 675t Abs. 1 BGB) – mit der Erteilung der Gutschrift in Vorleistung geht, übernimmt zumindest das In-solvenzrisiko der Zahlerbank.[492] Aufgefangen wird dieses Vorleistungsrisiko durch die Ver-pflichtung der Zahlerbank, eine Settlement-Sicherheit gemäß Ziff. 2.2 SICT RB zu stellen.[493] Der CSM reserviert hierfür im Zeitpunkt der Auslösung der Echtzeitüberweisung Vermö-genswerte bei der Zahlerbank.[494] Konkrete Vorgaben zu der Sicherheitenstellung enthält das Rulebook nicht.[495] Unabhängig von einem potentiellen Zahlungsausfall stellt ein zeitversetz-tes und garantiebasiertes Settlement erhöhte Anforderungen an das Liquiditätsmanagement der Institute. Zur Limitierung des Risikos für die Empfängerbank wurde die Transaktions-höhe für eine einzelne Überweisung auf 100.000 EUR gedeckelt.[496]

3. Echtzeit-CSM: Target Instant Payment Settlement

Außerdem besteht für die beteiligten Zahlungsdienstleister ebenfalls die Möglichkeit, das Clearing und Settlement in Echtzeit vorzunehmen. Die Europäische Zentralbank (EZB) hat für die Zwecke der SEPA-Echtzeitüberweisung die automatisierte Clearing-Plattform Target Instant Payment Settlement (TIPS) als eigenständige Ergänzung zum TARGET II-System aufgesetzt.[497] Die Teilnahme am TIPS-System ist freiwillig.[498] Ihr Ziel ist die Bereitstellung

---

[488] Vgl. *Casper*, RdZ 2020, 28 (34); *Herresthal*, ZIP 2019, 895 (903).
[489] Vgl. *Casper*, in: MüKo BGB, § 675f Rn. 85.
[490] *Casper*, RdZ 2020, 28 (35).
[491] Vgl. *Herresthal*, ZIP 2019, 895 (903).
[492] Vgl. *Herresthal*, ZIP 2019, 895 (903); *Casper*, RdZ 2020, 28 (34 f.).
[493] Vgl. *Herresthal*, ZIP 2019, 895 (898); *Casper*, RdZ 2020, 28 (34).
[494] Ziff. 1.4 SICT RB.
[495] Vgl. *Casper*, RdZ 2020, 28 (34).
[496] Vgl. *Casper*, RdZ 2020, 28 (35); *Herresthal*, ZIP 2019, 895 (903).
[497] Vgl. *Keßler*, in: EBJS, HGB, § 675j BGB Rn. 19.
[498] Vgl. *Herresthal*, ZIP 2019, 895 (899); *Keßler*, in: EBJS, HGB, § 675j BGB Rn. 19.

einer Lösung für das sofortige und endgültige Settlement mit Zentralbankgeld auf Basis einer durchgängigen Verarbeitung, die für alle Zahlungsdienstleister in der EU erreichbar ist.[499] Jeder Zahlungsdienstleister, der ein Konto bei der Notenbank führt, kann an TIPS teilnehmen.[500] Das wiederum bedeutet, dass ACHs selbst keine Teilnahmefähigkeit besitzen.[501] Sie können aber eine vertragliche Verbindung zu einem Teilnehmer an TIPS herstellen und dann als „Instructing Party" mit Wirkung für einen direkten Teilnehmer gegenüber TIPS auftreten.[502] Dies sichert eine Koexistenz von TIPS und den ACH, sodass die Zahlungsdienstleister auf vertraute Kooperationspartner zurückgreifen können. Die Teilnehmer erhalten ein oder mehrere dedizierte Konten (TIPS Dedicated Cash Account – DCA), die mit Liquidität aus dem TARGET II-System versorgt werden.[503] Die in TIPS gehaltene Liquidität wird auf die Mindestreservehaltung angerechnet.[504]

Hinsichtlich der CSM haben die Zahlungsdienstleister im Vergleich zur herkömmlichen Überweisung eine erhöhte (zeitliche) Flexibilität, wodurch ihr Pflichtenumfang innerhalb des kurzen Zeitrahmens nicht überfrachtet wird. Daraus resultierende Vorleistungsrisiken werden über die Pflicht zur Sicherheitenstellung durch die Zahlerbank und die Zurverfügungstellung von für den Massenverkehr geeigneten Brutto-Echtzeitabwicklungssystemen angemessen ausgeglichen.

II. Validierungsprüfung zur Transaktion

Die Empfängerbank führt ausweislich Ziff. 4.2.3 (B) SICT RB hinsichtlich der bei ihr eingehenden Instant-Transaktion eine Validierungsprüfung durch, bevor sie ihrem Clearingdienstleister die Möglichkeit der Durchführung der Echtzeitüberweisung mitteilt. Erst wenn die Clearingstelle den Empfang dieser Mitteilung bestätigt, kann das Empfängerinstitut nach den Vorgaben des Rulebooks dem Empfänger den Überweisungsbetrag verfügbar machen. Sollte

---

[499] Vgl. *Herresthal*, ZIP 2019, 895 (899).
[500] Vgl. *Herresthal*, ZIP 2019, 895 (899).
[501] Siehe Website der Europäischen Zentralbank, abrufbar unter: https://www.ecb.europa.eu/paym/pdf/consultations/tips-coexistence_of_tips_with_other_instant_payment_services.pdf (letzter Abruf: 30.09.2022).
[502] Siehe auch Website der Europäischen Zentralbank, abrufbar unter: https://www.ecb.europa.eu/paym/intro/mip-online/2017/html/201706_article_tips.en.html (letzter Abruf: 30.09.2022).
[503] Vgl. *Häuser*, in: MüKo HGB, B Rn. 39.
[504] Siehe Website der Europäischen Zentralbank, abrufbar unter: https://www.ecb.europa.eu/paym/intro/mip-online/2017/html/201706_article_tips.en.html (letzter Abruf: 30.09.2022); vgl. *Herresthal*, ZIP 2019, 895 (899).

eine Transaktion nicht validiert werden können, zum Beispiel weil eine ungültige IBAN bzw. ein ungültiges Dateiformat vorliegt oder der Maximalbetrag der Instant Payments überschritten wurde,[505] muss die Transaktion zurückgewiesen werden.[506] Dieses Verfahren wird unabhängig von der Wahl eines vor- oder nachgelagerten Clearings oder Settlements vorgeschrieben. Bei der konventionellen Überweisung, die von einem der Gutschrift vorgelagerten Clearing und Settlement ausgeht, wird eine solche Validierungsprüfung ebenfalls vorgenommen.[507] Sollte der Geldbetrag im Zeitpunkt der Ablehnung der Transaktion aber schon bei dem Zahlungsdienstleister des Empfängers eingegangen sein, hat dieser den Rückzahlungsprozess einzuleiten.[508] Ein Rückzahlungsprozess (Return-Verfahren) ist nicht mehr möglich, wenn – was vor dem Abschluss des Validierungsprozesses bei den Instant Payments nicht vorgesehen ist – der Geldbetrag beim Empfänger bereits gutgeschrieben worden ist. Ein solches Return-Verfahren findet im SICT Rulebook keine Erwähnung, da der gesamte Transaktionsablauf unabhängig vom Clearing und Settlement beschrieben wird.[509] Das SICT Rulebook ist – anders als beispielsweise die SB EÜ – nicht als Ergänzung zum SCT Rulebook, dem Abkommen zu der konventionellen Überweisung, konzipiert, sondern regelt vielmehr selbständig das gesamte Verfahren zur Echtzeitüberweisung. Ein Rückgriff auf das Return-Verfahren ist daher selbst dann ausgeschlossen, wenn der Geldbetrag bereits vor der Zurückweisung der Transaktion durch die Empfängerbank bei dieser eingegangen ist. Eine Rückzahlung müsste mittels Durchsetzung etwaiger bereicherungsrechtlicher Ansprüche erfolgen.

III. Haftung

Abgesehen von den bereits benannten Regresshaftungsvorschriften aus § 676a BGB wird die Haftung im Interbankenverhältnis vom europäischen Gesetzgeber der Selbstregulation durch vertragliche Vereinbarungen überlassen. Das Rulebook führt die Pflichten des Zahlerinstituts und des Empfängerinstituts detailliert in den Ziff. 5.7 und 5.8 SICT RB aus. Der Umfang der Haftung für Pflichtverstöße wird in Ziff. 5.9 SICT RB umgrenzt.

---

[505] Vgl. SICT RB, Identification AT-R3.
[506] Ziff. 5.8 Nr. 11 SICT RB.
[507] Ziff. 5.8 Nr. 8 SEPA Credit Transfer Rulebook (SCT RB).
[508] „Return Procedure", Ziff. 4.3.2.2 SCT RB.
[509] Auch in dem nunmehr eingeführten Guidance on Reason Codes for SCT Inst R-transactions ist ein Return-Verfahren nicht vorgesehen.

Geprägt ist das Haftungsregime im Interbankenverhältnis zunächst durch einen sehr weiten Haftungstatbestand.[510] Der jeweilige Zahlungsdienstleister haftet verschuldensunabhängig nach Ziff. 5.9.1 SICT RB für Verstöße gegen die Pflichten aus dem Rulebook (Nr. 1) oder sonstiges Durchführungsversagen[511] (Nr. 3) sowie für jeden schadensauslösenden fahrlässigen Akt im Zusammenhang mit der Echtzeitüberweisung (Nr. 2). Dabei wird dem teilnehmenden Zahlungsdienstleister das Verhalten und Verschulden seiner Mitarbeiter und „Agents" zugerechnet. Richtigerweise ist der Begriff „Agents" vergleichbar dem Agentenbegriff in § 1 Abs. 9 ZAG auszulegen.[512] Es handelt sich, wie unter anderem der Wortsinn im englischsprachigen Rechtsgebrauch[513] und Ziff. 5.5 SICT RB erkennen lassen, um eine vertretungsweise auftretende Person.

Auch auf Rechtsfolgenseite ist der Begriff des zu ersetzenden Schadens weit gefasst. Der Zahlungsdienstleister haftet für alle vorhersehbaren Schäden, auch Folgeschäden, Kosten und Verluste, die aus oder im Zusammenhang mit dem jeweiligen Haftungstatbestand entstehen. Ausdrücklich umfasst sind beispielsweise auch erforderliche Rechtsberatungskosten. Der weite Haftungstatbestand nach dem Rulebook wird durch die Haftungsbeschränkungen in Ziff. 5.9.2 und 5.9.3 SICT RB erheblich beschränkt. Eine Vorhersehbarkeit der Schäden ist nach Ziff. 5.9.2 Nr. 6 SICT RB nur dann gegeben, wenn diese regelmäßig bei Teilnehmern auftauchen, die grenzüberschreitende Zahlungen im SEPA-Raum begleiten. Außerdem ist die Haftung auf die Summe der konkret betroffenen Transaktion begrenzt (Ziff. 5.9.2 Nr. 1 SICT RB). Die summenmäßige Begrenzung gilt selbst bei grober Fahrlässigkeit (Nr. 2); lediglich vorsätzliche Pflichtverletzungen sind davon ausgenommen (Nr. 3). Eine gesonderte Vereinbarung der Transaktionsparteien erfordert die Begrenzung nicht.[514] Überdies ist das Mitverschulden des anderen Zahlungsdienstleisters bei der Haftungssumme (maximal gemessen an der Höchstsumme) zu berücksichtigen. Ziff. 5.9.3 SICT RB enthält noch eine haftungsausschließende Force-Majeure-Klausel.

---

[510] Vgl. *Casper*, RdZ 2020, 28 (32).
[511] So zutreffend *Herresthal*, ZIP 2019, 895 (903) zum Begriff „operational failure".
[512] Vgl. *Casper*, RdZ 2020, 28 (32) m.w.N. zum Agentenbegriff; *Herresthal*, ZIP 2019, 895 (903) übersetzt den Begriff missverständlich mit „Gehilfen".
[513] Siehe nur die britische Reg. 77 PSR 2017, welche im Rahmen der Umsetzung der ZDRL „agents" verwendet, während § 675v Abs. 2 Nr. 2 BGB hier den Begriff „Agent" nutzt.
[514] „is limited" – a.A. wohl *Casper*, RdZ 2020, 28 (32).

Die Haftungsregelungen aus dem Rulebook entfalten ausschließlich im Interbankenverhältnis Wirkung und haben keinen Einfluss auf die Haftung im Verhältnis der Banken zu ihren jeweiligen Kunden.[515] Insbesondere ist keine Schutzwirkung zugunsten des Zahlers oder des Empfängers anzunehmen.[516]

D. Valutaverhältnis

Das Valutaverhältnis beschreibt das Verhältnis, in welchem der Zahlungsanspruch des Gläubigers gegen den Schuldner entsteht. Es geht dabei nicht um die Echtzeitüberweisung als Zahlungsvorgang, sondern allein um die materiell-rechtliche Berechtigung, ob und auf welchem Wege der Gläubiger die Geldzahlung verlangen kann. Besonderheiten können sich ergeben, wenn die Geldforderung im Wege der SEPA-Echtzeitüberweisung beglichen werden soll.

I. Rechtsnatur der Erfüllung durch die Echtzeitüberweisung

Eine bereits für die herkömmliche Überweisung bestehende Diskussion betrifft die Rechtsnatur der Erfüllung einer Geldschuld mittels Buchgeld-Übertragung. § 362 Abs. 1 BGB bestimmt, dass ein Schuldverhältnis erlischt, wenn die geschuldete Leistung an den Gläubiger bewirkt wird. Bewirkt ist die Leistung, wenn der geschuldete Erfolg eintritt, nicht bereits mit der Leistungshandlung.[517] Demgegenüber erlischt ein Schuldverhältnis gemäß § 364 Abs. 1 BGB, wenn der Gläubiger eine andere als die geschuldete Leistung an Erfüllungs statt annimmt. Ausgangspunkt der vorliegend relevanten Betrachtung ist die höchstrichterlich und in der Literatur einhellig vertretene Auffassung, dass eine Geldschuld im Wege der Barzahlung zu begleichen ist.[518] Eine Bargeldzahlung setzt nach diesem Verständnis die Einigung und Übergabe bezüglich der erforderlichen gesetzlichen Geldmittel voraus. Begründet wird dies zunächst damit, dass dem Gläubiger dann grundsätzlich das Geld selbst und unmittelbar

---

[515] Vgl. *Casper*, RdZ 2020, 28 (32).
[516] Siehe 2. Kapitel D. II. unter Bezugnahme auf Ziff. 5.2 SICT RB.
[517] Vgl. u.a. BGH, Urt. v. 05.12.1950 – I ZR 41/50 = BGHZ 1, 4 (6).
[518] BGH, Urt. v. 25.03.1983 – V ZR 168/81 = BGHZ 87, 156 (163); BGH, Urt. v. 20.05.2010 – Xa ZR 68/09 = NJW 2010, 2719 (2720); *Fetzer*, in: MüKo BGB, § 362 Rn. 19.

zur Verfügung steht.[519] Eine abweichende Vereinbarung zur geschuldeten Leistung ist im Rahmen des § 362 Abs. 1 BGB aber möglich.

1. Vereinbarungserfordernis für die Erfüllungswirkung

Für die konventionelle Überweisung ist – soweit ersichtlich – einhellige Auffassung, dass eine (jedenfalls stillschweigende) Vereinbarung, also insbesondere Zustimmung des Gläubigers, für die Begleichung einer Geldschuld auf diesem Wege erforderlich ist.[520] Die reine Eröffnung eines Zahlungskontos reicht dafür nicht aus, da das Einverständnis nach außen kundgetan werden muss (zum Beispiel durch die Angabe der Kontoverbindung auf einem Briefbogen).[521] Auch eine nachträgliche Genehmigung – sogar im Wege des Schweigens – ist möglich.[522] Anders wird die Überweisung bei Geschäften unter Vollkaufleuten behandelt, denn dort gilt eine Buchgeldzahlung bereits als Handelsbrauch im Sinne des § 346 HGB, während die Bargeldzahlung die Ausnahme darstellt.[523] Im Handelsverkehr ist eine Überweisung grundsätzlich zur Erfüllung einer Geldschuld geeignet, es sei denn die Art der Schuld oder ein erkennbarer Wille des Empfängers stehen dem entgegen.

Der Hintergrund des grundsätzlichen Vereinbarungserfordernisses für die Erfüllungswirkung einer Überweisung liegt in den Vorteilen der Bargeldzahlung für den Empfänger. Das Interesse des Gläubigers an einer Barzahlung kann etwa wegen eines gepfändeten oder im Debet stehenden Kontos schutzwürdig sein.[524] Durch den Zugriff auf das Konto ist Buchgeld leichter pfändbar als Bargeld.[525] Außerdem kann dem Auszahlungsanspruch des Zahlungsempfängers gegen sein Kreditinstitut eine Einwendung entgegenstehen.[526] Der Empfänger trägt

---

[519] Vgl. nur BGH, Urt. v. 25.03.1983 – V ZR 168/81 = BGHZ 87, 156 (163).

[520] BGH, Urt. v. 13.03.1953 – V ZR 92/51 = NJW 1953, 897; OLG Hamm, Urt. v. 13.11.1987 – 10 UF 266/87 = NJW 1988, 2115; Fetzer, in: MüKo BGB, § 362 Rn. 22; Dennhardt, in: BeckOK BGB, § 362 Rn. 25; rechtsvergleichende Betrachtung zum englischen und französischen Recht: Einsele, Bank- und Kapitalmarktrecht, 2. Kap. § 6 Rn. 119.

[521] Vgl. Fetzer, in: MüKo BGB, § 362 Rn. 22.

[522] OLG Karlsruhe, Urt. v. 02.11.1995 – 4 U 49/95 = NJW-RR 1996, 752; Grüneberg, in: Grüneberg, BGB, § 362 Rn. 9.

[523] Fetzer, in: MüKo BGB, § 362 Rn. 22; Kerwer, in: Herberger/Martinek/Rüßmann/Weth/Würdinger, jurisPK-BGB, § 362 Rn. 39.

[524] Dennhardt, in: BeckOK BGB, § 362 Rn. 25.

[525] Kerwer, in: Herberger/Martinek/Rüßmann/Weth/Würdinger, jurisPK-BGB, § 362 Rn. 39; Kern, in: Staudinger, BGB, vor §§ 362 ff. Rn. 24; Schreiber, in: Soergel, BGB, § 362 Rn. 4.

[526] Kerwer, in: Herberger/Martinek/Rüßmann/Weth/Würdinger, jurisPK-BGB, § 362 Rn. 39.

auch das Insolvenzrisiko seines Zahlungsdienstleisters, welches aber mit Blick auf die Institutssicherungen und Einlagensicherungsfonds (vgl. §§ 1, 6, 8 EinSiG) regelmäßig gering ist.[527]

Die sofortige Verfügbarkeit des Zahlungsbetrages nähert die Zahlung per Echtzeitüberweisung der Bargeldzahlung zwar an, führt aber nicht dazu, dass das Erfordernis einer gläubigerseitigen Zustimmung für eine modalitätenändernde Vereinbarung entbehrlich würde.[528] Überschneidungspunkt sämtlicher Argumente zugunsten eines Vereinbarungserfordernisses ist nämlich, dass die Zahlung dem Empfänger allenfalls auf dem Konto bei seinem Zahlungsdienstleister gutgeschrieben werden kann und nicht unmittelbar dem Gläubiger zufließt. Die vollständige Gleichwertigkeit einer Zahlung per Echtzeitüberweisung mit der Bargeldzahlung kann bereits deshalb nicht eintreten, da der Zahlungsempfänger jedenfalls noch den Auszahlungsanspruch gegen seine Bank realisieren muss. Auch die Übertragung des Buchgeldes in Echtzeit verhindert nicht, dass die Verfügbarkeit des erhaltenen Betrages durch eine Kontopfändung oder entgegenstehende Einwendungen der Bank gemindert sein kann.

2. Abgrenzung der Erfüllung durch die geschuldete Leistung von der Annahme an Erfüllungs statt

Unabhängig von der Einordnung der Zahlung auf eine Geldschuld mittels Echtzeitüberweisung als Erfüllung (§ 362 Abs. 1 BGB) oder Leistung an Erfüllungs statt (§ 364 Abs. 1 BGB) erfordert die schuldbefreiende Wirkung eine Zustimmung des Gläubigers. Die Fragestellung ist daher rein rechtsdogmatischer Natur. Teleologische Erwägungen sind aufgrund der einheitlichen materiellen Ergebnisse[529] nicht anzustellen.

---

[527] *Kerwer*, in: Herberger/Martinek/Rüßmann/Weth/Würdinger, jurisPK-BGB, § 362 Rn. 39; *Dennhardt*, BeckOK BGB, § 362 Rn. 25.
[528] So auch *Casper*, RdZ 2020, 28 (34).
[529] *Fetzer*, in: MüKo BGB, § 362 Rn. 22; *Kerwer*, in: Herberger/Martinek/Rüßmann/Weth/Würdinger, jurisPK-BGB, § 362 Rn. 39.

Eine Erfüllung nach § 362 Abs. 1 BGB könnte dann angenommen werden, wenn als geschuldete Leistung die Zahlung eines bestimmten Betrages (allein oder alternativ zu der Bargeldübertragung) im Wege der (Echtzeit-)Überweisung vereinbart ist.[530] Ebenfalls vertreten wird aber die statische Ansicht, dass eine Geldforderung zunächst immer im Wege der Bargeldzahlung zu begleichen ist, und eine mit Zustimmung durchgeführte Überweisung dann eine Leistung an Erfüllungs statt im Sinne des § 364 Abs. 1 BGB sei.[531] Die höchstrichterliche Rechtsprechung hat die dogmatische Einordnung einer Überweisungszahlung wegen der materiellen Unerheblichkeit bewusst offengelassen.[532]

Vorzugswürdig ist die Betrachtung einer mit im Vorfeld erteilter Zustimmung durchgeführten (Echtzeit-)Überweisung als geschuldete Leistung im Sinne des § 362 Abs. 1 BGB.[533] Zutreffend ist, dass eine Geldforderung grundsätzlich – also ohne eine (stillschweigende) Vereinbarung – mittels Barzahlung zu erfüllen ist. In Deutschland ist auch weiterhin die Bargeldzahlung die dominierende Zahlungsweise.[534] Dennoch ist der Gläubiger in einer weit überwiegenden Anzahl der Fälle mit einer Buchgeldzahlung einverstanden, weshalb die Überweisung mittlerweile als Massengeschäft zu qualifizieren ist.[535] Die Auferlegung der statischen Bargeldvorgabe im erfüllungsrechtlichen Sinne wird der tatsächlichen Betrachtung von Einigungen zu Geldforderungen nicht gerecht. Bezogen auf dieses Argument spielt die Einführung der Echtzeitüberweisung (noch) keine zentrale Rolle. Die Zahlung mittels Echtzeitüberweisung ist in der Regel noch eilbedürftigen Zahlungsvorgängen vorbehalten.[536] Es kann daher nur bei ausdrücklicher Vereinbarung davon ausgegangen werden, dass die Zahlung durch die Echtzeitüberweisung geschuldet ist. Wenn aber eine durch Überweisung erfüllbare Schuld durch die Instant Payments als Sonderform der Überweisung beglichen wird, so gilt dies unverändert als Erfüllung gemäß § 362 Abs. 1 BGB. Bei der Befürchtung

---

[530] So die wohl überwiegende Ansicht, vgl. *Grüneberg*, in: Grüneberg, BGB, § 362 Rn. 9; *Fetzer*, in: MüKo BGB, § 362 Rn. 22; *Dennhardt*, in: BeckOK BGB, § 362 Rn. 25; *Avenarius*, in: Dauner-Lieb/Langen, SchR, § 362 Rn. 16.

[531] Vgl. OLG Hamm, Urt. v. 13.11.1987 – 10 UF 266/87 = NJW 1988, 2115; OLG Köln, Urt. v. 05.04.1990 – 6 U 205/89 = NJW-RR 1991, 50; *Kern*, in: Staudinger, BGB, vor §§ 362 ff. Rn. 23; *Schreiber*, in: Soergel, BGB, § 362 Rn. 4; *Dieckmann*, BKR 2018, 276 (278); *Stürner*, in: Jauernig, BGB, §§ 364, 365 Rn. 4.

[532] BGH, Urt. v. 25.03.1983 – V ZR 168/81 = BGHZ 87, 156 (163); BGH, Urt. v. 05.05.1986 – II ZR 150/85 = BGHZ 98, 24 (30); BGH, Urt. v. 17.03.2004 – VIII ZR 161/03 = NJW-RR 2004, 1281.

[533] Dies betonend auch *Dieckmann*, BKR 2018, 276 (278).

[534] Für eine statistische Aufbereitung, siehe 4. Kapitel

[535] *Casper*, RdZ 2020, 28 (34); *Grüneberg*, in: Grüneberg, BGB, § 362 Rn. 9; *Fetzer*, in: MüKoBGB, § 362 Rn. 22; *Dennhardt*, in: BeckOK BGB, § 362 Rn. 24.

[536] Zur Verbreitung der Zahlung mittels Echtzeitüberweisung, siehe 4. Kapitel C. II.

der faktischen Nichtauskehrung des Geldbetrages durch das Empfängerinstitut kann der Zahlungsempfänger auch weiterhin seine Zustimmung zur Vereinbarung verweigern. Aus diesem Grund sollte für die Rechtsnatur der Erfüllung nicht maßgeblich auf das konstruktive Argument, dass die Zahlung per (Echtzeit-)Überweisung kein Bargeld, sondern einen Auszahlungsanspruch gegen die Bank verschafft, abgestellt werden.[537] Hier sollte vielmehr dem Umstand Rechnung getragen werden, dass Geld letztlich ein Wertträger ist.[538] Wenn sich die Echtzeitüberweisung im Massenzahlungsverkehr etabliert hat, ist auch die unmittelbare Verfügbarkeit des Geldbetrages als weiteres Argument zu berücksichtigen, weshalb die gewährte Überweisung nicht als Aliud im Sinne des § 364 Abs. 1 BGB verstanden werden sollte, sondern als vereinbarte Zahlweise für die Erfüllung der Geldschuld. In der Verkehrsanschauung hat eine Echtzeitüberweisung im Regelfall die gleiche Wertigkeit wie eine Bargeldzahlung.[539] Der Gläubiger kann das Buchgeld beispielsweise unmittelbar weiter transferieren.

Anders ist dies dann zu bewerten, wenn eine Abrede zur Überweisungszahlung zunächst gänzlich fehlt.[540] Dann bleibt es bei der grundsätzlich geschuldeten Barzahlung. Sollte der Zahler sich dennoch der Überweisung bedienen, ist diese ein Aliud zur tatsächlich geschuldeten Barzahlung und bei nachträglicher Genehmigung durch den Zahlungsempfänger als Leistung an Erfüllungs statt im Sinne des § 364 Abs. 1 BGB zu klassifizieren.

II. Zeitpunkt der Erfüllung durch die Echtzeitüberweisung

Weiterhin herrscht in Bezug auf die konventionelle Überweisung Uneinigkeit, ob die Erfüllung der Geldschuld schon durch den Eingang des Überweisungsbetrages bei dem Zahlungsdienstleister des Empfängers oder erst im Zeitpunkt der Gutschrift auf dem Empfängerkonto eintritt. Im Hinblick auf die Instant Payments ist die Möglichkeit des nachgelagerten Clearings und Settlements in die Diskussion einzubeziehen.

---

[537] So auch *Stürner*, in: Jauernig, BGB, §§ 364, 365 Rn. 4; *Kerwer*, in: Herberger/Martinek/Rüßmann/Weth/Würdinger, jurisPK-BGB, § 362 Rn. 39.
[538] *Kerwer*, in: Herberger/Martinek/Rüßmann/Weth/Würdinger, jurisPK-BGB, § 362 Rn. 39.
[539] Vgl. bereits zur Überweisung *Dennhardt*, BeckOK BGB, § 362 Rn. 25.
[540] Ebenfalls differenzierend: *Casper*, RdZ 2020, 28 (34); *Casper*, in: MüKo BGB, § 675f Rn. 88.

1. Differenzierung von Verlustrisiko und Verzögerungsrisiko

Die Geldschuld lässt sich nach den gesetzlichen Vorgaben weder als klassische Schick- noch als klassische Bringschuld einordnen. Gemäß § 270 Abs. 1 BGB muss der Schuldner dem Gläubiger – wie bei der Bringschuld – die Zahlung auf seine Gefahr und Kosten übermitteln. Er trägt das Verlustrisiko bis zur Erfüllung der Geldforderung.[541] Der Leistungsort bleibt aber nach §§ 269 Abs. 1, 2, 270 Abs. 1, 4 BGB am Wohnsitz oder am Ort der gewerblichen Niederlassung des Schuldners. Zur Vermeidung eines Leistungsverzuges im Sinne des § 286 Abs. 1 BGB (Verzögerungsrisiko) hat der Schuldner rechtzeitig alles zu erledigen, was am Leistungsort zur Befriedigung des Gläubigers erforderlich ist.[542] Der Leistungserfolg gehört nicht mehr zur Leistungshandlung. Die Rechtzeitigkeit der Zahlung ist also von der Erfüllung zu unterscheiden.[543]

Diese Vorschriften gelten auch für die bargeldlose Zahlung,[544] es sei denn aus der Zahlungsart ergibt sich etwas anderes.[545] Bei der Überweisung fallen die Leistungshandlung (die Übermittlung des Zahlungsauftrages) und der Leistungserfolg (erfolgreiche Buchgeldübertragung) auseinander.[546] Einhellige Ansicht ist, dass die Gutschrift auf dem Konto des Zahlungsempfängers nicht mehr zur Leistungshandlung des Schuldners gehört.[547] Hinsichtlich des Verzögerungsrisikos ist maßgeblich, dass der Schuldner den Überweisungsauftrag dergestalt erteilt hat, dass die rechtzeitige Erfüllung erwartet werden kann. Der Schuldner muss also den üblicherweise für die Durchführung einer Banküberweisung erforderlichen Fristen sorgfältig Rechnung getragen haben.[548] Der Maßstab ist insoweit zwar die rechtzeitige Erfüllung,[549] aber für die Verzögerungsgefahr im Übermittlungsvorgang haftet der Zahler nicht.[550]

---

[541] BGH, Urt. v. 05.10.2016 – VIII ZR 222/15 Rn. 23 = NJW 2017, 1596 (1597); vgl. *Lorenz*, in: BeckOK BGB, § 270 Rn. 12; *Häuser*, in: MüKo HGB, B Rn. 611.
[542] Vgl. BGH, Urt. v. 05.10.2016 – VIII ZR 222/15 Rn. 23 = NJW 2017, 1596 (1597).
[543] *Hopt*, in: Hopt, HGB, (7) Bankgeschäfte Rn. C/107.
[544] BGH, Urt. v. 21.12.1981 – II ZR 270/79 = WM 1982, 291 (293).
[545] Z.B. wird die Lastschrift als Holschuld klassifiziert.
[546] *Casper*, in: MüKo BGB, § 675f Rn. 89.
[547] Vgl. nur *Häuser*, in: MüKo HGB, B Rn. 611 m.w.N.
[548] EuGH, Urt. v. 03.04.2008 – C-306/06 = WM 2008, 678.
[549] Hier gibt es bereits unterschiedliche Ansichten – zum Eingang bei der Empfängerbank: *Lorenz*, in: BeckOK BGB, § 270 Rn. 18; zur Gutschrift: *Häuser*, in: MüKo HGB, B Rn. 611.
[550] Die Zahlungsdienstleister sind also nicht seine Erfüllungsgehilfen, vgl. *Casper*, in: MüKo BGB, § 675f Rn. 89.

Für den Anwendungsbereich der Zahlungsverzugsrichtlinie (ZVRL)[551] hat der EuGH entschieden, dass der Schuldner nur dann keine Verzugszinsen zu leisten habe, wenn der Betrag rechtzeitig auf dem Konto des Empfängers gutgeschrieben ist.[552] Die Richtlinie gilt aber nur im Unternehmerverkehr.[553] Der BGH hat diese Auslegung im Anschluss seiner Rechtsprechung im Unternehmensverkehr zugrunde gelegt.[554] Der BGH schränkte seine Ausführungen aber dahingehend ein, dass den Schuldner keine Verzugsfolgen träfen, wenn er für die Verzögerung nicht verantwortlich sei.[555] Aus dieser höchstrichterlichen Rechtsprechung folgern Teile der Literatur jedenfalls für den Unternehmerverkehr Rückschlüsse auf den Erfüllungszeitpunkt.[556] Eine einheitliche Auslegung auch für Verbrauchergeschäfte nahm der BGH nicht vor.[557]

2. Grundsätzlicher Erfüllungszeitpunkt im Überweisungsverkehr

In Literatur und Rechtsprechung werden insbesondere zwei mögliche Erfüllungszeitpunkte erwogen. Im Wege der Auslegung ist zu bestimmen, ob hinsichtlich des Verlustrisikos eine qualifizierte Schickschuld, bei welcher der Schuldner die Geldforderung mit der Übertragung zu dem Zahlungsdienstleister des Empfängers erfüllt, oder eine modifizierte Bringschuld, bei welcher die Geldschuld erst mit der Gutschrift auf dem Konto des Empfängers durch Erfüllung erlischt, folgt.

---

[551] RL 2000/35/EG, ABl. Nr. L200, S. 35.
[552] EuGH, Urt. v. 03.04.2008 – C-306/06 = WM 2008, 678.
[553] Vgl. *Oelsner*, NJW 2013, 2469 (2470); *Häuser*, in: MüKo HGB, B Rn. 612.
[554] BGH, Urt. v. 05.10.2016 – VIII ZR 222/15 = BGHZ 212, 140 (149 ff.).
[555] BGH, Urt. v. 05.10.2016 – VIII ZR 222/15 = BGHZ 212, 140 (149 ff.) mit Blick auf Art. 3 Abs. 1b, 2. HS ZVRL II und Art. 3 Abs. 1c UAbs. 2, 2. HS ZVRL I.
[556] *Herresthal*, NZM 2011, 833 (837); *Einsele*, Bank- und Kapitalmarktrecht, 2. Kap. § 6 Rn. 129; *Häuser*, in: MüKo HGB, B Rn. 612.
[557] Dies würde in der Literatur als dem Gesetzgeber vorbehaltene richtlinien-übersteigende Umsetzung angesehen, vgl. *Häuser*, in: MüKo HGB, B Rn. 612.

a. Herrschende Literatur und BGH: Unwiderrufliche Gutschrift beim Empfänger

Die überwiegende Auffassung in der Literatur und Rechtsprechung stellt bei dem Zeitpunkt der Erfüllung einer Geldschuld auf die vorbehaltlose Gutschrift auf dem Konto des Empfängers ab.[558] Erst mit der Gutschrift erlangt der Gläubiger einen abstrakten unwiderruflichen Anspruch gegen die Empfängerbank.

Hinsichtlich der Erfüllung könne die Überweisung der Bargeldzahlung nur dann gleichgestellt werden, wenn der Betrag dem Verfügungsbereich des Empfängers so nahegebracht worden ist, dass das Buchgeld wie Bargeld verwertbar ist.[559] Mit dem abstrakten Schuldversprechen der Bank gegenüber dem Zahlungsempfänger (§ 780 BGB, § 350 HGB) entsteht eine autorisierte Abrufpräsenz.[560] Daher käme es allein auf die Gutschrift und auch nicht auf die Wertstellung an.[561] Voraussetzung der Erfüllungswirkung sei aber, dass der Geldbetrag dem Zahlungsempfänger nicht mehr entzogen werden könne.[562] Der Gläubiger erhält auch erst mit der Gutschrift die Information über den Zahlungsvorgang (§ 675d BGB, Art. 248 § 8 EGBGB). Auf die Kenntnis von der Gutschrift kommt es aber auch nach dieser Ansicht für den Erfüllungszeitpunkt nicht an, die Verfügbarkeit allein ist maßgeblich. Als entscheidendes Argument für diese Auffassung wird regelmäßig auf § 675r BGB verwiesen, auf dessen Grundlage die Angabe einer falschen Kontonummer noch zu einer Fehlbuchung durch das Empfängerinstitut führen kann.[563] Aus § 675s BGB, wonach sich die Pflicht der Zahlungsdienstleister des Zahlers nur bis zum Eingang der Zahlung beim Zahlungsdienstleister des Empfängers erstreckt, könne kein Schluss auf die Pflichtenlage im Valutaverhältnis gezogen

[558] *Korff*, in: Derleder/Knops/Bamberger, Deutsches und europäisches Bank- und Kapitalmarktrecht, § 45 Rn. 50; *Meder*, in: Derleder/Knops/Bamberger, Deutsches und europäisches Bank- und Kapitalmarktrecht, § 46 Rn. 11; *Einsele*, Bank- und Kapitalmarktrecht, 2. Kap. § 6 Rn. 128; *Canaris*, in: FS Hopt, 2010, S. 47 (55); *Westermann*, in: Erman, BGB, § 362 Rn. 9; *Dennhardt*, in: Bamberger/Roth/Hau/Poseck, BGB, § 362 Rn. 26; *Stürner*, in: Jauernig, BGB, § 362 Rn. 4; *Grüneberg*, in: Grüneberg, BGB; § 362 Rn. 10; *Avenarius*, in: Dauner-Lieb/Langen, BGB Schuldrecht, § 362 Rn. 17; *Werner*, in: Kümpel/Mülbert/Früh/Seyfried, Bankrecht und Kapitalmarktrecht, Rn. 4.308.
[559] BGH, Urt. v. 25.01.1988 – II ZR 320/87 = BGHZ 103, 143; OLG Karlsruhe, Urt. v. 09.04.2014 – 7 U 177/13 = WM 2014, 1422 (1424).
[560] *Häuser*, in: MüKo HGB, B Rn. 605.
[561] OLG Nürnberg, Urt. v. 18.04.1996 – 8 U 3213/95 = WM 1997, 1524; OLG Hamm, Urt. v. 05.01.1993 – 21 U 126/92 = NJW-RR 1993, 690; *Häuser*, in: MüKo HGB, B Rn. 605.
[562] BGH, Urt. v. 15.03.2005 – XI ZR 338/03 = NJW 2005, 1771; einschränkend: BGH, Urt. v. 20.07.2010 – XI ZR 236/07 = BGHZ 186, 269.
[563] So u.a. *Schmieder*, in: SLB, BankR-HB, § 49 Rn. 192 m.w.N.

werden.[564] Die Entscheidung des EuGH zur Zahlungsverzugsrichtlinie sei auch für die Auslegung der Zahlungsdiensterichtlinie und des nationalen Zahlungsverkehrsrechts zu berücksichtigen.

b. Vorzugswürdige Ansicht: Eingang bei dem Zahlungsdienstleister des Empfängers

Überzeugender ist aber die Gegenauffassung, wonach die Erfüllung im Valutaverhältnis bereits mit dem Eingang des Überweisungsbetrages bei dem Zahlungsdienstleister des Empfängers eintritt.[565] In diesem Zeitpunkt erlangt der Gläubiger einen Anspruch gegen seinen
Zahlungsdienstleister auf die Verfügbarmachung des Geldbetrages gemäß § 675t Abs. 1 S. 1
BGB.

Die Zahlungsdiensterichtlinie stellt – anders als die Zahlungsverzugsrichtlinie – regelmäßig
auf den Eingang bei der Empfängerbank ab und weist das Risiko im Inkassoverhältnis dem
Empfänger zu.[566] Auch wenn die ZDRL nicht das Valutaverhältnis zum Gegenstand hat, so
zeigen ihre Regelungen doch, dass aus der ZVRL allein keine klare Tendenz des europäischen Rechtssetzers, die auf die Erfüllungsbetrachtung übertragen werden könnte, zu entneh-
men ist.

Noch schwach ist das Argument, dass der Zahlungsempfänger das Risiko eines Fehlers der
Empfängerbank zu tragen habe, da er der Überweisung als Zahlungsmittel und damit dieser
Risikoverteilung bewusst zugestimmt habe.[567] Dieses Argument führt zu einem Zirkel-
schluss, da es gerade Gegenstand der Diskussion zu dem Erfüllungszeitpunkt ist, mit welchem Risiko der Empfänger einer Überweisung zustimmt. Eine bewusste Entscheidung trifft
der Empfänger insoweit jedenfalls nicht. Zumutbar ist es aber, dem Gläubiger entgegen dem
Wortlaut des § 270 Abs. 1 BGB das Insolvenzrisiko seiner eigenen Bank aufzuerlegen.[568]

---

[564] *Häuser*, in: MüKo HGB, B Rn. 609.
[565] *Casper*, in: MüKo BGB, § 675f Rn. 88; *Langenbucher*, in: LBS, BankR, § 675y Rn. 24 ff.; *Freitag*, in:
BeckOGK BGB, § 244 Rn. 131; *Jungmann*, in: MüKo BGB, § 675t Rn. 67; *Hopt*, in: Hopt, HGB, (7)
Bankgeschäfte Rn. C/107.
[566] Vgl. unter Bezugnahme auf Erwägungsgrund 85 a.E. und Art. 83 Abs. 2 ZDRL: *Casper*, in: MüKo BGB,
§ 675f Rn. 88.
[567] So argumentierend: *Brechtel*, WM 2016, 1057 (1061).
[568] Vgl. *Schimansky*, in: Schimansky/Bunte/Lwowski, BankR-HB, 3. Aufl. 2007, § 49 Rn. 206.

Das historische Argument der herrschenden Auffassung hinsichtlich der Widerrufbarkeit einer Überweisung[569] verfängt seit der Einführung des § 675p Abs. 1 BGB nicht mehr.[570] Der Überweisende kann den Anspruch des Empfängers auf die Erteilung einer Gutschrift nicht mehr einseitig beseitigen.[571] Der „Geldtransport" im Sinne des § 270 Abs. 1 BGB ist in diesem Zeitpunkt beendet. Dieser Grundgedanke wird auch in §§ 675s Abs. 1, 675y Abs. 1 S. 5 BGB zum Ausdruck gebracht.[572] Die formale Umsetzung der Gutschrift durch das abstrakte Schuldanerkenntnis ändert die Rechtsqualität des Geldwertes und obliegt der Empfängerbank.[573] Hinsichtlich der Erfüllungswirkung bei der PayPal-Zahlung hielt der BGH die Gutschrift auf dem E-Geld-Konto für maßgeblich, da es bei der Annahme einer Erfüllungswirkung erst durch die Gutschrift auf dem Bankkonto dem Belieben des Zahlungsempfängers obläge, das Geld nichterfüllend auf dem PayPal-Konto zu belassen.[574] Freilich ist dieses Argument bei der Weiterleitung nach bereits erfolgter Gutschrift durch PayPal stärker, aber für den Fall der Nichterfüllung des Anspruchs auf die Zurverfügungstellung des Geldbetrages (§ 675t Abs. 1 BGB) durch das Empfängerinstitut obliegt es ebenfalls allein dem Zahlungsempfänger, den Anspruch auf die Gutschrift geltend zu machen. Der Zahler kann in diesem Fall weder den Zahlungsvorgang rückabwickeln noch die Gutschrift rechtlich durchsetzen.

Das stärkste Argument der herrschenden Auffassung, dass der Geldbetrag erst mit der Gutschrift dem Bargeld vergleichbar verwendbar ist, zwingt auch nicht zu einer anderen Beurteilung. Auch bei der Bargeldzahlung hat der Gläubiger das Geld nicht in jedem Fall – zu nennen sind hier die Institute des Besitzdieners, Besitzmittlers und der Geheißperson – unmittelbar zur Disposition.[575] Diese Situation hat der Zahlungsempfänger durch sein Einverständnis mit der Zahlung durch die Überweisung gebilligt.

---

[569] Hierzu z.B. *Linardatos*, Das Haftungssystem im bargeldlosen Zahlungsverkehr, S. 164 f.
[570] *Casper*, in: MüKoBGB, § 675f Rn. 88 .
[571] Hierzu bereits *Häuser*, WM 1999, 1037 (1043).
[572] So auch *Casper*, in: MüKo BGB, § 675f Rn. 88.
[573] *Casper*, in: MüKo BGB, § 675f Rn. 88.
[574] BGH, Urt. v. 22.11.2017 – VIII ZR 83/16 Rn. 20 = NJW 2018, 537 (538).
[575] *Casper*, in: MüKo BGB, § 675f Rn. 88.

c. Notwendige Erweiterung der Erfüllungsvoraussetzungen

Zutreffend führt *Casper* aus praktischer Sicht an, dass durch die Angabe einer IBAN die gemäß § 675r BGB mögliche Falschübermittlung durch die Angabe einer falschen Kundenkennung äußerst selten geworden ist.[576] Das gleiche gilt für die Ablehnung einer Transaktion, zum Beispiel wegen der Angabe einer ungültigen IBAN oder eines Fehlers in der Transaktionsnachricht,[577] oder die aus diesen Gründen vorgenommene Einleitung eines Rückzahlungsprozesses[578]. Diese Erwägung rechtfertigt keine mit der Änderung des Regel-Ausnahme-Verhältnisses einhergehende Risikoverteilung zulasten des Schuldners.

Der rechtliche Umgang mit diesen Ausnahmekonstellationen wird in der Literatur hingegen nicht weiter diskutiert. Über eine Ergänzung der Erfüllungsvoraussetzungen lassen sich diese aber dogmatisch überzeugend einordnen. Sollten die benannten Ausnahmefälle eintreten, ist danach von vornherein keine Erfüllungswirkung anzunehmen. Insofern ist nämlich ein Doppeltatbestand einzufügen. Die Erfüllung tritt erst dann ein, wenn das Geld beim Zahlungsdienstleister des Empfängers eingeht und die zusätzlichen Angaben – beispielsweise die Angabe der IBAN und die beigefügte Transaktionsnachricht – eine Gutschrift durch den Zahlungsdienstleister des Empfängers zulassen. Ein rückwirkendes Wiederaufleben der einmal erfüllten Schuld ist mit dem BGH und der herrschenden Literatur abzulehnen.[579]

Festzuhalten bleibt daher, dass nach überzeugender und diesseits modifizierter Auffassung grundsätzlich der Eingang des Zahlungsbetrages bei dem Zahlungsdienstleister des Empfängers zur Erfüllung der Geldschuld im Valutaverhältnis führt, soweit die zusätzlichen Angaben eine Gutschrift durch den Zahlungsdienstleister des Empfängers zulassen.

---

[576] *Casper*, in: MüKo BGB, § 675f Rn. 88.
[577] Vgl. Ziff. 4.3.2.2, 5.8 Nr. 8 SCT RB und Ziff. 5.8 Nr. 11, Identification AT-R3.
[578] Siehe ausführlich 3. Kapitel C.
[579] BGH, Urt. v. 01.04.2020 – VIII ZR 18/19 = WM 2020, 2193 zur Erfüllung bei einem erfolgreichen Käuferschutzverfahren im Rahmen einer AmazonPay-Zahlung; ebenfalls von einer ausnahmsweise fehlenden Erfüllung ausgehend *Escher-Weingart*, WM 2008, 2281 (2283); *Schmieder*, in: Ellenberger/Bunte, BankR-HB, § 28 Rn. 192.

3. Besonderheiten durch nachgelagertes Clearing und Settlement

Für den Erfüllungszeitpunkt durch die Echtzeitüberweisung kann im Grundsatz auf die gleichen Argumente wie bei der herkömmlichen Überweisung verwiesen werden. Gemäß Ziff. 1.5 SB EÜ erstreckt sich die Pflicht der Bank ebenso wie bei § 675s Abs. 1 S. 1 BGB auf die Zahlung an den Zahlungsdienstleister des Empfängers. Im Interbankenverhältnis ist die Gutschrift beim Empfänger nach Ziff. 4.2.3 SICT RB ohnehin vom 10-sekündigen Ausführungszeitraum erfasst. Wenn das Clearing und Settlement ebenfalls in Echtzeit erfolgt, liegen zwischen dem Eingang des Geldes bei dem Zahlungsdienstleister des Empfängers und der Gutschrift auf dem Konto des Empfängers lediglich wenige Sekunden.

Der einzig relevante Unterschied im Vergleich zu der konventionellen Überweisung ist die Möglichkeit des nachgelagerten Clearings und Settlements.[580] In diesem Fall geht das Geld bei dem Empfängerinstitut – anders als bei der herkömmlichen Überweisung – erst nach der Gutschrift auf dem Konto des Empfängers ein. Dies kann – je nach bankenseits genutztem Clearing-und-Settlement-Mechanismus (CSM) – sogar einen ganzen Tag später erfolgen.

In diesem Fall ist der Zeitpunkt der Erfüllung ausnahmsweise mit der Gutschrift auf dem Konto des Zahlungsempfängers anzunehmen.[581] Mit Blick auf die im vorhergehenden Abschnitt dargestellte Argumentation zum grundsätzlichen Erfüllungszeitpunkt darf der Zeitpunkt des Clearings und Settlements im Interbankenverhältnis für das Valutaverhältnis keine Rolle spielen. Der Zahlungsempfänger hat nämlich spätestens im Zeitpunkt der vorbehaltlosen Gutschrift die freie Disposition über den Überweisungsbetrag. Die Privilegierung im Fall eines vorherigen Eingangs bei dem Zahlungsdienstleister des Empfängers darf ihm in der Konstellation nachgelagerten Clearings und Settlements nicht zum Nachteil gereichen.

Ein früherer Zeitpunkt – etwa die Übermittlung der SCT-Inst-Transaktionsnachricht an die Empfängerbank bzw. deren Clearingstelle – ist hingegen nicht als Erfüllungszeitpunkt heranzuziehen. Bei vergleichender Betrachtung zu dem Zeitpunkt bei der herkömmlichen Überweisung (dem Eingang des Geldbetrages bei der Empfängerbank) im Hinblick auf die Verfügbarkeit des Geldbetrages für den Empfänger läge eine solche Annahme zunächst nicht

---

[580] Hierzu ausführlich 3. Kapitel C.
[581] So auch *Casper*, RdZ 2020, 28 (34).

fern. Die Übermittlung der SCT-Inst-Transaktionsnachricht an das Empfängerinstitut stellt beim nachgelagerten Clearing und Settlement wie die Übertragung des Überweisungsbetrages an das Empfängerinstitut beim vorgelagerten Clearing und Settlement den letzten Schritt des Zahlerinstituts vor der Gutschrift beim Empfänger dar. Die anschließende Gutschrift auf dem Konto des Zahlungsempfängers obliegt der Empfängerbank, sodass argumentiert werden könnte, dass der Übertragungsvorgang des Geldes aus Sicht des Zahlers bereits mit der Ankunft der Transaktionsnachricht bei der Empfängerbank abgeschlossen sei. Der seltene Ausnahmefall, dass der endgültige Geldtransfer in diesem Zeitpunkt durch die Ablehnung der Transaktion im Rahmen der Validierungsprüfung noch scheitert, kann – wie bei der konventionellen Überweisung – nicht das ausschlaggebende Kriterium sein. Anders als bei der herkömmlichen Überweisung kann der Geldbetrag ohne erfolgreiche Validierungsprüfung der Empfängerbank bereits nicht auf dem Empfängerkonto gutgeschrieben werden.[582] Der Zahlbetrag ist vor der Gutschrift aber – entgegen dem Ablauf beim vorgelagerten Clearing und Settlement – gar nicht in die Empfängersphäre, also auch nicht an einen benannten Dritten (im Falle der herkömmlichen Überweisung die Empfängerbank), gelangt. Die Verfügbarkeit des Geldbetrages für den Empfänger ist also als entfernter zu betrachten. Der „Geldtransport" ist beim nachgelagerten Clearing und Settlement daher erst mit der Gutschrift auf dem Empfängerkonto aus Sicht des Zahlers abgeschlossen. Folglich hat der Zahler auch erst dann seine Pflicht zur Begleichung einer Geldschuld erfüllt.

---

[582] Ziff. 4.2.3 (B) SICT RB; Ziff. 4.3.2.2 SCT RB; ausführlich 3. Kapitel C. II.

E. Bereicherungsrechtliche Betrachtung der Echtzeitüberweisung

Die bereicherungsrechtliche Behandlung der unautorisierten Überweisung ist in der Praxis beispielsweise durch das Daten-Phishing regelmäßig von Relevanz. Auch dogmatisch ist sie Gegenstand wissenschaftlicher Auseinandersetzungen,[583] aber seit Langem als sog. Anweisungsfall weit überwiegend anerkannt.[584] Im Rahmen der Angleichung des Buchgeldes an das Bargeld durch die Echtzeitüberweisung bringt *Dieckmann* die Neuausrichtung der bereicherungsrechtlichen Grundsätze bei unautorisiert übertragenen Geldbeträgen in die Diskussion.[585] Die Betrachtung der Leistungsverhältnisse bei der Überweisung soll nunmehr derjenigen bei einer Bargeldzahlung angeglichen werden, um den tatsächlichen Gegebenheiten (Verschaffung von Buchgeld) und etwaigen Rechtsscheinkonstellationen hinreichend Rechnung zu tragen.

I. Die Überweisung als Anweisungsfall

Um die Erforderlichkeit und Richtigkeit einer solchen dogmatischen Neuausrichtung nachvollziehen und bewerten zu können, ist zunächst der gegenwärtige Meinungsstand zu der herkömmlichen Überweisung darzustellen.

Der Zahler hat auf dem Konto bei seiner Bank durch Bargeldeinzahlung oder Empfang von Buchgeld einen bestimmten Geldbetrag als Guthaben, den seine Bank für ihn „verwahrt".[586] Grundsätzlich stünde ihm gegen seine Bank ein Auszahlungsanspruch gemäß §§ 780, 781 BGB[587], mithin ein Anspruch auf die Übergabe und Übereignung von Bargeld, zu. Zu Beginn steht nunmehr im Valutaverhältnis eine zu begleichende Geldforderung, also ein Anspruch des Gläubigers gegen den Schuldner. Während der Schuldner bei einer Begleichung der Forderung durch Bargeld zunächst den Auszahlungsanspruch gegen seine Bank geltend machen und das Bargeld anschließend unmittelbar an den Empfänger übergeben und übereignen – also eine Leistungskette in Gang setzen – würde, wird dieser Weg auf Zahlerseite

---

[583] Vgl. zusammenfassend hierzu *Schwab*, in: MüKo BGB, § 812 Rn. 71.
[584] Vgl. nur *Sprau*, in: Grüneberg, BGB, § 812 Rn. 57 ff.; *Buck-Heeb*, in: Erman, BGB, § 812 Rn. 19.
[585] *Dieckmann*, BKR 2018, 276 ff.
[586] *Dieckmann*, BKR 2018, 276 (277 f.).
[587] Einordnung als abstraktes Schuldversprechen ganz h.M., vgl. nur *Jungmann*, in: MüKo BGB, § 675t Rn. 36 m.w.N.; a.A. Anspruch aus Verwahrverhältnis, §§ 700 Abs. 1, 488 Abs. 1 S. 2 BGB, vgl. *Dieckmann*, BKR 2018, 276 (277 f.).

bei der Überweisung verkürzt.[588] Der Zahler weist seinen Zahlungsdienstleister an, den Geldbetrag an den Gläubiger und eben nicht an sich selbst zu übertragen. Dadurch erfolgt letztlich
nur eine bewusste Vermögensverschiebung von dem Zahlungsdienstleister des Zahlers. Bei
rechtlicher Betrachtung ergeben sich aber dennoch zwei Leistungen – und zwar eine Leistung
der Bank an den Schuldner und eine Leistung des Schuldners an den Gläubiger.[589] Eine Leistung im bereicherungsrechtlichen Sinne ist eine bewusste und zweckgerichtete Mehrung
fremden Vermögens.[590] Sie besteht immer aus einem Realakt, der tatsächlichen Zuwendung,
und einer Zweckbestimmung.[591]

Die Bank wendet dem Gläubiger unmittelbar den vorgesehenen Buchgeldbetrag mit dem
Zweck zu, ihre eigene Verpflichtung gegenüber dem Schuldner (d.h. im Deckungsverhältnis)
zu begleichen.[592] Der Schuldner hat gleichzeitig mit seinem Überweisungsauftrag seine Bank
ermächtigt, das Buchgeld mit schuldbefreiender Wirkung an einen Dritten (den Gläubiger)
zuzuwenden, §§ 362 Abs. 2, 185 Abs. 1 BGB.[593] Einer gesonderten Zweckbestimmung dergestalt, dass die Bank dem Schuldner den Erfüllungszweck hinsichtlich des Auszahlungsanspruchs anzeigt, bedarf es in diesem Fall nicht. Eine Zuordnung ist bereits durch die ursprüngliche Anweisung des Schuldners unproblematisch möglich.[594]

Die zweite Leistung besteht im Valutaverhältnis. Zur Erfüllung der Geldforderung muss der
Schuldner an den Gläubiger gemäß § 362 Abs. 1 BGB die geschuldete Leistung bewirkt haben. Der Überweisungsbetrag fließt aber aus dem Vermögen der Zahlerbank an den Gläubiger. Dies könnte theoretisch eine eigene Leistung der Zahlerbank sein, wenn sie im eigenen
Namen aufträte.[595] Entscheidend ist hier die (konkludente) Zweckbestimmung. Diese hat einen rechtsgeschäftsähnlichen Charakter, sodass die Vorschriften über die Willenserklärung

---

[588] Vgl. *Schwab*, in: MüKoBGB, § 812 Rn. 68; *Sprau*, in: Grüneberg, BGB, § 812 Rn. 57a; *Buck-Heeb*, in: Erman, BGB, § 812 Rn. 19.

[589] Zum Dreipersonenverhältnis vgl. BGH, Urt. v. 29.04.2008 – XI ZR 371/07 Rn. 9 = BGHZ 176, 234, 23; BGH, Urt. v. 01.06.2010 – XI ZR 389/09 Rn. 31 = NJW 2011, 66; BGH, Urt. v. 05.11.2002 – XI ZR 381/01 = BGHZ 152, 307 (311); *Sprau*, in: Grüneberg, BGB, § 812 Rn. 57a; *Schwab*, in: MüKo BGB, § 812 Rn. 69.

[590] BGH, Urt. v. 20.03.2019 – VIII ZR 88/18 = NJW 2019, 2608; *Schwab*, in: MüKo BGB, § 812 Rn. 47.

[591] H.M.: *Schreiber*, in: Soergel, BGB, vor § 362 Rn. 6; *Schwab*, in: MüKo BGB, § 812 Rn. 47; *Wendehorst*, in: BeckOK BGB, § 812 Rn. 47; *Dieckmann*, BKR 2018, 276 (279).

[592] *Buck-Heeb*, in: Erman, BGB, § 812 Rn. 19; *Schwab*, in: MüKo BGB, § 812 Rn. 78.

[593] *Schwab*, in: MüKo BGB, § 812 Rn. 77 f.; *Buck-Heeb*, in: Erman, BGB, § 812 Rn. 19.

[594] *Schwab*, in: MüKo BGB, § 812 Rn. 75.

[595] *Dieckmann*, BKR 2018, 276 (279).

entsprechende Anwendung finden.[596] Im Falle der Überweisung überbringt die Bank gemäß § 164 Abs. 1 BGB analog als Erklärungsbotin erkennbar im fremden Namen die Zuordnung der Zahlung zur Schuld des Zahlers.[597] Mit der Weisung des Zahlers erteilt dieser konkludent die erforderliche Botenmacht.[598]

Für den Fall einer unautorisierten Überweisung durch Doppelzahlung, rechtzeitigen Widerruf oder ähnlichem bedeutet dies letztlich, dass mangels erteilter Botenmacht keine dem Schuldner zurechenbare Zweckbestimmung besteht. In der Folge hat die Zahlung der Bank an den Gläubiger keine Erfüllungswirkung im Valutaverhältnis.[599] Der Schuldner hat seine Bank im Deckungsverhältnis auch nur unter der aufschiebenden Bedingung gemäß § 158 Abs. 1 BGB ermächtigt, die Geldzahlung mit schuldbefreiender Wirkung an den Gläubiger zu leisten, dass diese Zuwendung im Verhältnis zum Gläubiger eine Leistung des Schuldners darstellt.[600] Sollte das Konto des Zahlers bereits belastet sein, hat er einen Anspruch auf Erstattung dieses Betrages gemäß § 675u S. 2 BGB. Die Bank trägt das Insolvenzrisiko des Gläubigers bzw. Zahlungsempfängers und hat in dieser Beziehung einen Anspruch aus der Nichtleistungskondiktion gemäß § 812 Abs. 1 S. 1, 2. HS BGB. Dem steht auch nicht der Vorrang der Leistungsbeziehung entgegen, da aus den dargestellten Gründen keine Leistungsverhältnisse vorliegen.

---

[596] BGH, Urt. v. 20.06.1990 – XII ZR 98/89 = NJW 1990, 3194.
[597] *Schwab*, in: MüKo BGB, § 812 Rn. 78; *Wandt*, Gesetzliche Schuldverhältnisse, § 13 Rn. 30; zur Einordnung als Stellvertretung: *Dieckmann*, WM 2015, 14 (20).
[598] *Thomale*, Leistung als Freiheit, S. 289 f.; *Schwab*, in: MüKo BGB, § 812 Rn. 78.
[599] BGH, Urt. v. 16.06.2015 – XI ZR 243/13 Rn. 18 ff. = NJW 2015, 3093; *Zetzsche*, in: MüKo BGB, § 675u Rn. 24 ff.; *Dieckmann*, BKR 2018, 276 (280); a.A. *Schnauder*, JZ 2016, 603 (603 ff.); *Wilhelm*, BKR 2017, 8 (8 f.).
[600] *Dieckmann*, BKR 2018, 276 (280).

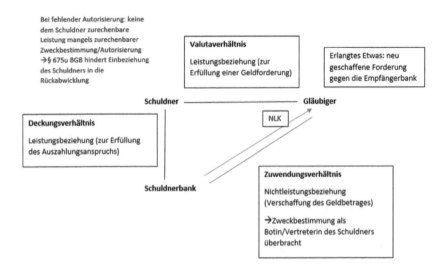

Abb. 2: Bereicherungsrechtlicher Anweisungsfall

II. Relevanz einer Neuausrichtung: Rechtsscheinkonstellationen

Die im vorhergehenden Abschnitt beschriebene dogmatische Einordnung der Überweisung in das Bereicherungsrecht berücksichtigt die Rolle des Zahlungsdienstleisters und führt in aller Regel zu interessengerechten Ergebnissen. Daher erscheint aus praktischer Perspektive eine Neuausrichtung der bereicherungsrechtlichen Leistungsverhältnisse zunächst einmal nicht erforderlich. Anknüpfungspunkt der Überlegungen bezüglich einer Neuausrichtung sind die in der Literatur nicht einheitlich behandelten Rechtsscheinkonstellationen. Konkret meint dies die Situation, in welcher der Schuldner gegenüber dem Gläubiger den Rechtsschein gesetzt hat, eine wirksame Anweisung zur Übertragung des Geldbetrages erteilt zu haben.

1. Herrschende Literatur und BGH: § 675u BGB als Kondiktionssperre

Der BGH und die wohl überwiegende Auffassung in der Literatur sehen überzeugenderweise auch bei der Setzung eines Rechtsscheins keine Veranlassung, rechtlich eine andere Bewertung vorzunehmen.[601]

Zentrales Argument ist die Vorschrift des § 675u BGB, nach welcher der Zahler bei einer fehlenden Autorisierung der Überweisung nicht zur Erstattung der Aufwendungen des Zahlungsdienstleisters verpflichtet ist (S. 1) und bei bereits erfolgter Belastung einen Anspruch auf Rückerstattung des Betrages hat (S. 2). Diese Vorschrift stelle in der beschriebenen Konstellation eine Kondiktionssperre dar, d.h. die Zweckbestimmung der tatsächlichen Zuwendung kann trotz etwaigen Rechtsscheins nicht dem Zahler zugerechnet werden, weshalb weder eine Erfüllung im Valutaverhältnis eintritt noch ein Bereicherungsanspruch der Bank gegen den Zahler besteht.[602] Teile der Literatur lesen diese Auslegung bereits aus dem Wortlaut des § 675u S. 1 BGB, da auch der Bereicherungsanspruch des Zahlungsdienstleisters eine (ungerechtfertigte) Erstattung von Aufwendungen wäre.[603]

Gewichtiger ist aber das teleologische Argument. Eine Zurechnung kann mangels Autorisierung des Zahlungsvorganges bereits nicht erfolgen.[604] Der Telos des § 675u BGB und der zugrundeliegenden Richtlinie besteht darin, den vermeintlichen Zahler aus der Rückabwicklung herauszuhalten.[605] Zu der in Rede stehenden Fragestellung äußern sich zwar weder Art. 73 Abs. 1 ZDRL noch die nationale Gesetzesbegründung[606] eindeutig.[607] Festgestellt

---

[601] Vgl. insbesondere BGH, Urt. v. 16.06.2015 – XI ZR 243/13 = NJW 2015, 3093, (3095); *Zetzsche*, in: MüKo BGB, § 675u Rn. 30; *Schwintowski*, Bankrecht, Kap. 10 Rn. 348 ff.; *Sprau*, in: Grüneberg, BGB, § 675u Rn. 3, § 812 Rn. 58; *Winkelhaus*, BKR 2010, 441 (445); *Bartels*, WM 2010, 1828 (1833); *Belling/Belling*, JZ 2010, 708 (710); *Linardatos*, BKR 2013, 395 (396).
[602] BGH, Urt. v. 16.06.2015 – XI ZR 243/13 Rn. 24 = NJW 2015, 3093 (3095); vgl. auch *Langenbucher*, in: LBS, BankR, § 675u Rn. 7; *Sprau*, in: Grüneberg, BGB, § 675u Rn. 3; *Werner*, in: Kümpel/Mülbert/Früh/Seyfried, Bankrecht und Kapitalmarktrecht, Rn. 4.350.
[603] *Belling/Belling*, JZ 2010, 708 (710).
[604] So auch *Bartels*, WM 2010, 1828 (1831 ff.); kritisch dazu *Zetzsche*, in: MüKo BGB, § 675u Rn. 30.
[605] *Zetzsche*, in: MüKo BGB, § 675u Rn. 30; *Belling/Belling*, JZ 2010, 708 (710 f.).
[606] Begr. RegE, BT-Drs. 16/11643, S. 113.
[607] *Zetzsche*, in: MüKo BGB, § 675u Rn. 32 ff.; *Winkelhaus*, BKR 2010, 441 (445).

wird lediglich, dass § 675u S. 2 BGB gegenüber potentiell konkurrierenden Bereicherungs-
ansprüchen abschließend ist.[608] Zu berücksichtigen ist aber, dass die Zahlungsdiensterichtlinie gemäß Art. 107 ZDRL vollharmonisierenden Charakter hat. Dies legt eine abschließende
Regelung der Ansprüche durch entsprechende Umsetzungsgesetze nahe.[609] Nationalrechtli-
che Erwägungen oder rechtsgeschichtliche Umstände[610] haben dann hinter der Vollharmonisierung zurückzutreten.[611]

§ 675u BGB enthält auch keinerlei Hinweise zu den Rechtsscheinkonstellationen und nimmt
lediglich Bezug auf die Autorisierung. Nur auf diese Weise kann letztlich dem § 675u BGB
zur Effektivität verholfen werden.[612] Ansonsten wäre in dem nicht seltenen Fall, dass der
Gläubiger dem Schuldner die Zuwendung zurechnen möchte (vorstellbar beispielsweise bei
dem rechtzeitigen Widerruf des Überweisungsauftrages), der Zahler trotz der fehlenden Autorisierung in das Rückabwicklungssystem eingebunden. Die Wirkung des § 675u BGB als
Kondiktionssperre ist darüber hinaus auch interessengerecht. Dem Zahlungsdienstleister
wird immer der Durchgriffsanspruch gegen den Zahlungsempfänger gewährt. Er trägt
dadurch das Insolvenzrisiko des Zahlungsempfängers, hatte zuvor aber die fehlende Autorisierung durch den vermeintlichen Zahler missachtet.[613]

Der herrschenden Literaturmeinung und BGH-Rechtsprechung folgend besteht auch in
Rechtsscheinkonstellationen keine praktische Notwendigkeit, von der bereicherungsrechtlichen Betrachtung entlang der Leistungsketten abzuweichen.

---

[608] Begr. RegE, BT-Drs. 16/11643, S. 113.
[609] *Zetzsche*, in: MüKo BGB, § 675u Rn. 32 ff.
[610] Zur Entwicklung vor der ZDRL vgl. *Zetzsche*, in: MüKo BGB, § 675u Rn. 25 ff.
[611] So auch *Zetzsche*, in: MüKo BGB, § 675u Rn. 32 ff.
[612] Vgl. *Belling/Belling*, JZ 2010, 708 (710 f.).
[613] So argumentierend *Zetzsche*, in: MüKo BGB, § 675u Rn. 32 ff.

2. Teile der Literatur: Berücksichtigung des Rechtsscheins einer Autorisierung

Anders ist dies, wenn man mit Teilen der Literatur die Wirkung des § 675u BGB als Kondiktionssperre ablehnt.[614] Dafür bestehen plausible Argumente, die aber aus den oben genannten Gründen letztlich nicht überzeugen. Allen voran wird angeführt, dass § 675u BGB die Beziehung im Deckungsverhältnis regelt, aber zum Valutaverhältnis keine ausdrückliche Aussage trifft.[615] § 675u BGB sei eng auszulegen und umfasse nur den Aufwendungsersatzanspruch gemäß §§ 675c Abs. 1, 675, 670 BGB. Die ZDRL begrenze ihren Regelungsbereich ausweislich des Erwägungsgrundes 87 S. 1 auf die vertraglichen Verpflichtungen und Verantwortlichkeiten zwischen dem Zahlungsdienstnutzer und dem Zahlungsdienstleister. Die Autorisierung im Innenverhältnis zwischen Schuldner und Bank sei von der Bevollmächtigung zur Erklärung der Zweckbestimmung zu differenzieren. Insoweit gelte das Trennungs- und Abstraktionsprinzip.[616] Die Autorisierung im Sinne des § 675j BGB sei eine Weisung (§ 665 BGB) im Rahmen des Zahlungsdienstevertrages (§ 675c Abs. 1 BGB). Die Bevollmächtigung, eine Zweckbestimmung gegenüber dem Zahlungsempfänger zu übermitteln, sei von einer wirksamen Autorisierung im Grundverhältnis aber nicht abhängig.[617] Rein dogmatisch sei eine Rechtsscheinzurechnung gemäß §§ 170-173 BGB analog möglich. Auf diese Weise könnte dann eine Leistung des Schuldners (auch mit Erfüllungswirkung[618]) an den Gläubiger angenommen werden. Stimmen in der Literatur argumentieren, dass der Schuldner, der die Befreiung einer Verbindlichkeit erlangt habe, mit Blick auf bereicherungsrechtliche Ansprüche seiner Bank nicht schützenswert sei.[619] Sollte die der Zahlung zugrundeliegende Forderung aber nicht bestehen, könnte und müsste der Schuldner nach den deutschen

---

[614] Ausführlich hierzu: *Dieckmann*, BKR 2018, 276 (280 f.); *Wilhelm*, BKR 2017, 8 (8 f.); *Schnauder*, JZ 2016, 603; andeutend: *Kiehnle*, NJW 2015, 3093 ff.; *Einsele*, Bank- und Kapitalmarktrecht, 2. Kap. § 6 Rn. 161 (BGH-Entscheidung sei „systemfremd").

[615] Vgl. AG Hamburg-Harburg, Urt. v. 24.04.2013 – 642 C 2/13 = WM 2014, 352; *Dieckmann*, BKR 2018, 276 (281); *Dieckmann*, WM 2015, 14 (16 f.); *van Bergen/Thelen*, GWR 2015, 397 (399); *Grundmann*, WM 2009, 1109 (1116 f.); *Grundmann*, in: Grundmann, Bankvertragsrecht, 3. Teil Rn. 417 ff.; *Fornasier*, AcP 212 (2012), 410; *Müller*, WM 2010, 1293 (1296); *Müller*, WM 2016, 809 (813); *Nobbe*, in: Ellenberger/Findeisen/Nobbe/Böger, Zahlungsverkehrsrecht, § 675u Rn. 32; *Kiehnle*, Jura 2012, 895 (900 f.); *Köndgen*, JuS 2011, 481 (489); *Looschelders*, SchuldR BT, § 57 Rn. 15; *Omlor*, ZIP 2016, 558 (563); *Piekenbrock*, WM 2015, 797 (797 f.); *Rademacher*, NJW 2011, 2169 (2170 ff.); *Reymann*, JuS 2012, 781 (787); *Thomale*, Leistung als Freiheit, S. 320 ff.; *Schnauder*, JZ 2016, 603 (603 ff.); *Schwab*, in: MüKo BGB, § 812 Rn. 144; *Jansen*, JZ 2015, 952 (954); *Dieckmann*, WM 2015, 14 (16 f.).

[616] BayObLG, Beschl. v. 14.03.1996 – 2Z BR 121/95 = NJW-RR 1996, 848; *Dieckmann*, BKR 2018, 276 (281); *Stadler*, Allgemeiner Teil des BGB, § 30 Rn. 16; *Schäfer*, in: BeckOK BGB, § 164 Rn. 19; *Schubert*, in: MüKo BGB, § 164 Rn. 14 ff.

[617] *Dieckmann*, BKR 2018, 276 (281).

[618] Vgl. nur *Schwab*, in: MüKo BGB, § 812 Rn. 144.

[619] Vgl. *Rademacher*, NJW 2011, 2169 (2170 f.).

Bereicherungsgrundsätzen gemäß § 812 Abs. 1 S. 1 Alt. 1 BGB bei dem Zahlungsempfänger kondizieren.[620] Wenn man § 675u BGB daher nicht als Kondiktionssperre begreifen möchte, könnten die Grundsätze des deutschen Bereicherungsrechtes den vermeintlichen Zahler trotz fehlender Autorisierung im Grundverhältnis in die Rückabwicklung einbeziehen.

III. Mögliche Neuausrichtung: Bereicherungsrechtliches Zweipersonenverhältnis

Dieckmann nimmt die Einführung der Echtzeitüberweisung zum Anlass eine andere Betrachtung der Leistungsverhältnisse im Rahmen der Überweisung vorzunehmen. Nach seiner Auffassung wird die Guthabenforderung auf dem Konto erst seit der Einführung der Echtzeitüberweisung zu „echtem Buchgeld", da das Buchgeld nun dem Bargeld vergleichbar jederzeit als Universaltauschmittel[621] eingesetzt werden kann.[622] Letztlich ist es *Dieckmann* daran gelegen, dem Buchgeld wegen der durch die Echtzeitüberweisung beschleunigten Verkehrsfähigkeit eine eigene rechtliche Bedeutung zuzumessen. Nur bei einer Änderung der rechtlichen Betrachtung sei es nach seiner Ansicht auch möglich, dass die Echtzeitüberweisung ihren Zweck erfüllt und sich in das Zahlungsverkehrsrecht eingliedert.[623]

An diese Grundgedanken knüpft das von *Dieckmann* vorgeschlagene System an. Er erkennt zwar an, dass das Buchgeld letztlich ein Auszahlungsanspruch gegen den Zahlungsdienstleister ist.[624] Die Differenzierung nimmt er dergestalt vor, dass der Zahlungsdienstleister mit der Ausführung der Echtzeitüberweisung nicht seinen Auszahlungsanspruch gemäß §§ 780, 781 BGB erfülle, sondern einen Zahlungsvorgang gemäß § 675j Abs. 1 BGB durchführe. Ein Zahlungsvorgang ist in § 675f Abs. 4 BGB als jede Bereitstellung, Übermittlung oder Abhebung eines Geldbetrags, unabhängig von der zugrunde liegenden Rechtsbeziehung zwischen Zahler und Zahlungsempfänger, definiert. Somit gehe ein Geldbetrag in Form des Buchgeldes und nicht der Auszahlungsanspruch auf den Zahlungsempfänger über.[625] Der Verlust des Auszahlungsanspruchs auf Zahlerseite sei dagegen bloße Nebenfolge der Übertragung des Buchgeldes. Deshalb sei die (Echtzeit-)Überweisung auch keine verkürzte Bargeldzahlung,

---

[620] *Dieckmann*, BKR 2018, 276 (281).
[621] *Omlor*, in: Staudinger, BGB, vor §§ 244-248 Rn. A151; *Herresthal*, in: MüKo HGB, A Rn. 131.
[622] *Dieckmann*, BKR 2018, 276 (277, 283).
[623] *Dieckmann*, BKR 2018, 276 (283).
[624] *Dieckmann*, BKR 2018, 276 (281); *Omlor*, in: Staudinger, BGB, vor §§ 244-248 Rn. A149.
[625] *Dieckmann*, BKR 2018, 276 (281).

sondern als eigene Übertragungsform von „echtem Buchgeld" zu verstehen. Der Transfer erfolge dabei aus dem Vermögen des Zahlers, während es sich für die Bank um einen vermögensneutralen Vorgang handele.[626] Insofern bedürfe es auch keines Aufwendungsersatzanspruches des Zahlungsdienstleisters gegen den Zahlungsdienstnutzer gemäß § 675c Abs. 1 BGB i.V.m. §§ 675, 670 BGB. Die Banken sowie die weiteren zwischengeschalteten Stellen würden lediglich als Erfüllungsgehilfen im Sinne des § 278 BGB dienen.[627] Dafür spräche auch § 675q Abs. 1 BGB, wonach der Zahlungsdienstleister und die beteiligten Stellen verpflichtet sind, den Überweisungsbetrag ungekürzt an den Empfänger weiterzuleiten. § 278 S. 1 BGB ermögliche nicht nur eine Zurechnung des Verschuldens, sondern auch des Verhaltens des Erfüllungsgehilfen.[628] Demnach werde die tatsächliche Zuwendung, die auf Weisung des Zahlers von seinem Zahlungsdienstleister vorgenommen wird, dem Zahler zugerechnet. Die Überweisung durch den Zahler stelle eine bewusste, zweckgerichtete Mehrung fremden Vermögens unmittelbar durch ihn an den Zahlungsempfänger dar. Weitere bereicherungsrechtliche Leistungsbeziehungen bestünden daneben nicht, sodass – anders als im tradierten Dreipersonenverhältnis – bereicherungsrechtlich nur noch eine Zweipersonenkonstellation bestünde. Einer Zweckbestimmung für die Zahlung bedürfte es dann nicht, da kein Dritter, sondern der Zahler selbst, den Buchgeldbetrag zugewendet hätte.[629]

Für den Fall der nicht autorisierten Zahlung hat dies folgende Auswirkungen: Erteilt der vermeintliche Zahler seinem Zahlungsdienstleister keine Autorisierung, fehlt es ebenfalls an der Ermächtigung für eine Zurechnung des Handelns der Erfüllungsgehilfen gemäß § 278 S. 1 BGB.[630] Der Zahlungsdienstleister sowie die beteiligten zwischengeschalteten Stellen sind bei der Ausführung des Zahlungsvorganges nicht mit Wissen und Wollen des vermeintlichen Zahlers tätig geworden.[631] *Dieckmann* schließt hieraus, dass eine Erfüllung der Schuld im Valutaverhältnis ausgeschlossen sei.[632] Die Leistung sei nicht im Sinne des § 362 Abs. 1

---

[626] *Dieckmann*, BKR 2018, 276 (281 f.).
[627] Unter dem Begriff „Leistungsgehilfe" so auch *Medicus/Petersen*, Bürgerliches Recht, Rn. 686; befürwortend *Keßler*, in: EBJS, HGB, § 675j BGB Rn. 19.
[628] *Dieckmann*, BKR 2018, 276 (282); *Beckhaus*, Die Rechtsnatur der Erfüllung, 2013, S. 304.
[629] *Dieckmann*, BKR 2018, 276 (282); zu den Grundsätzen, vgl. BGH; Urt. v. 21.11.2013 – IX ZR 52/13 Rn. 21 = NJW 2014, 547; *Fetzer*, in: MüKo BGB, § 362 Rn. 10; *Kern*, in: Staudinger, BGB, vor § 362 Rn. 13; *Grüneberg*, in: Grüneberg, BGB, § 362 Rn. 1.
[630] *Dieckmann*, BKR 2018, 276 (282).
[631] Dies wäre aber Tatbestandsvoraussetzung des § 278 S. 1 BGB, vgl. hierzu *Westermann*, in: Erman, BGB, § 278 Rn. 15.
[632] *Dieckmann*, BKR 2018, 276 (282).

BGB bewirkt worden. Es fehle bereits eine bewusste Zuwendung, die dem Schuldner zugerechnet werden könne. Weder der Schuldner noch die Bank (anders als bei der Betrachtung
als Anweisungsfall) hätten das Vermögen des Zahlungsempfängers bewusst gemehrt.[633] Der
Zahlungsempfänger könne aber nicht darauf vertrauen, dass ihm der Geldbetrag überhaupt
bewusst zugewendet worden ist. Damit käme es auf eine etwaige Zweckbestimmung bereits
nicht an. Aber nur eine solche Willensäußerung wäre Bezugspunkt für die Anwendung der
§§ 170-173 BGB als Rechtsscheinzurechnung. Das Ergebnis sei dann – ebenso wie bei der
tradierten Auffassung und dem Verständnis des § 675u BGB als Kondiktionssperre – die
Entstehung eines Rückabwicklungsanspruchs der Bank im Wege der Nichtleistungskondiktion gegenüber dem Zahlungsempfänger. § 675u BGB würde dann nicht als Kondiktionssperre im Valuta-, sondern ausschließlich im Deckungsverhältnis Relevanz entfalten.[634] Die
Echtzeitüberweisung und damit die Funktion des Buchgeldes als nunmehr jederzeit verfügbares Universaltauschmittel würde so den Weg ebnen, die Überweisung in die Rechtsdog-
matik des Zahlungsverkehrsrechtes einzufügen.[635]

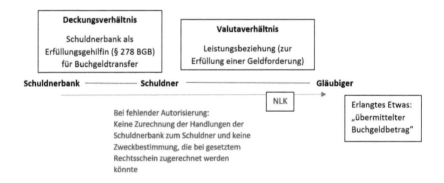

Abb. 3: Überweisung als Zweipersonenverhältnis

---

[633] *Dieckmann*, BKR 2018, 276 (283).
[634] *Dieckmann*, BKR 2018, 276 (283).
[635] *Dieckmann*, BKR 2018, 276 (283).

IV. Bewertung: Keine Neuausrichtung angezeigt

Die Echtzeitüberweisung gibt keinen Anlass zur Abkehr von dem tradierten bereicherungsrechtlichen Modell des Dreipersonenverhältnisses unter Einbeziehung der Zahlerbank. Weniger entscheidend ist, dass mit der Einführung der Echtzeitüberweisung eine Neuausrichtung des Bereicherungsrechtes nicht gewollt war.[636] Maßgeblich ist, dass eine Neuausrichtung weder zur Erzielung interessengerechter Lösungen erforderlich noch dogmatisch überzeugend ist.

Wie bereits dargestellt worden ist, sprechen die besseren Argumente für ein Verständnis des § 675u BGB als Kondiktionssperre. Unter dieser Prämisse ist unabhängig von etwaigen Rechtsscheinkonstellationen der (vermeintliche) Zahler an der Rückabwicklung der unautorisierten Zahlung nicht beteiligt. Es findet ausschließlich eine Nichtleistungskondiktion der Schuldnerbank gegen den Zahlungsempfänger statt. Exakt das gleiche Resultat (nur auf anderem dogmatischem Wege) erzielt das Modell des Zweipersonenverhältnisses, welches von *Dieckmann* vorgeschlagen wird. Mithin bedarf es aus rein praktischer Perspektive keiner solchen Anpassung.

Daher müsste sich der Ansatz *Dieckmanns* durch eine dogmatische Überlegenheit auszeichnen, um gegenüber der tradierten Ansicht vorzugswürdig zu sein. Insofern ist eine der zentralen Erwägungen *Dieckmanns* die Vermeidung der systemfremden Auslegung des § 675u BGB als Kondiktionssperre. Diesbezüglich ist der Annahme eines bereicherungsrechtlichen Zweipersonenverhältnisses zugute zu halten, dass man diese vorgelagerte Fragestellung gänzlich ausklammern kann, da eine Zurechnung der Zahlung zum Schuldner aus Rechtsscheingesichtspunkten von vornherein ausscheidet. Dennoch weist die vorgeschlagene Neuausrichtung *Dieckmanns* ihrerseits bereits in den Grundsätzen dogmatische Schwächen auf. Der Zahler überträgt gerade nicht sein Buchgeld unmittelbar an den Empfänger.[637] Wenngleich bei einer rein äußerlichen Betrachtung des Zahlungsvorganges der Zahler die Echtzeitüberweisung anstößt, er dadurch seinen Buchgeldbestand auf dem Konto verringert und den des Empfängers mehrt, lässt dies die dogmatisch zutreffende Grundlage des Buchgeldes

---

[636] So *Casper*, RdZ 2020, 28 (34).
[637] *Casper*, RdZ 2020, 28 (34).

ohne nennenswerten Grund außer Betracht.[638] Das Buchgeld ist und bleibt ein Auszahlungsanspruch gegen den eigenen Zahlungsdienstleister. Ohne den Beitrag des Zahlungsdienstleisters kann das Buchgeld auch weiterhin nicht übertragen werden.[639]

Daher ist die Einordnung der Überweisung in die Anweisungskonstellationen gerechtfertigt.
Der Zahler erteilt – neben der Autorisierung im Sinne des § 675j BGB – einen Zahlungsauftrag im Sinne des § 675f Abs. 3 S. 2 BGB, der nichts anderes als eine auftragsrechtliche Weisung gemäß § 665 BGB darstellt, dem angegebenen Empfänger eine Gutschrift auf dem
Empfängerkonto in Höhe des Überweisungsbetrages zu verschaffen.[640] Der Zahlungsempfänger erlangt im bereicherungsrechtlichen Sinn auch nicht das Buchgeld des Zahlers, sondern neues Buchgeld in Form eines eigenen Anspruchs gegen seinen Zahlungsdienstleister
(bzw. bei einem im Soll befindlichen Konto die Befreiung von einer Verbindlichkeit).[641] Dies
räumt *Dieckmann* selbst gewissermaßen ein, wenn er sagt, dass nur der „Wert" des Buchgeldes übertragen würde.[642]

Die Einführung der Echtzeitüberweisung rechtfertigt das Abrücken von dieser dogmatischen
Einordnung des Buchgeldes nicht. Die schnellere Verkehrsfähigkeit des Buchgeldes ist kein
Argument dafür, die Rolle der Zahlerbank bei der Buchgeldübertragung nur noch verkürzt
zu erfassen. Diese ändert sich nämlich nicht entscheidend. Demgegenüber muss sich die Betrachtung als Zweipersonenkonstellation vorwerfen lassen, dass sie ihren Blick auf das Valutaverhältnis versteift und das Deckungsverhältnis bereicherungsrechtlich schlichtweg aus
dem Blick lässt.[643] Auch wenn die Buchgeldzahlung im Valutaverhältnis Erfüllungswirkung
hat, ist die Anweisung der Zahlerbank die Voraussetzung zur Übertragung. Auf welche rechtliche Weise der Zahler den Auszahlungsanspruch (als bloße Nebenfolge zur Echtzeitüberweisung) gegen seine Bank im Deckungsverhältnis verliert, wenn dies nicht durch Erfüllung
geschieht,[644] benennt *Dieckmann* nicht konkret.[645] Auch den Verzicht der Zahlerbank auf

---

[638] *Herresthal*, ZIP 2019, 895 (907).
[639] *Casper*, RdZ 2020, 28 (34).
[640] *Herresthal*, ZIP 2019, 895 (907); *Casper*, RdZ 2020, 28 (34).
[641] *Casper*, RdZ 2020, 28 (34).
[642] *Dieckmann*, BKR 2018, 276 (281).
[643] Ebenso *Herresthal*, ZIP 2019, 895 (907).
[644] So nämlich ausdrücklich *Dieckmann*, BKR 2018, 276 (281).
[645] Kritisch hierzu auch *Herresthal*, ZIP 2019, 895 (907).

ihre Ansprüche gegenüber den beteiligten zwischengeschalteten Stellen behauptet *Dieck-mann* ohne nähere Begründung. Dass der Zahlungsdienstleister des Zahlers selbst keine be-wusste Zuwendung zugunsten des Zahlungsempfängers vornähme,[646] wirkt seinerseits kon-struiert. Die Bank führt die Weisung des Zahlers aus, dem Empfänger Buchgeld zu verschaf-fen. Diese Tatsachenlage liegt sowohl *Dieckmanns* als auch der tradierten Auffassung zu-grunde. Allein daraus, dass der Zahlungsdienstleister nunmehr im Deckungsverhältnis als Erfüllungsgehilfe verstanden wird, folgt weiter nicht zwingend, dass keine bewusste, zweck-gerichtete Mehrung fremden Vermögens vorliegt, die dem Zahler zugerechnet werden könnte. Wenn dies aber nicht zwingend aus der Konstruktion eines Zweipersonenverhältnis-ses folgt, bestünde bei dem Rechtsschein einer wirksamen Beauftragung durch den Zahler unverändert die Fragestellung zur Einordnung des § 675u BGB.

V. Zwischenergebnis

Zusammenfassend lässt sich daher herausstellen, dass die Echtzeitüberweisung – unabhängig von der Einordnung des § 675u BGB als Kondiktionssperre – keinen „Paradigmenwech-sel"[647] im Zahlungsverkehrsrecht auslöst. Vorzugswürdig bleibt die tradierte Auffassung zum bereicherungsrechtlichen Dreipersonenverhältnis, welche die Rolle der Zahlerbank bei der Übertragung von Buchgeld dogmatisch zutreffend erfasst. Die rechtlichen Beziehungen einer Echtzeitüberweisung lassen sich mithilfe dieser Einordnung – ebenso wie die der übli-chen Überweisung – ohne praktische Probleme erfassen. Die Übertragung in Echtzeit stellt das Buchgeld zwar dem Bargeld in seiner Funktion näher, darf aber nicht den entscheidenden Unterschied, nämlich die Notwendigkeit des Zahlungsdienstleister zur Übertragbarkeit, au-ßer Acht lassen.

---

[646] *Dieckmann*, BKR 2018, 276 (281).
[647] *Dieckmann*, BKR 2018, 276 ff.

4. Kapitel: Ausblick

Die Echtzeitüberweisung führt durch ihre schnellere Umsetzung zu einer flexibleren Nutzbarkeit des Buchgeldes. Damit hat das Buchgeld, welches ohnehin zunehmend für alltägliche Geschäfte im privaten und unternehmerischen Bereich eingesetzt wird, ein weiteres Charakteristikum des Bargeldes angenommen. Wie das Bargeld kann auch Buchgeld nunmehr an jedem Tag im Jahr innerhalb kürzester Zeit an den Empfänger übermittelt werden. Der Präsident des Deutschen Sparkassen- und Giroverbandes, Helmut Schleweis, bezeichnete die Instant Payments anlässlich der Einführung der Echtzeitüberweisung im Jahr 2017 als das „Bargeld des Internetzeitalters".[648]

In diesem Kapitel werden daher zunächst die tatsächlichen und rechtlichen Erwägungen zu einer vollständigen Verdrängung des Bargeldes durch das Buchgeld erörtert. Außerdem wird das Verhältnis der Echtzeitüberweisung zu weiteren Bezahldiensten am Markt, insbesondere zu Zahlungsauslösedienstleistern, behandelt. Dies gibt einen Überblick, auf welche Weise sich die Echtzeitüberweisung als Zahlungsart in den bestehenden Markt integriert.

Innerhalb dieser Arbeit wurde an einigen Stellen deutlich, dass der bestehende Rechtsrahmen nicht auf die Besonderheiten der Echtzeitüberweisung ausgerichtet ist. In einem zweiten Abschnitt dieses Kapitels werden daher von der EU-Kommission erwogene Änderungen des Rechtsrahmens der Echtzeitüberweisung diskutiert und darüber hinausgehende Anpassungen geprüft.

A. Vollständige Verdrängung des Bargeldes

Schon bei der dogmatischen Betrachtung der Erfüllungswirkung durch die Echtzeitüberweisung sowie der bereicherungsrechtlichen Leistungsverhältnisse wurde die tatsächliche Tendenz festgestellt, dass der Buchgeldtransfer in Echtzeit sich den Bargeldgeschäften annähert und diese zunehmend verdrängt. Die Fortschritte in der Digitalisierung und die besonderen

---

[648] Handelsblatt, Bericht „Instant Payments" vom 04.05.2018, abrufbar unter: https://www.handelsblatt.com/finanzen/banken-versicherungen/banken/instant-payments-bei-sparkassen-sind-bald-ueberweisungen-in-echtzeit-moeglich-aber-selten-gratis/21246482.html?ticket=ST-8170526-qRTZgxyJmKHuyyvHveNZ-cas01.example.org (letzter Abruf: 30.09.2022).

© Der/die Autor(en) 2023
M. Rakers, *Die rechtlichen Herausforderungen der Echtzeitüberweisung*, https://doi.org/10.1007/978-3-658-41481-8_4

Gegebenheiten der Covid19-Pandemie haben diese Entwicklung weiter beschleunigt.[649] Unsicherheiten hinsichtlich der Infektionsrisiken bei der Bargeldübergabe und die gesteigerte Nutzung von E-Commerce-Angeboten während der Geschäftsschließungen verdeutlichten die Vorzüge einer digitalen Zahlungsweise. Die Instant Payments beseitigen den Nachteil der Übertragungsdauer bei der Verwendung von Buchgeld, sodass der Schluss naheliegt, dass Bargeld nicht mehr zwingend benötigt wird.

I. Rechtliche Zulässigkeit

Aus rechtlicher Perspektive streiten die besseren Argumente für die grundsätzliche Möglichkeit, jedenfalls auf europäischer Ebene eine weitere Ausgabe von Bargeld abzulehnen und das Bargeld abzuschaffen.[650] Art. 128 Abs. 1. S. 1 AEUV und Art. 16 ESZB-Satzung gewähren der EZB die ausschließliche Befugnis, die Emission von Euro-Banknoten innerhalb der Union zu genehmigen.[651] Für Euro-Münzen besteht ein eigenständiges Recht der Mitgliedstaaten zur Emission, deren Umfang aber von der EZB genehmigt werden muss (Art. 128 Abs. 2 S. 1 AEUV). Aus diesen Kompetenznormen folgt keine Pflicht zur Ausgabe von Bargeld.[652] Eine solche folgt auch nicht aus Art. 10 S. 1, 11 S. 1 Euro-EinführungsVO, welche nach ihrem Telos die Ausgabe nur für die Einführungsphase vorschrieb.[653] Es existiert auch kein deutsches oder europäisches subjektiv-öffentliches (Grund-)Recht auf die Ausgabe von Bargeld.[654] Zu berücksichtigen ist aber, dass Art. 3 Abs. 1c EUV die Währungspolitik der ausschließlichen Zuständigkeit der EU zugewiesen hat. Art. 128 Abs. 1 S. 3 AEUV, wonach die Euro-Banknoten gesetzliche Zahlungsmittel sind, ist eine der Grundlagen für die Durchführung der Währungspolitik.[655] Die Statuierung als gesetzliches Zahlungsmittel bedeutet, dass es grundsätzlich nicht abgelehnt werden kann, dass dieses Zahlungsmittel zur Erfüllung

---

[649] *EU-Kommission*, Strategiepapier MZV, S. 4.
[650] Vgl. ausführlich zum Streitstand mit gleicher Ansicht: *Herresthal*, in: MüKo HGB, A Rn. 44; *Omlor*, WM 2015, 2297 ff.; a.A.: *Bartone*, jM 2016, 285 (286 ff.).
[651] Vgl. *Herresthal*, in: MüKo HGB, A Rn. 44.
[652] *Herresthal*, in: MüKo HGB, A Rn. 44; *Omlor*, WM 2015, 2297 (2299).
[653] Vgl. *Herresthal*, in: MüKo HGB, A Rn. 44; *Omlor*, WM 2015, 2297 (2301); *Wutscher*, in: Schwarze/Becker/Hatje/Schoo, EU-Kommentar, Art. 128 AEUV Rn. 1.
[654] Vgl. im Detail *Herresthal*, in: MüKo HGB, A Rn. 44; *Omlor*, WM 2015, 2297 (2300 f.).
[655] Vgl. EuGH, Urt. v. 26.01.2021 – C-422, C-423/19 Rn. 33, 43 = NJW 2021, 1081.

einer auf die Währung lautenden Geldschuld zum Nennwert mit befreiender Wirkung verwendet wird.[656] Der EuGH hat in einem Urteil zur Pflicht für die Gewährleistung einer Barzahlungsmöglichkeit bei dem deutschen Rundfunkbeitrag als Konsequenz festgestellt, dass die genannten europäischen Vorschriften des Primär- und Sekundärrechts gegenwärtig einer nationalen Vorschrift entgegenstehen, die rechtlich oder faktisch die Abschaffung des Euro-Bargeldes bezweckt oder bewirkt.[657] Somit könnte der nationale Gesetzgeber allein nicht unionsrechtskonform das Bargeld abschaffen, selbst wenn er es für rechtspolitisch erstrebenswert hielte. Eine Änderung der Rahmenbedingungen durch den Unionsgesetzgeber wäre hingegen aus obigen Gründen zulässig.

II. Zweckmäßigkeit: Fehlen tatsächlicher Strukturen

Die EU-Kommission hat in ihrem Strategiepapier zurecht eine Abschaffung des Bargeldes nicht für zweckmäßig erachtet, sondern zielt vielmehr auf eine aktive Erhaltung des Bargeldes als gesetzliches Zahlungsmittel.[658] Die rechtspolitische Diskussion über die Abschaffung des Bargeldes wird bereits seit Längerem geführt und soll an dieser Stelle nicht in voller Tiefe wiedergegeben werden. Die Verhinderung von Transaktionskosten, Geldwäsche, Schwarzarbeit, Steuerhinterziehung und Terrorfinanzierung sind als valide Argumente zugunsten einer rein digitalen Zahlungsweise anzuerkennen.

Aber obschon die Instant Payments eine bargeldähnliche Verfügbarkeit des Buchgeldes erreichen, können diese technischen Voraussetzungen noch nicht allein die Grundlage für einen derart radikalen Wandel legen. 78,8 % der Transaktionen am Point of Sale (POS) im EU-Währungsraum im Jahr 2017 erfolgten in bar.[659] Der Umfang der Nutzung von Bargeld divergiert in den europäischen Ländern stark. Während Deutschland einen relativ hohen Gebrauch von Bargeld aufweist, werden in den Niederladen weniger als die Hälfte der Transaktionen in bar abgewickelt.[660] 1,7 Mrd. Menschen und mehrere hundert Millionen Firmen

---

[656] Vgl. EuGH, Urt. v. 26.01.2021 – C-422, C-423/19 Rn. 46 = NJW 2021, 1081; *Wutscher*, in: Schwarze/Becker/Hatje/Schoo, EU-Kommentar, Art. 128 AEUV Rn. 5.

[657] Vgl. EuGH, Urt. v. 26.01.2021 – C-422/19, C-423/19 Rn. 62 = NJW 2021, 1081.

[658] Vgl. *EU-Kommission*, Strategiepapier MZV, S. 15 ff.

[659] *EZB*, The use of cash by households in the euro area, Occasional Paper No 201, S. 18.

[660] Vgl. *EU-Kommission*, Strategiepapier MZV, S. 16.

weltweit sind auf Bargeld angewiesen.[661] Allein in der EU haben 30 Mio. Erwachsene[662] und 10 % der Geringverdiener-Haushalte[663] keinen Zugriff auf ein Bankkonto. Eine Abschaffung des Bargeldes würde diesen Personenkreis von der (wirtschaftlichen) Teilnahme am gesellschaftlichen Leben weiter ausschließen.[664]

Die EU-Kommission erwägt aufgrund der abnehmenden Verfügbarkeit von Bargeld daher sogar Maßnahmen zu dessen Erhalt, wie zum Beispiel die Festschreibung einer Mindestanzahl von Geldautomaten.[665] Weitere Überlegungen zur interessengerechten Digitalisierung der Währung betreffen die Einführung eines digitalen Euros,[666] dessen infrastrukturelle Umsetzung mit erheblichem Aufwand verbunden wäre und daher nicht kurzfristig zu erwarten ist.[667]

III. Zwischenergebnis

Nach alldem ist davon auszugehen, dass eine vollständige Ersetzung des Bargeldes durch das Buchgeld vom EU-Gesetzgeber rechtlich zwar umsetzbar wäre. De facto ist eine solche Entwicklung für die nähere Zukunft jedoch weder sinnvoll noch zu erwarten.

---

[661] BIS Annual Economic Report 2020, S. 72, abrufbar unter: https://www.bis.org/publ/arpdf/ar2020e3.pdf (letzter Abruf: 30.09.2022).
[662] Weltbank, The Global Findex Databank 2017, S. 17 ff., abrufbar unter: https://documents1.worldbank.org/curated/en/332881525873182837/pdf/126033-PUB-PUBLIC-pubdate-4-19-2018.pdf (letzter Abruf: 30.09.2022).
[663] Vgl. BIS Annual Economic Report 2020, S. 72.
[664] Vgl. Bericht des europäischen Verbraucherverbandes, abrufbar unter: https://www.beuc.eu/publications/beuc-x-2019-052_cash_versus_cashless.pdf (letzter Abruf: 30.09.2022).
[665] *EU-Kommission*, Strategiepapier MZV, S. 17.
[666] *EU-Kommission*, Strategiepapier MZV, S. 18.
[667] Handelsblatt, „Das sind die Pläne der großen Notenbanken für eigene Digitalwährungen", Bericht vom 09.12.2020, abrufbar unter: https://www.handelsblatt.com/finanzen/maerkte/devisen-rohstoffe/digitaleszentralbankgeld-das-sind-die-plaene-der-grossen-notenbanken-fuer-eigene-digitalwaehrungen/26697404.html (letzter Abruf: 30.09.2022), so wären z.B. Konten eines jeden Bürgers bei der Notenbank und – je nach technischer Umsetzung – eine Blockchain-Struktur erforderlich; zu möglichen rechtlichen Grundlagen, *Omlor/Birne*, RDi 2020, 1 (6 ff., 9); *Zahrte*, BKR 2021, 79 (86).

B. Integration der Echtzeitüberweisung in den Markt der Bezahldienste

Für die Begleichung von Geldverbindlichkeiten steht dem Schuldner eine Vielzahl von Bezahloptionen zur Verfügung. Die Echtzeitüberweisung ergänzt den Markt von klassischen Zahlungsdiensten der Kreditwirtschaft. Aber gerade im Online-Handel werden Zahlungen oftmals unter Zuhilfenahme von Drittdienstleistern vorgenommen. Entweder fungieren Zahlungsauslösedienstleister wie Klarna mit der Sofortüberweisung[668] als Schnittstelle zwischen Händler und kontoführendem Zahlungsdienstleister oder die Zahler bedienen sich Bezahldiensten wie PayPal. Nachdem sich die ZDRL II ausführlich dem Thema der Zahlungsauslösedienstleister angenommen hat, sind mittlerweile ca. 400 Nichtbanken befugt, Zahlungsaulöse- oder Kontoinformationsdienste anzubieten.[669] Auch Banken selbst bieten diese Leistungen an. Da der Geldbetrag bei der Echtzeitüberweisung innerhalb von Sekunden beim Empfänger verfügbar ist und dies eine neue Eigenschaft in dem Markt der Bezahlvarianten darstellt, verändert sich auch die Einbeziehung von Drittdienstleistern in die Zahlungsvorgänge. Die SEPA-Echtzeitüberweisung kann dabei mit guten Gründen als Konkurrenzprodukt zu weiteren Bezahldiensten wie PayPal wahrgenommen werden, aber auch die Kombination der jeweiligen Services im Rahmen neuer Zahlungslösungen nimmt zu. So kann die Echtzeitüberweisung vom Nutzer online zugänglicher Konten unter Einschaltung eines Zahlungsauslösedienstleisters wie Klarna initiiert werden (§ 675f Abs. 3 BGB) und auch PayPal hat die SEPA Instant Payments bereits in seinen Service integriert.

Im folgenden Abschnitt sollen zunächst die tatsächlichen und rechtlichen Grundlagen der weiteren Bezahloptionen, insbesondere der Zahlungsauslösedienste, vorgestellt werden. Anschließend soll die Entwicklung des Marktes der Bezahldienste nach der Einführung der Echtzeitüberweisung beleuchtet werden. Ein besonderes Augenmerk liegt dabei auf der Fragestellung, ob Zahlungsauslösedienstleister ihre Funktion im Online-Handel durch die Echtzeitüberweisung vollständig verlieren und damit entbehrlich werden.

---

[668] Diese ist als Zahlungsauslösedienst begrifflich von der Echtzeit- und Eilüberweisung zu unterscheiden.
[669] *EU-Kommission*, Strategiepapier MZV, S. 19.

I. Zum Begriff der Zahlungsauslösedienste

Ein Zahlungsauslösedienst wird in der Zahlungsabwicklung beim Online-Handel tätig. Er erstellt für den Zahler softwareseitig zwischen dem kontoführenden Zahlungsdienstleister und einem Online-Händler eine Kommunikationsbrücke zur Zahlungsausführung.[670] § 1 Abs. 33 ZAG definiert den Zahlungsauslösedienst als Dienst, bei dem auf Veranlassung des Zahlungsdienstnutzers ein Zahlungsauftrag in Bezug auf ein beim kontoführenden Zahlungsdienstleister geführtes Zahlungskonto ausgelöst wird. Im Rahmen der Abwicklung verfügt der Zahlungsauslösedienst zu keiner Zeit über den Zahlungsbetrag des Zahlers, weshalb er in Teilen der Literatur als Zahlungsauftragsübermittlungsdienst bezeichnet wird.[671] Der Zweck dieser Dienstleistung besteht darin, eine Art „Vorkassensystem" zu ermöglichen.[672] Der Zahlungsauslösedienstleister bestätigt dem Zahlungsempfänger, dass ab dem Zugang des Zahlungsauftrages eine unwiderrufliche Überweisung durchgeführt wird.[673] Auf diese Weise erhält der Online-Händler die Gewissheit, dass die Forderung aus dem Valutaverhältnis beglichen wird. Bei der Überweisung mittels eines Zahlungsauslösedienstes ist weder eine Rücklastschrift gemäß § 675x Abs. 2 BGB noch ein Widerruf gemäß §§ 675j, 675p BGB möglich. Deshalb kann der Händler unmittelbar nach der Zahlungsbestätigung die Ware freigeben oder die Dienstleistung erbringen.

In rechtlicher Hinsicht schließt der Händler mit dem Zahlungsauslösedienstleister einen Geschäftsbesorgungsvertrag im Sinne des § 675 BGB.[674] In der Regel ist er für die Durchführung der Zahlungsbestätigung zur Entrichtung einer Service-Gebühr verpflichtet. Der Zahler unterhält mit dem Zahlungsauslösedienstleister ein Auftragsverhältnis im Hinblick auf die Kommunikation zu seinem Kreditinstitut.

---

[670] Begr. RegE zum Gesetz zur Umsetzung der Zweiten Zahlungsdiensterichtlinie v. 13.03.2017, BT-Drs. 18/11495, S. 107; *Linardatos*, in: Müko HGB, K Rn. 77; *Omlor*, ZIP 2016, 558 (561).
[671] *Spindler/Zahrte*, BKR 2014, 265 (267).
[672] Erwägungsgrund 29 der ZDRL II, *Omlor*, Jus 2017, 626 (627); *Harman*, BKR 2018, 457 (460); *Linardatos*, MüKo HGB, K Rn. 77; hierfür darf der Kunde mangels Anwendbarkeit des § 270a BGB mit einem Entgelt belastet werden, vgl. BGH, Urt. v. 25.03.2021 – I ZR 203/19 = NJW-RR 2021, 975.
[673] Oftmals als Zahlungsgarantie bezeichnet.
[674] Vgl. *Linardatos*, in: MüKo HGB, K vor Rn. 258 ff.

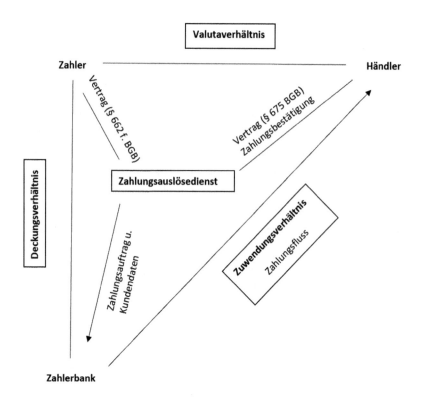

Abb. 4: Einschaltung eines Zahlungsauslösedienstes – siehe auch: *Linardatos*, in: MüKo HGB, K vor Rn. 258 ff.

Innerhalb der Zahlungsauslösedienste ist zu differenzieren zwischen dem Kommunikations- und dem Autorisierungsdienst.[675] Als Kommunikationsdienst wird in der Literatur ein Dritt- dienstleister bezeichnet, der den Zahler lediglich auf die Website des kontoführenden Zah- lungsdienstleisters weiterleitet, sodass der Zahler seine Daten selbst eingeben und den Zah- lungsvorgang initiieren kann. Demgegenüber übermittelt der Zahler einem Autorisierungs- dienst seine Kontodaten, damit letzterer den Zahlungsvorgang bei der Bank autorisiert.[676]

---

[675] Vgl. *Linardatos*, in: MüKo HGB, K Rn. 263.
[676] *Linardatos*, in: MüKo HGB, K Rn. 263.

Gemäß § 675f Abs. 3 BGB haben die Zahlungsdienstleister den Zahlungsauslösedienstleistern einen Zugriff auf das Zahlungskonto zu ermöglichen, wobei eine vertragliche Beziehung in diesem Verhältnis nicht als Bedingung für diesen Zugriff gefordert werden darf.[677] Wegen des erheblichen Missbrauchsrisikos sind die Zahlungsauslösedienstleister erlaubnispflichtig gemäß §§ 10, 12 ZAG.[678]

II. Zur technischen Umsetzung der Zahlungsauslösedienste

Sobald die Online-Transaktion in die Zahlungsphase übergeht, wählt der Kunde als ersten Schritt die gewünschte Zahlungsmethode. Bei der Wahl einer Zahlungsform unter Einschaltung eines Zahlungsauslösedienstleisters wird er von der Website des Online-Händlers auf den Service des Zahlungsauslösedienstes weitergeleitet. Anschließend gibt es mehrere technische Wege, um die Kommunikationsbrücke zwischen dem Webportal und der kontoführenden Stelle herzustellen. Der Zahlungsdienst kann sich einer dedizierten Schnittstelle im Sinne des ZDRL II, einer FinTS-Schnittstelle oder des Screenscrapings bedienen.[679] Eine dedizierte Schnittstelle wird von der kontoführenden Stelle eingerichtet[680] und führt dazu, dass nur nach den Vorgaben der ZDRL II zugelassene Drittanbieter Kundendaten über ein von der Bank kontrolliertes API (Application-Program-Interface) beziehen können. Seit September 2019 müssen kontoführende Zahlungsdienstleister Drittdienstleistern einen Zugang zum Zahlungskonto eines Kunden ermöglichen. Das ZAG schreibt dafür eine sichere Kommunikation vor. Die European Banking Authority (EBA) hat hierzu technische Regulierungsstandards zur starken Kundenauthentifizierung und sicheren Kommunikation erarbeitet.[681] Bei der Verwendung einer FinTS-Schnittstelle greift der Nutzer vom Endgerät auf den Bankenserver per URL zu.[682] Die Nutzung des Screenscrapings wird von den Regulierungsstandards dagegen nicht vorgesehen. Hinter diesem Begriff verbirgt sich eine Technologie zur Datengewinnung durch direktes Extrahieren der relevanten und gewünschten Daten – und

---

[677] Vgl. *Werner*, Hoeren/Sieber/Holznagel, Multimedia-Recht, Teil 13.5 Rn. 97.
[678] Vgl. *Werner*, Hoeren/Sieber/Holznagel, Multimedia-Recht, Teil 13.5 Rn. 89; str. für Kommunikationsdienste, da diese keinen Zugang zum Zahlungskonto haben: dies befürwortend *Linardatos*, in: MüKo HGB, K Rn. 264; hierzu auch *Terlau*, jurisPR-BKR 2/2016 Anm. 1; dies negierend *Werner*, in: Hoeren/Sieber/Holznagel, Multimedia-Recht, Teil 13.5 Rn. 103.
[679] *Linardatos*, in: MüKo HGB, K Rn. 263 ff.
[680] Vgl. Art. 31 RTS-Standards.
[681] RTS on SCA and CSC, Delegierte Verordnung EU/2018/389.
[682] Näher zu dieser Bewertung, Website der Deutschen Kreditwirtschaft: https://die-dk.de/zahlungsverkehr/electronic-banking/fints/ (letzter Abruf: 30.09.2022).

dies lediglich unter der Kontrolle des Bankkunden selbst.[683] Letztlich übermittelt der Nutzer dem Zahlungsauslösedienstleister seine Kontodaten, welcher sie zur Auslösung des Zahlungsvorganges verwendet. Die deutsche Kreditwirtschaft hält dieses Verfahren unter Sicherheits-, Kosten- und Haftungsaspekten für nachteilig gegenüber der Verwendung einer dedizierten Schnittstelle.[684]

III. Abgrenzung zu sonstigen Bezahldiensten

In der Funktion als Zahlungsauslösedienstleister ist beispielsweise Klarna mit der Sofortüberweisung aktiv.[685] Nicht als Zahlungsauslösedienstleister zu qualifizieren sind PayDirekt[686] als Sonderfunktion zum herkömmlichen Zahlungskonto bzw. PayPal[687] als eigenständige kontoführende Stelle. All diesen Diensten ist aber gemein, dass ihr Ziel in der Überwindung des Vorleistungsrisikos im Distanzgeschäft liegt.

1. PayDirekt

PayDirekt ist von der deutschen Kreditwirtschaft, also einem Zusammenschluss der deutschen Sparkassen sowie privaten und genossenschaftlichen Instituten, entwickelt worden.[688] Die PayDirekt-Funktion erfüllt im Grunde die gleichen Zwecke eines Zahlungsauslösedienstleisters, wird aber nicht von einem lediglich vertraglich verbundenen Drittanbieter zur Verfügung gestellt, sondern von dem Kreditinstitut des Zahlers unmittelbar mit dem Zahlungskonto verknüpft. Der Zahler akzeptiert hierzu die entsprechenden Kundenbedingungen gegenüber seinem Zahlungsdienstleister. Der Händler und Empfänger schließt mit seinem Kre-

---

[683] Zur Definition: BGH, Urt. v. 30.04.2014, I ZR 224/12 = NJW 2014, 3307.

[684] *C. Schmidt/Schönfeld/Hartmann*, Positionspapier zur Nutzung von „Screen Scraping" im Kontext von Art. 98 PSD II, Deutsche Kreditwirtschaft, S. 2 ff.

[685] *Harman*, BKR 2018, 457 (460).

[686] *Linardatos*, MüKo HGB, K Rn. 273; *Zahrte*, in: Fandrich/Karper, MAH Bank- und Kapitalmarktrecht, § 5 Rn. 639; *Harman*, BKR 2018, 457 (460); *Terlau*, ZBB 2016, 122 (133); *Borges*, in: Derleder/Knops/Bamberger, Deutsches und europäisches Bank- und Kapitalmarktrecht, § 11 Rn. 14.

[687] *Harman*, BKR 2018, 457 (462); *Borges*, in: Derleder/Knops/Bamberger, Deutsches und europäisches Bank- und Kapitalmarktrecht, § 11 Rn. 255.

[688] *Linardatos*, in: MüKo HGB, K Rn. 273.

ditinstitut und dem Zahlerinstitut einen dreiseitigen Vertrag (die PayDirekt-Händlerbedingungen).[689] Der Zahler überweist den Zahlungsbetrag auf ein Zwischenkonto beim kontoführenden Zahlungsdienstleister.[690] Der kontoführende Zahlungsdienstleister bestätigt dem Zahlungsempfänger die Zahlung und gibt ihm ein abstraktes Schuldversprechen, welches zunächst unter mehreren Bedingungen (unter anderem technische Anforderungen sowie die Beanstandungsfreiheit von Zahlerseite) steht.[691] Der Zahlungsempfänger kann bei Erfüllung der Bedingungen mittels Lastschrift den Zahlungsbetrag vom Zwischenkonto einziehen.[692] Eine Aufsicht über die kontoführende, das PayDirekt-Verfahren nutzende Stelle wird durch die BaFin unabhängig von der Einordnung als Zahlungsauslösedienst gewährleistet.[693]

2. PayPal

PayPal ist ein weltweit tätiger und aus Amerika stammender Internet-Finanzdienstleister.[694] Im Gegensatz zu den Drittdienstleistern (insbesondere Zahlungsauslösedienstleistern) ist PayPal in Bezug auf das PayPal-Guthaben[695] selbst eine kontoführende Stelle.[696] PayPal schließt mit dem Zahler einen Zahlungsdiensterahmenvertrag gemäß § 675f Abs. 2 BGB ab.[697] Der Zahler überweist Geld an PayPal (oder PayPal zieht es vom Konto des Nutzers ein), wodurch dieser verfügbares PayPal-Guthaben erhält. Sollte der Zahler ohne verfügbares PayPal-Guthaben einen Zahlungsvorgang initiieren, bestätigt PayPal dem Zahlungsempfänger, welcher ebenfalls mit einem Geschäftskonto bei PayPal registriert ist, den Zahlungsvorgang und schreibt diesem den Betrag auf seinem PayPal-Konto bereits gut.[698] Die Abwicklung zwischen PayPal und dem Zahler erfolgt dann (oftmals mittels Lastschrift) im Anschluss.

---

[689] Vgl. *Herresthal*, in: MüKo HGB, A Rn. 98.

[690] Bzw. lässt diesen von seinem Zahlungskonto einziehen, Ziff. 6.5.1 PayDirekt-Bedingungen.

[691] Ziff. 6.5.1 PayDirekt-Bedingungen; vgl. *Herresthal*, in: MüKo HGB, A Rn. 100.

[692] Ziff. 10.1 PayDirekt-Händlerbedingungen.

[693] *Linardatos*, in: MüKo HGB, K Rn. 274.

[694] Vgl. Website von PayPal, abrufbar unter: https://www.paypal.com/gi/webapps/mpp/about (letzter Abruf: 30.09.2022).

[695] Welches als E-Geld zu qualifizieren ist, vgl. nur BGH, Urt. v. 22.11.2017 – VIII ZR 83/16 = NJW 2018, 537; *Harman*, BKR 2018, 457 (461); *Herresthal*, in: MüKo HGB, A Rn. 76.

[696] *Harman*, BKR 2018, 457 (462); *Borges*, in: Derleder/Knops/Bamberger, Deutsches und europäisches Bank- und Kapitalmarktrecht, § 11 Rn. 255.

[697] *Herresthal*, in: MüKo HGB, A Rn. 76.

[698] PayPal-Nutzungsbedingungen, „Geld einzahlen und abbuchen", „Zahlungen senden".

IV. Veränderung der Drittdienste durch die Einführung der Echtzeitüberweisung

Wenn ein Online-Händler die Zahlungseingänge durch die Instant Payments in seinem System in hoher Geschwindigkeit erfassen kann, bedarf es keiner Zahlungsgarantie durch die Drittdienste mehr. Auf den ersten Blick erscheinen die Drittdienste damit ihre Funktion verloren zu haben. Es verbleiben aber auch weiterhin Gründe für die Einschaltung von Drittdiensten, deren rechtlichen Hintergrund es darzustellen gilt.

1. Bedeutungsverlust der Vorkassenfunktion

Ein Vorkassensystem – wie es beispielsweise die Zahlungsauslösedienstleister durch die Bestätigung der Initiierung des unwiderruflichen Zahlungsauftrages erreichen – wird bei den Instant Payments bereits durch die unwiderrufliche Geldübertragung in Echtzeit erzielt. Ein Online-Händler kann daher – wie bei einem Bargeschäft in Präsenz – seine Gegenleistung risikofrei erbringen. Dass auch gegenwärtig händlerseitig die Dritt- und Bezahldienste verwendet werden, liegt an den Transaktionskosten der Echtzeitüberweisung für den Zahler und die daraus resultierende Beschränkung der Nutzung auf eilige Transaktionen[699] sowie an der Beibehaltung der bisherigen Cashflow-Management-Systeme der Händler. Diese können in ihren Systemen die Zahlungsgarantien der Drittdienstleister erfassen. Für die Erfassung der Echtzeitzahlungseingänge ist hingegen eine Umstellung der Systeme notwendig, die sich aufgrund der noch andauernden Verbreitung der Echtzeitüberweisung im Markt langsam realisiert. Dennoch lässt sich festhalten, dass die Vorkassenfunktion als gewichtiger Grund für die Nutzung von Drittdienstleistern im Online-Handel durch die Einführung der Echtzeitüberweisung erheblich an Bedeutung verliert.

2. Aufrechterhaltene Funktionen

Doch selbst bei der Annahme, dass sich die Echtzeitüberweisung als zentrales Zahlungsmittel flachendeckend durchsetzen wird, ist weiterhin die Einschaltung von Zahlungsauslösedienstleistern und Bezahldiensten im Online-Handel zu erwarten.

---

[699] Die Echtzeitüberweisung ist noch nicht im Massenzahlungsgeschäft etabliert, siehe 4. Kapitel C. II. 1.

a. Kommunikationsfunktion

Dies beruht primär auf der Funktion der Zahlungsauslösedienstleister, eine Kommunikationsbrücke zwischen den kontoführenden Zahlungsdienstleistern und dem Online-Händler herzustellen.[700] Die Zahlungsauslösedienstleister stellen die erforderliche Software zur Verfügung, um von der Verkaufshomepage zu der Online-Zahlung überzuleiten und gegebenenfalls eigenständig den Zahlungsvorgang auszulösen. Dadurch kann der Verkäufer verschiedene Zahlungsarten anbieten. Eine direkte Überleitung des Händlers an die Bankenseite wäre lediglich insofern möglich, als dass der Händler selbst keinerlei eigenen Zugriff auf das Zahlungskonto des Bestellers erhält. Die Online-Händler dürften die Zahlungsauslösung nicht wahrnehmen, da die Zahlungsauslösedienstleister wegen des erhöhten strukturellen Missbrauchsrisikos[701] einer Erlaubnis bedürfen. Dennoch ist im Anschluss an die ZDRL II die Entwicklung wahrzunehmen, dass Banken Zahlungsauslösedienste zunehmend selbst anbieten und damit Marktanteile der Drittdienstleister zurückerlangen.[702]

Perspektivisch ist auch am POS der Einsatz eines Zahlungsauslösedienstleisters bei der Instant-Überweisung vorstellbar.[703] Die Echtzeitüberweisung muss am POS durch die Erteilung eines Zahlungsauftrages initiiert werden. Vorstellbar ist insofern, dass der Zahlungsdienstnutzer über die Eingabe eines angezeigten QR-Codes in sein Smartphone mittels dafür bestimmter Apps die Zahlungsweisung erteilt[704] oder ein Gerät im Kassenbereich über Near Field Communication (NFC) die Zahlungsdaten direkt in eine entsprechende App auf dem Smartphone überträgt.[705] Noch gibt es bei den QR-Codes keine einheitlichen europäischen Standards.[706] Diese Verknüpfung am POS könnten Zahlungsauslösedienstleister erbringen und dabei – wie im eCommerce-Bereich – entweder die Zahlung selbst auslösen oder lediglich die Plattform zur Datenübermittlung bieten. In beiden Fällen ist grundsätzlich eine starke

---

[700] Erwägungsgrund 27 der ZDRL II; *Borges*, in: Derleder/Knops/Bamberger, Deutsches und europäisches Bank- und Kapitalmarktrecht, § 11 Rn. 14; *Danwerth*, ZBB 2015, 119 (135); *Harman*, BKR 2018, 457 (460).

[701] *Harman*, BKR 2018, 457 (460); *Kunz*, CB 2016, 416 (418 f.); *BaFin*, Merkblatt – Hinweise zum ZAG, Stand 29.11.2017.

[702] Vgl. *EU-Kommission*, Strategiepapier MZV, S. 19.

[703] Vgl. hierzu *Terlau*, jurisPR-BKR 2/2016 Anm. 1. Siehe auch 4. Kapitel C. I. zum Request-to-Pay-Verfahren.

[704] Bei Vocalink (Faster Payments in GB) trägt der Nutzer einen an der Kasse dargestellten Code in sein Smartphone ein, vgl. *Terlau*, jurisPR-BKR 2/2016, Anm. 1.

[705] Vgl. auch *Keßler*, in: EBJS, HGB, § 675j BGB Rn. 20.

[706] Vgl. *EU-Kommission*, Strategiepapier MZV, S. 9.

Kundenauthentifizierung gemäß §§ 1 Abs. 24, 55 ZAG erforderlich, da es sich um einen elektronischen Fernzahlungsvorgang handelt.[707] Dies ist auch interessengerecht, da im Gegensatz zur Unterschrift unter einem papierhaften Kreditkartenbeleg andernfalls keine Überprüfung der Berechtigung des Zahlers möglich wäre.[708]

b. Käuferschutzverfahren

Darüber hinaus bietet die Einschaltung von Drittdienstleistern auch für den Kunden Vorteile. Insbesondere ist dabei an den von zahlreichen Dienstleistern angebotenen Käuferschutz zu denken. Sowohl bei der Sofortüberweisung von Klarna als auch bei der Zahlung über PayPal oder PayDirekt greift für den Online-Kauf bei einem Unternehmer ein Käuferschutz ein.

aa. Sofortüberweisung

Bei der Sofortüberweisung wird der Zahlungsbetrag zunächst auf ein Treuhandkonto einer Kooperationsbank des Zahlungsauslösedienstleisters übertragen und von dort im Falle eines rügelosen Verfahrens nach einem Zeitraum von vierzehn Tagen an den Händler weitergeleitet.[709] Die Auszahlungsfrist verlängert sich im Falle der Anzeige einer Nichtlieferung auf dreißig Tage. Der Zahlungsbetrag wird erst dann an den Händler weitergeleitet, wenn dieser einen Liefernachweis erbringen kann.

Wenngleich der Käuferschutz der Sofortüberweisung trotz der Einführung der Echtzeitüberweisung einen Anwendungsbereich behalten wird, lässt sich die Echtzeitüberweisung mit der Sofortüberweisung beim Eingreifen des Käuferschutzes kaum sinnvoll kombinieren. Da der Zahlungsempfänger den Zahlungsbetrag ohnehin erst nach der Freigabe von dem Treuhandkonto der Kooperationsbank erhält, ist eine Übertragung in Echtzeit ohne Effekt. Bei dem Angebot des Käuferschutzes über die Sofortüberweisung muss sich der Zahlungsempfänger dann mit der Bestätigung des Geldeingangs als „Vorleistung" begnügen.

---

[707] Vgl. ausführlich *Terlau*, jurisPR-BKR 2/2016, Anm. 1; so auch *Keßler*, in: EBJS, HGB, § 675j BGB Rn. 20.
[708] *Terlau*, jurisPR-BKR 2/2016 Anm. 1.
[709] *Herresthal*, in: MüKo HGB, A Rn. 104.

bb. PayPal-Zahlung

Anders funktioniert der Käuferschutz bei PayPal-Zahlungen. Da PayPal dem Zahlungsempfänger den Zahlungsbetrag in Gestalt von E-Geld auf dessen PayPal-Konto gutschreibt und kein zwischengeschaltetes Treuhandkonto involviert ist, wird der Zahlungsvorgang zunächst vollständig durchgeführt. Wird der Käuferschutz in den Fällen der Nichtlieferung oder Lieferung eines erheblich von der Beschreibung abweichenden Artikels des Vertragsunternehmens käuferseits in Anspruch genommen, erstattet PayPal dem Käufer den Betrag.[710] Vom Käuferschutz umfasst sind mithin die durch die räumliche Trennung der Vertragsparteien resultierenden Risiken.[711] Nicht umfasst sind dagegen das Versendungsrisiko oder die Gewährleistung im engeren Sinne.[712] PayPal hat zur Sicherung seiner eigenen Regressansprüche gegenüber dem Zahlungsempfänger gemäß der Verkäuferbedingungen[713] die Möglichkeit, eine temporäre Verfügungssperre über das vom Verkäufer erworbene Guthaben zu erlassen, bis der Käuferschutzantrag geprüft ist. Auf diese Weise wird die Finalität der Zahlung suspendiert.

PayPal hat die SEPA-Echtzeitüberweisung mittlerweile in seinen Zahlungsdienst integriert. Für die Anwendbarkeit des Käuferschutzes bedeutet dies keine Veränderung.[714] Die E-Geld-Transaktion erfolgte bereits ohne Verwendung der Echtzeitüberweisung in Echtzeit. Sobald die Zahlung des Zahlers an PayPal initiiert worden ist (sollte nicht ohnehin PayPal-Guthaben des Zahlers bestehen), konnte der Zahlungsempfänger den Eingang des PayPal-Guthabens auf seinem PayPal-Konto vernehmen. Die Echtzeitüberweisung greift nun lediglich im Verhältnis zwischen PayPal und dem Zahlungsempfänger ein, indem sich der Zahlungsempfänger sein PayPal-Guthaben im Wege der Echtzeitüberweisung von PayPal auf sein Bankkonto übertragen lässt. Für diesen Service berechnet PayPal dem Nutzer eine Gebühr von einem Prozent des Überweisungsbetrages, mindestens aber 0,25 EUR und maximal 10 EUR.[715] Für den PayPal-Zahler ändert sich beim Einsatz der Echtzeitüberweisung indessen nichts im Ver-

---

[710] Vgl. PayPal-Nutzungsbedingungen, „PayPal-Käuferschutz"; näher dazu *Kondgen*, in: BeckOGK BGB, § 675c Rn. 124.
[711] *Harman*, BKR 2018, 457 (462).
[712] *Herresthal*, in: MüKo HGB, A Rn. 78.
[713] PayPal-Nutzungsbedingungen, „Auswirkung des PayPal-Käuferschutzes auf Verkäufer".
[714] Die PayPal-Nutzungsbedingungen, „PayPal-Käuferschutz", nennen hier auch keine solche Ausnahme.
[715] PayPal-Gebührenkatalog, „Entnahmen aus PayPal".

gleich zu seiner üblichen PayPal-Transaktion. Den Zahlungsdienstnutzern wird es ermöglicht, E-Geld in Echtzeit zu übertragen und den Geldbetrag anschließend in Echtzeit auf das Bankkonto zu transferieren.

Obgleich es sich bei dem Käuferschutzverfahren um ein einseitiges Rückabwicklungsbegehren handelt, steht dieser Regelung der Grundsatz der Unwiderruflichkeit aus § 675p Abs. 1, 5 BGB nicht entgegen. Die Inanspruchnahme des Käuferschutzes ist dogmatisch von dem Widerruf zu trennen. Der Käuferschutz hat rechtlich nicht zur Folge, dass der ursprüngliche Zahlungsauftrag aufgehoben wird und ein Anspruch gemäß § 675u S. 2 BGB mangels bestehender Autorisierung entstünde. Auch beim Eingreifen des vertraglich vereinbarten Käuferschutzes bleibt die ursprüngliche Zahlungsautorisierung bestehen. Die Echtzeitüberweisung hat auf die Bewertung dieser Rechtsfrage keinen Einfluss, da sie erst im Nachgang zu der E-Geld-Transaktion separat erfolgt und damit auch vom Käuferschutzverfahren zu trennen ist.

Die höchstrichterliche Rechtsprechung hat sich über mehrere Jahre nicht mit der PayPal-Zahlung auseinandersetzen müssen. Im Jahr 2017 urteilte der BGH zum erfolgreichen Käuferschutzverfahren, dass ein solches nicht die einmal eingetretene Erfüllung rückgängig machen könne.[716] Die Parteien im Valutaverhältnis seien sich darüber einig, dass bei einer Erstattung des Zahlbetrages die mittels Erfüllung erloschene Forderung gemäß § 311 Abs. 1 BGB neu begründet werde.[717] Damit sei lediglich der Zahlungsvorgang rückabgewickelt worden, während die Parteien des Valutaverhältnisses ihre kaufvertraglichen Rechte vor der ordentlichen Gerichtsbarkeit selbst weiterhin geltend machen können.[718]

---

[716] BGH, Urt. v. 22.11.2017 – VIII ZR 83/16 = BGHZ 217, 33; insofern zustimmend *Fetzer*, in: MüKo BGB, Vor § 362 Rn. 9; *Looschelders*, in: BeckOGK BGB, § 362 Rn. 182.

[717] So bestätigend zu Amazon Pay, BGH, Urt. v. 01.04.2020 – VIII ZR 18/19 = ZIP 2020, 1465; kritisch: *Müller/Galneder*, BKR 2018, 106 (108); *Fries*, VuR 2018, 123 (126); *Omlor*, WuB 2018, 165 (169); *Casper*, in: MüKo BGB, § 675f Rn. 146.

[718] Vgl. BGH, Urt. v. 22.11.2017 – VIII ZR 83/16 = BGHZ 217, 33; BGH, Urt. v. 01.04.2020 – VIII ZR 18/19 = ZIP 2020, 1465; *Fries*, VuR 2018, 123 (124); *Guggenberger*, NJW 2018, 1057 (1057 ff.); kritisch hierzu: *Omlor*, in: Staudinger, BGB, § 675i Rn. 35: PayPal sei in materiell-rechtliche Auseinandersetzung einzubeziehen.

cc. PayDirekt-Zahlung

Auch bei der Inanspruchnahme des PayDirekt-Service wird ein Käuferschutz angeboten. Von dem Kreditinstitut wird der Zahlungsbetrag nach Ziff. 14 der PayDirekt-Bedingungen in den Fällen ausbleibender, verzögerter oder Schlechtleistung des Vertragsunternehmers von der Zahlerbank an den Zahler erstattet. Im Verhältnis zum Zahlungsempfänger tritt in diesen Fällen die auflösende Bedingung des abstrakten Schuldversprechens ein. Die Zahlerbank kann dann die Zahlung verweigern oder gemäß Ziff. 10.3 der PayDirekt-Händlerbedingungen beim Vertragsunternehmer Regress nehmen.

Fraglich ist allein, auf welcher Anspruchsgrundlage der Rückforderungsanspruch des Zahlers beruht. Zu berücksichtigen ist dabei, dass es sich nach strenger gesetzlicher Auslegung um zwei getrennte Zahlungsvorgänge handelt: zum einen die Überweisung des Zahlers auf das Zwischenkonto seines Zahlungsdienstleisters und zum anderen die Weiterübertragung des Geldbetrages auf das Konto des Empfängers mittels Überweisung oder Lastschrift.[719] Bei einem Durchgreifen des Käuferschutzverfahrens wird der erste Zahlungsvorgang rückabgewickelt, der zweite Vorgang ist zu diesem Zeitpunkt noch gar nicht ausgelöst worden. § 675x Abs. 2 BGB findet mangels Lastschriftverfahrens keine Anwendung.[720] Vorstellbar ist eine rechtliche Einordnung als nach § 675p Abs. 4 BGB genehmigtem Widerruf nach Zugang des Zahlungsauftrages.[721] Dann entfiele im Falle der Inanspruchnahme des Käuferschutzes die ursprüngliche Zahlungsautorisierung und der Rückforderungsanspruch ergäbe sich aus § 675u Abs. 2 BGB. Allerdings ist im Zeitpunkt der Inanspruchnahme des Käuferschutzes der (Echtzeit-)Überweisungsvorgang auf das Zwischenkonto bereits abgeschlossen. In der Geltendmachung des Rückabwicklungsanspruchs ist dogmatisch kein Widerruf zu sehen. Es ist davon auszugehen, dass es sich letztlich um einen eigenständigen vertraglichen Anspruch des Zahlers gegenüber dem Zahlungsdienstleister auf Grundlage der PayDirekt-Bedingungen handelt. Es besteht zwischen allen Parteien der Transaktion Konsens darüber, dass der Vorgang unter bestimmten Voraussetzungen nicht endgültig ist.

---

[719] Vgl. *Linardatos*, in: MüKo HGB, K Rn. 78; *Köndgen*, in: BeckOGK BGB, § 675c Rn. 70.
[720] Vgl. hierzu auch ausführlich *Linardatos*, in: MüKo HGB, K Rn. 79 f.
[721] So *Linardatos*, in: MüKo HGB, K Rn. 79 f.

Die Kombination der Echtzeitüberweisung mit dem PayDirekt-Verfahren bringt gegenüber der Nutzung der herkömmlichen Überweisung keinen zeitlichen Vorteil. Der Geldbetrag wird ohnehin nicht unmittelbar dem Zahlungsempfänger verfügbar gemacht, sondern zunächst auf ein Zwischenkonto transferiert. Ein Einsatz der SEPA Instant Payments ist daher nur dann zu erwarten, wenn sie die konventionelle Überweisung als Standard-Zahlmittel vollständig ersetzt haben.

c. Zahlung in Fremdwährungen oder zu einem Zahlungsdienstleister außerhalb des SEPA-Raumes

Zuletzt verbleibt ein Anwendungsspielraum der Zahlungsgarantiesysteme für Zahlungen, die nicht in Euro ablaufen und die einen Zahlungsdienstleister außerhalb des SEPA-Raumes erreichen. Das SICT Rulebook und die weiteren technischen Abläufe beziehen sich auf grenzüberschreitende Zahlungen im europäischen Raum. Voraussetzung ist insbesondere, dass die ZDRL I Anwendung findet oder ähnliche nationale Vorschriften bestehen. Gerade im globalen Online-Handel, bei welchem Zahlungen an beispielsweise chinesische oder amerikanische Unternehmen in Fremdwährungen erfolgen müssen, sind Zahlungsauslösedienstleister oder auch Bezahldienste wie PayPal weiterhin als Vorkassenlösung erforderlich. Eine SEPA-Echtzeitüberweisung ist hier gerade nicht möglich.

3. Zwischenergebnis

Insbesondere der gewährte Käuferschutz von Drittdienstleistern sowie die Integration ihrer Kommunikationsfunktion auf zahlreichen Online-Plattformen sprechen dafür, dass der Markt der Bezahldienste weiterhin breit aufgestellt bleibt. Die weiteren Bezahldienste sind keinesfalls entbehrlich geworden. Die Echtzeitüberweisung hat über die sofortige Verfügbarkeit des Geldbetrages das Potenzial, den Markt der Drittdienstleister und Bezahldienste in gewissem Rahmen zurückzudrängen. Aber auch die Kombination der Services von Drittdiensten mit der Echtzeitüberweisung wird – wie unter anderem bei PayPal dargestellt – eine Nutzung sämtlicher Vorteile der jeweiligen Zahlungsweisen mit sich bringen. Es wird aber deutlich, dass die Echtzeitüberweisung allein nicht in der Lage ist, sämtliche Aspekte einer zukunftsorientierten, einfachen und sicheren Zahlungsart abzudecken. Hier sind weitere Innovationen von Bankenseite, gerade auf Ebene der Kommunikation mit Kassen- oder Online-Systemen erforderlich.

C. Fortentwicklung des Rechtsrahmens der Echtzeitüberweisung

Der digitale Zahlungsverkehr befindet sich weiterhin in stetem Wandel. Dies gilt auch für die Nutzung und den Rechtsrahmen der Instant Payments. Durch die ko-regulierende Regelungstechnik sind sowohl die EU als auch die europäische Kreditwirtschaft über das EPC Träger der rechtlichen Entwicklung.

I. Aktuelle Entwicklungen

Dem üblichen Aktualisierungsrhythmus Rechnung tragend hat das EPC eine neue Version des SICT Rulebooks (2021 v1.0)[722] entwickelt, welche am 21.11.2021 in Kraft getreten ist.[723] Zur Gewährleistung eines Umsetzungszeitraums war diese Version bereits vorveröffentlicht, bringt aber keine wesentlichen Veränderungen der technischen oder rechtlichen Vorgaben mit sich.[724] Neben technischen Anpassungen hinsichtlich der Datennachrichten wurde der Begriff „Bank" durch „Payment Service Provider" (PSP)[725] ersetzt, die Möglichkeit einer Termin-Echtzeitüberweisung eingeführt und die Frist für den Recall bei betrügerisch initiierten Instant Payments auf dreizehn Monate verlängert.

Von größerer Relevanz ist die Herstellung einer Kompatibilität der Echtzeitüberweisung mit dem Request-to-Pay-Verfahren. Innerhalb dieses Verfahrens, dessen SEPA Rulebook am 15.06.2021 in Kraft trat,[726] fungiert eine Zahlungsanfrage des Empfängers als Nachricht, die alle Informationen zur Transaktion enthält und bei erfolgter Bestätigung und Authentifizierung durch den Kunden einen entsprechenden Zahlungsvorgang auslöst. Zusätzlich kann für das Debitorenmanagement beispielsweise eine Rechnungsreferenz für die Transaktion hinterlegt werden. So kann der Zahler letztlich mit einer einfachen mobilen Bestätigung und Authentifizierung sowie ohne gesonderte Eingabe einzelner Zahlungsinformationen, d.h. in-

---

[722] Abrufbar unter: https://www.europeanpaymentscouncil.eu/sites/default/files/kb/file/2020-11/EPC004-16%202021%20SCT%20Instant%20Rulebook%20v1.0.pdf (letzter Abruf: 30.09.2022).

[723] Website des EPC, abrufbar unter: https://www.europeanpaymentscouncil.eu/document-library/rulebooks/2021-sepa-instant-credit-transfer-rulebook-version-10 (letzter Abruf: 30.09.2022).

[724] Auflistung der Änderungen zur Vorgänger-Version in Annex IV.

[725] Klarstellung, dass auch andere Zahlungsdienstleister als Banken tätig sein können.

[726] Website des EPC, abrufbar unter: https://www.europeanpaymentscouncil.eu/document-library/rulebooks/sepa-request-pay-srtp-scheme-rulebook (letzter Abruf: 30.09.2022).

nerhalb kürzester Zeit, eine Echtzeitüberweisung transaktionsbezogen ausführen. Zusammengefasst wird letztlich eine Push-Zahlung vom Zahlungsempfänger angefragt. Insbesondere für Online-Händler und größere Rechnungssteller eignet sich die Nutzung dieses Verfahrens in Kombination mit der Echtzeitüberweisung. Der Zahlungseingang kann deutlich einfacher in der internen Verwaltung zugeordnet werden, wodurch die Erbringung der Gegenleistung in Gang gesetzt werden kann. Die mit der SEPA-Echtzeitüberweisung kompatible Kommunikationsinfrastruktur schwächt einen gegenwärtig noch bestehenden Wettbewerbsvorteil von Bezahldiensten wie PayPal. Auch am POS könnte das Request-to-Pay-Verfahren zum Einsatz kommen, indem beispielsweise an der Kasse über Near Field Communication eine konkrete Echtzeitüberweisung angefragt und durchgeführt wird. Auf diese Weise können Lastschriftverfahren und Kartenzahlungen in Teilen ersetzt werden. Voraussetzung ist freilich die breitflächige Teilnahme der Zahlungsdienstleister an diesem Angebot. Bedeutende Kreditinstitute wie die Deutsche Bank sind dem Request-to-Pay-Rulebook noch im Jahr 2021 beigetreten.[727]

Die weiteren Versionen der Rulebook-Fassung 2021 haben keine bedeutenden Änderungen zutage gefördert.[728]

Die EU-Kommission hat zudem mitgeteilt, dass im vierten Quartal 2021 eine Überprüfung der ZDRL II eingeleitet worden sei.[729] In diesem Zuge werden weitere Regelungen auf EU-Ebene für den Massenzahlungsverkehr, das Open Banking und weitere Digitalisierungsaspekte diskutiert. Im ersten Halbjahr 2020 führte die EU hierzu eine öffentliche Konsultation zur Strategie für den Massenzahlungsverkehr durch. Daraus resultierte das Strategiepapier der EU-Kommission zum Massenzahlungsverkehr vom 24.09.2020. Das Erfordernis einer EU-Strategie basiere darauf, dass die Masse der Zahlungsvorgänge trotz des Markteintritts von großen FinTechs, die mit Kryptowerten und Wallet-Lösungen arbeiten, per Kartenzahlung oder Überweisung getätigt würden.[730] Obwohl die Entwicklung der Zahlungslösungen

---

[727] Website der Deutschen Bank, abrufbar unter: https://corporates.db.com/solutions/corporate-bank-solutions/cash-management/request-to-pay (letzter Abruf: 30.09.2022).
[728] Siehe auch Ziff. 0.2 SICT RB.
[729] Pressemitteilung der EU-Kommission vom 24.09.2021, abrufbar unter: https://ec.europa.eu/commission/presscorner/detail/de/ip_20_1684 (letzter Abruf: 30.09.2022).
[730] Vgl. *EU-Kommission*, Strategiepapier MZV, S. 3.

durch den Privatsektor erfolgen müsse, könne die Kommission eine Katalysatorrolle einnehmen und die Marschroute vorgeben.[731] Ihre Kernziele für den Massenzahlungsverkehr sind
ein vielfältiges Angebot von wettbewerbsfähigen einheimischen und gesamteuropäischen
Zahlungslösungen mit sicheren, effizienten und zugänglichen Infrastrukturen sowie ein
grenzüberschreitender Zahlungsverkehr mit Rechtsräumen außerhalb der EU zur Stärkung
der internationalen Rolle des Euro.[732] Die Kommissionsstrategie konkretisiert die EZB-/Eu-
rosystem-Strategie zum Massenzahlungsverkehr aus November 2019, worin ebenfalls Veränderungen des Rechtsrahmens in Erwägung gezogen wurden.[733] Ausdrücklich befürwortet
wurde darin die aus 16 europäischen Banken bestehende European Payment Initiative (EPI),
welche eine gesamteuropäische Zahlungslösung auf der Grundlage von Instant Payments er-
arbeiten und anbieten will. Die Veröffentlichung eines Gesetzesentwurfes kann zum Ende
des Jahres 2022 erwartet werden.

Für die kommenden Änderungen im Hinblick auf die Echtzeitüberweisung werden insbesondere vonseiten der EU-Kommission konkrete Vorschläge unterbreitet. Neben diesen ist es
unumgänglich, auch die im Rahmen dieser Arbeit aufgedeckten Unklarheiten und Inkonsistenzen in den Rechtsquellen der SEPA Instant Payments zukunftsgerichtet zu diskutieren.
Um eine rechtssichere Entwicklung und breitflächige Nutzung der Echtzeitüberweisung zu
gewährleisten, sind Lösungsansätze unter Berücksichtigung einer angemessenen Risikoverteilung zu entwickeln.

II. Pflicht zum Angebot der Echtzeitüberweisung durch Zahlungsdienstleister

Wie bei der Einführung der konventionellen SEPA-Überweisung wurde auch bei der SEPA-
Echtzeitüberweisung seit November 2017 der Ansatz einer marktgetriebenen Verbreitung
gewählt. Die EU-Kommission zieht aber nunmehr in Betracht, die Teilnahme der Zahlungsdienstleister an dem SEPA Instant Credit Transfer Rulebook verpflichtend auszugestalten.[734]

---

[731] Vgl. *EU-Kommission,* Strategiepapier MZV, S. 5.
[732] Vgl. *EU-Kommission,* Strategiepapier MZV, S. 5.
[733] Rede von B. Coeuré, Mitglied des Exekutivkomitees der EZB, vom 26.11.2019, abrufbar unter:
    https://www.ecb.europa.eu/press/key/date/2019/html/ecb.sp191126~5230672c11.en.html (letzter Abruf:
    30.09.2022).
[734] *EU-Kommission*, Strategiepapier MZV, S. 8, 15; so auch bereits EZB-/Eurosystem-Strategie, Rede von
    Coeuré vom 26.11.2019; *Herresthal*, ZIP 2019, 895 (908); *Zahrte*, in: BeckOGK BGB, § 675s Rn. 40.

1. Tatsächliche Verbreitung der SEPA-Echtzeitüberweisung

Dabei ist zu beobachten, dass die Anzahl der am SICT RB teilnehmenden Zahlungsdienstleister kontinuierlich steigt. Zur Einführung im November 2017 traten 600 europäische Banken dem SEPA Instant Verfahren bei.[735] In Deutschland ging zunächst nur die Hypo-Vereinsbank diesen Schritt, im Jahr 2018 zogen aber die Sparkassen-Finanzgruppe, die Deutsche Bank sowie viele Kreditgenossenschaften nach. Mittlerweile weist Deutschland eine hohe Marktabdeckung auf.[736] Die Nutzung im Verbraucherhandelsbereich war zunächst durch fehlende Informationssysteme gehemmt, da die Unternehmen die Zahlungseingänge nicht in Echtzeit erfassen und im Warenwirtschaftssystem zuordnen konnten.[737] Insoweit ist eine weitere Verbesserung der Lage durch das Request-to-Pay-Verfahren in Aussicht. Im gesamten SEPA-Raum nehmen mittlerweile 2.323 Zahlungsdienstleister aus 29 Ländern am SEPA Instant Verfahren teil.[738] Dies entspricht einer Abdeckung von 61 % aller europäischen Zahlungsdienstleister. Aber in lediglich 15 der Länder mit Teilnehmern führen mehr als die Hälfte der Zahlungsdienstleister Echtzeitüberweisungen aktiv oder passiv durch.[739] Ende 2021 wurden 10,35 % der SEPA-Überweisungen als Echtzeitüberweisungen ausgeführt.[740]

2. Zweckmäßigkeit einer Teilnahmepflicht

Die deutsche Kreditwirtschaft und *Zahrte* haben sich bereits gegen eine verpflichtende Teilnahme am Echtzeitüberweisungsverkehr positioniert.[741] Sie halten einen Eingriff in die geschäftspolitische Gestaltungsfreiheit, insbesondere im Hinblick auf die Produkt- und Entgeltfreiheit, nicht für erforderlich. Die Entwicklung des Echtzeitzahlungsverkehrs solle dem Markt überlassen werden. Die Abwicklung einer konventionellen Überweisung innerhalb

---

[735] https://www.bezahlen.de/wann-ihre-bank-instant-payment-einfuehrt.php (letzter Abruf: 30.09.2022).
[736] *Zahrte*, in: BeckOGK BGB, § 675s Rn. 39.
[737] *Herresthal*, ZIP 2019, 895 (899).
[738] Statistik des EPC, abrufbar unter: https://www.europeanpaymentscouncil.eu/what-we-do/sepa-instant-credit-transfer (letzter Abruf: 30.09.2022).
[739] Beispielsweise nimmt in Polen oder Dänemark nur jeweils ein Zahlungsdienstleister am Verfahren teil.
[740] Statistik des EPC.
[741] *Zahrte*, BKR 2021, 79 (84 ff.); *Dt. Kreditwirtschaft*, Stellungnahme vom 16.10.2020 zum Strategiepapier MZV.

weniger Tage sei für die meisten Marktteilnehmer ausreichend.[742] Deshalb würde die Echtzeitüberweisung ohnehin nicht als genereller Ersatz für die reguläre Überweisung dienen.
Die Kosten für den Aufbau der Infrastruktur sollten nur die Zahlungsdienstleister treffen, die
den Zeitvorteil in ihrem Leistungsspektrum benötigen. Der Wettbewerb würde dann zeigen,
inwiefern sich das schnellere, aber teurere Verfahren als nützlich erweise. Sollte dies der Fall
sein, würden sich die Instant Payments ohnehin flächendeckend durchsetzen.

Problematisch ist aber insbesondere die fehlende passive Teilnahme am Echtzeitzahlungssystem. Die Zahlungsdienstnutzer müssen das Vertrauen entwickeln, dass eine Echtzeitüberweisung nicht nur von ihrer Bank angeboten, sondern auch von dem Zahlungsdienstleister
des Empfängers angenommen wird. Ansonsten kann ein außerplanmäßiger Zahlungsverzug
resultieren. Auf die Durchführung der Echtzeitüberweisung kann sich der Zahler dann nicht
verlassen. Allein aus der Angabe einer IBAN kann der Schuldner einer Geldforderung gegenwärtig nicht schließen, dass eine Echtzeitüberweisung möglich wäre. So muss er sich,
falls keine Kenntnis von der Teilnahme der Empfängerbank besteht, im Zweifel auf die herkömmliche Überweisungsdauer einstellen. Alternative Zahlungssysteme wie die der Kreditkartenunternehmen haben dagegen keine Abhängigkeit von solchen Unwägbarkeiten. Wenn
eine PayPal-Zahlungsadresse angegeben wurde, kann sich der Zahler ebenfalls darauf verlassen, dass eine E-Geld-Übertragung stattfinden kann.

Aus diesem Grund ist die flächendeckende Teilnahme am SICT Rulebook mithilfe einer gesetzlichen Pflicht zweckmäßig, um die SEPA Instant Payments konkurrenzfähig zu halten
und das Ausgangsziel, die Verhinderung einer weiteren Zersplitterung des Zahlungsver-
kehrsmarktes, zu erreichen. Die marktgetriebene Verbreitung der Instant Payments wird –
zumindest in einigen SEPA-Ländern[743] – über die erst langsam ausgebaute passive Erreichbarkeit zu einer verminderten Funktionsfähigkeit führen. Zahlungsdienstnutzer werden dann
verleitet, alternative Zahlungsformen zu wählen. Diese Entwicklung dürfte über eine Pflicht
zur jedenfalls passiven Erreichbarkeit für die Echtzeitüberweisung zumindest beschränkt
werden. Der Überforderung von Zahlungsdienstleistern, die bisher keine herkömmliche

---

[742] *Zahrte*, BKR 2021, 79 (84).
[743] In Deutschland ist die Erreichbarkeit vergleichsweise hoch, vgl. *Zahrte*, in: BeckOGK BGB, § 675s Rn.
39.

Überweisung angeboten haben und daher keinen Kontakt zum Massenzahlungsverkehr hatten, kann über die Begrenzung des Adressatenkreises vorgebeugt werden.

3. Rechtliche Ausgestaltung einer verpflichtenden Teilnahme

Ausgangspunkt der Initiative der EU ist der Ablauf des Übergangszeitraums im November 2020, bis zu welchem die Anforderungen des Art. 4 Abs. 1 S. 1 b) SEPA-VO bezüglich des Beitritts zum SEPA-Instant-Payments-Verfahren erfüllt werden mussten. Danach müssen die Teilnehmer eines Zahlverfahrens, hier der Echtzeitüberweisung, erstens die Mehrheit der Zahlungsdienstleister aus einer Mehrheit der Mitgliedstaaten repräsentieren und zweitens der Mehrheit der Zahlungsdienstleister der Union, die Überweisungen anbieten, entsprechen. Ziel dieser Vorschrift ist es, eine Interoperabilität der jeweiligen Zahlverfahren zu gewährleisten.[744] Innerhalb der europäischen Länder soll gerade keine Vielzahl von Zahlverfahren existieren, die letztlich untereinander nicht erreichbar sind. Die Vorgabe aus Art. 4 SEPA-VO konnte die Echtzeitüberweisung bis zum Ende des befristeten Freistellungszeitraum nicht erfüllen. Eine konkrete Rechtsfolge bei Nichterfüllung der geforderten Verbreitung des Zahlverfahrens statuiert die SEPA-VO nicht. Eine starre Rechtsfolgenlösung wäre auch nicht zweckmäßig. Die EU-Kommission kündigte daher eine Prüfung an, welche rechtlichen Konsequenzen aus der Nichteinhaltung der Mindestvorgaben resultieren sollen.[745] Die deutsche Kreditwirtschaft schlägt insoweit die Verlängerung der marktgetriebenen Entwicklung durch die Verlängerung der Ausnahmefrist nach Art. 4 SEPA-VO um zum Beispiel weitere zwei Jahre vor.[746]

a. Rechtliche Grundlage

Wie bereits die verpflichtende Einführung der SEPA-Überweisung durch die SEPA-VO würde eine gesetzgeberische Maßnahme ihre Grundlage in Art. 26, 114 AEUV, also der Verwirklichung des Binnenmarktes finden. Das Scheitern der grenzüberschreitenden paneuropäischen Echtzeitzahlungslösung könnte mithilfe einer Teilnahmepflicht verhindert werden. Eingeschränkt wird die unternehmerische Freiheit der verpflichteten Zahlungsdienstleister

---

[744] Vgl. Erwägungsgrund 10 zur SEPA-VO.
[745] *EU-Kommission*, Strategiepapier MZV, S. 8.
[746] Dt. Kreditwirtschaft, Stellungnahme vom 16.10.2020 zum Strategiepapier MZV, S. 2.

aus Art. 16 GrCH, da diese insoweit nicht mehr frei in der Wahl ihres konkreten Angebots von Zahlverfahren sind.[747] Die Einrichtung einer Echtzeit-Infrastruktur ist für den Zahlungsdienstleister mit nicht unerheblichen Investitionen verbunden. Daher sind Umfang und Adressaten der Teilnahmepflicht am SICT RB unter Berücksichtigung der Angemessenheit festzulegen. Nicht erforderlich dürfte ein separates Regelwerk sein. Die Verbindung des EU-Rechts mit den technischen und rechtlichen Rahmenbedingungen des SEPA-Raumes wird gegenwärtig durch die SEPA-VO hergestellt. Um von der bestehenden Regelungsstruktur zu profitieren, bietet es sich an, eine entsprechende Teilnahmepflicht am SICT Rulebook in die SEPA-VO einzupflegen.

b. Adressat der Teilnahmepflicht

Es ist weiter nicht erforderlich, dass sämtliche europäische Zahlungsdienstleister im Sinne des § 1 Abs. 1 ZAG Adressaten einer Pflicht zur Teilnahme am Echtzeitzahlungsverfahren sind. Für reine Förderbanken, die sich im Darlehensgeschäft, aber nicht im Massenzahlungsverkehr betätigen, wäre eine solche Pflicht nicht weiterführend.[748] Zahlungsdienstleister sollen nicht gedrängt werden, neue Geschäftsfelder zu eröffnen. Vielmehr sollten solche Zahlungsdienstleister adressiert werden, die bereits die herkömmliche SEPA-Überweisung anbieten, also für den Massenzahlungsverkehr geöffnet sind.

Ein klar abgegrenzter Adressatenkreis ist dem europäischen Gesetzgeber auch nicht fremd. So wurden im Rahmen der SEPA-VO solche Zahlungsdienstleister zur Erreichbarkeit für grenzüberschreitende Überweisungen verpflichtet, die auch für inländische Überweisungen erreichbar waren (Art. 3 Abs. 1 SEPA-VO). Die Zahlungskontenrichtlinie verpflichtete all jene Kreditinstitute zum Angebot eines Basiskontos, die bereits Zahlungskonten anbieten. Auf diese Weise kann sichergestellt werden, dass für Zahlungszwecke angegebene Konten bei europäischen Zahlungsdienstleistern nicht nur für die konventionelle Überweisung, sondern auch für SEPA Instant Payments offenstehen.

---

[747] Vgl. *Herresthal* mit Blick auf die Pflicht zur Gewährung eines Basiskontos, ZIP 2019, 895 (905); vgl. zum Eingriff in die Berufsfreiheit nach deutschem Recht durch die Mindestreservepflicht der Banken, BVerwG, Urt. v. 29.01.1973 – I C 38/68 = BVerwGE 41, 334 (358).
[748] Vgl. Interview mit Dr. Hermann Fürstenau, Bundesverband öffentlicher Banken Deutschlands (VÖB), abrufbar unter: https://www.kartensicherheit.de/oeffentlich/aktuelles/alle-artikel/artikel-2020/instant-payments-auf-dem-vormarsch.html (letzter Abruf: 30.09.2022).

Eine weitere Begrenzung nach der Größe des Zahlungsdienstleisters mit dem Ziel, kleinere Kreditinstitute mit den Investitionen nicht zu überlasten, ist hingegen schwierig zu definieren. Außerdem wäre dann für den Zahler wiederum nicht erkennbar, ob das Empfängerinstitut tatsächlich für den Echtzeitzahlungsverkehr erreichbar ist.

c. Umfang der Teilnahmepflicht

Anknüpfungspunkt einer Teilnahmepflicht am SICT Rulebook sollte – wie bereits in Art. 3 Abs. 1 SEPA-VO – die nationale und grenzüberschreitende Erreichbarkeit für Echtzeitüberweisungen in Einklang mit den Bestimmungen eines unionsweiten Zahlverfahrens sein. Nicht notwendig ist es, den Zahlungsdienstleistern die aktive Teilnahme am Rulebook vorzuschreiben. In erster Linie ist sicherzustellen, dass eine Echtzeitüberweisung auf dem Konto bei einem europäischen Zahlungsdienstleister eingehen kann. Die aktive Teilnahme muss ohnehin mit dem Zahlungsdienstnutzer separat vereinbart werden. Wenn die Zahlungsdienstleister die Echtzeit-Erreichbarkeit durch die dafür erforderliche Infrastruktur ohnehin herstellen, zum Beispiel durch die Teilnahme an TIPS, wird voraussichtlich eine Vielzahl der Institute auch die aktive Ausführung der Instant Payments anbieten. Die Gestaltungsfreiheit für die Produkte zur Umsetzung der Echtzeitzahlung sollte nicht weiter eingeschränkt, sondern der Marktregulierung überlassen werden.[749] Mittels einer Pflicht für die am Massenzahlungsverkehr beteiligten Zahlungsdienstleister[750] zur mindestens passiven Teilnahme am SEPA Instant Verfahren ist ein deutlicher Entwicklungsfortschritt nicht nur in der Ausbreitung, sondern auch in der Nutzung zu erwarten. Nur unter dieser Voraussetzung kann die Echtzeitüberweisung zur „neuen Normalität" werden.[751]

---

[749] Dies fordert auch die Deutsche Kreditwirtschaft, siehe Finanzbusiness, Bericht vom 25.09.2020, „Deutsche Kreditwirtschaft bei Schnellüberweisungen auf EU-Linie", abrufbar unter: https://finanzbusiness.de/nachrichten/regulierung/article12439051.ece (letzter Abruf: 30.09.2022).

[750] Als die am Massenzahlungsverkehr beteiligten Zahlungsdienstleister werden solche betrachtet, die bereits am herkömmlichen SEPA-Überweisungsverfahren teilnehmen. Über dieses Abgrenzungskriterium soll die Pflicht gesetzlich beschränkt werden.

[751] *EU-Kommission*, Strategiepapier MZV, S. 7, 11.

4. Zwischenergebnis

Die Einführung einer Pflicht zur passiven Teilnahme am Echtzeitüberweisungsverfahren für sämtliche Banken, die bereits am konventionellen SEPA-Überweisungsverfahren teilnehmen, ist zweckmäßig und umsetzbar. Diese Pflicht würde es der SEPA-Echtzeitüberweisung ermöglichen, in dem sich dynamisch entwickelnden Markt der Bezahldienste eine gewichtige Rolle einzunehmen. Mithilfe dieser Marktstellung könnte eine andernfalls drohende Zersplitterung von Bezahldiensten im europäischen Bankenverkehr verhindert werden. Die Beschränkung des Adressatenkreises verhindert die zwangsweise Einbeziehung von Zahlungsdienstleistern außerhalb des Massenzahlungsverkehrs in das für diese neue Geschäftsfeld.

III. Anpassung der Fristenregelungen

Das zentrale Charakteristikum der Echtzeitüberweisung ist die im Gegensatz zur konventionellen Überweisung verkürzte Ausführungsfrist. Hinzu kommt die Möglichkeit des nachgelagerten Clearings und Settlements. Diese Eigenschaften wurden im Rulebook mit Bindungswirkung für die teilnehmenden Zahlungsdienstleister vorgegeben. Eine Anpassung des Zahlungsverkehrsrechts ist hingegen nicht vorgenommen worden. Daher bedarf die gegenwärtige Ausgestaltung der Fristenregelung besonderer Aufmerksamkeit.

1. Probleme der gegenwärtigen Fristenregelungen

Im Laufe dieser Arbeit haben sich mit Blick auf das gegenwärtige Fristenregime wiederholt Inkonsistenzen und Subsumtionsschwierigkeiten ergeben.[752] All diese Aspekte lassen sich letztlich auf drei Grundprobleme des Fristenregimes der Instant Payments zurückführen: (a.) die Verschiedenheit der Regelungssystematik zwischen Deckungs- und Inkassoverhältnis gegenüber dem Interbankenverhältnis, (b.) die Nichtberücksichtigung des nachgelagerten Clearings und Settlements im Zahlungsverkehrsrecht und (c.) die ungenaue Definition des Zeitraums zwischen dem Zugang des Zahlungsauftrages und dem Beginn der Ausführungsfrist.

---

[752] Siehe hierzu u.a. 3. Kapitel A. IV. 4. und 3. Kapitel B. II.

a. Inkonsistenz der Regelungssystematik: Aufteilung nach Verantwortungsbereichen gegenüber „Time Stamp-to-End-Ansatz"

Alle zu Beginn der Arbeit beschriebenen Rechtsquellen enthalten Vorschriften zu der Frist der Echtzeitüberweisung. Bei den Fristvorgaben treffen dabei zwei unterschiedliche Regelungssysteme aufeinander.

Das Zahlungsverkehrsrecht, wie es in den EU-Mitgliedsstaaten vollharmonisierend umgesetzt wurde, regelt den Ablauf eines Zahlungsvorganges nach Verantwortungsbereichen und ist ausgelegt auf das Verhältnis des Zahlungsdienstleisters zu seinen Kunden. Der Zahlungsdienstleister des Zahlers haftet nach §§ 675s Abs. 1, 675y Abs. 3 BGB für den zeitlichen Bereich zwischen dem Zugang des Zahlungsauftrages bis zum Eingang des Geldes beim Zahlungsdienstleister des Empfängers. Der Zahlungsdienstleister des Empfängers trägt anschließend die Verantwortung gegenüber seinem Kunden für die unverzügliche Gutschrift auf dem Konto (§ 675t Abs. 1 BGB). Daran knüpft auch die für die Instant Payments vereinbarte abweichende Frist gemäß Ziff. 1.5 SB EÜ an. Danach muss das Zahlerinstitut sicherstellen, dass der Geldbetrag innerhalb der verkürzten Ausführungsfrist des Preis- und Leistungsverzeichnisses beim Empfängerinstitut eingeht. Die Frist ist also klar nach Handlungssphären aufgeteilt.

Dies ist bei der Echtzeitüberweisung anders. Im Gegensatz zu der konventionellen Überweisung, bei welcher in Ziff. 4.2.3 SCT RB ausdrücklich auf die Fristenregelung der ZDRL verwiesen wird, sieht die für die Echtzeitüberweisung in Ziff. 4.2.3 (B) SICT RB vorgesehene Fristenregelung eine Differenzierung der Pflichtenbereiche zwischen Zahler- und Empfängerbank nicht vor. Es wird lediglich festgelegt, dass der Überweisungsbetrag innerhalb von zehn Sekunden nach dem Auftragen des Zeitstempels auf dem Konto des Zahlungsempfängers gutgeschrieben sein muss. Ziff. 5.8 Nr. 12 SICT RB benennt nochmals ausdrücklich die Pflicht des Empfängerinstituts, innerhalb des 10-sekündigen Zeitrahmens die Gutschrift beim Empfänger vorzunehmen. Die Erfüllung dieser Pflicht ist der Empfängerbank aber nicht möglich, wenn die Transaktionsnachricht oder der Zahlungsbetrag erst unmittelbar vor oder bereits nach dem Ablauf dieser Frist bei ihr eingeht. Vor dem Hintergrund der dargelegten Fristensystematik im Zahlungsverkehrsrecht konnte ein schlichter Transfer der 10-sekündigen Frist in das Rechtsverhältnis zwischen Zahlungsdienstleister und Kunden nicht erfolgen.

Dazu sind die teilnehmenden Zahlungsdienstleister aber nach Ziff. 5.7 Nr. 2, 5.8 Nr. 2 SICT RB grundsätzlich verpflichtet. Sie haben nämlich sicherzustellen, dass die vereinbarten Vertragsbedingungen zu ihren jeweiligen Kunden konsistent mit den Vorgaben des Rulebooks sind. Dies ist aber durch die in Ziff. 1.5 SB EÜ vorgesehene Ausführungsfrist gerade nicht geschehen. Oftmals wird sogar eine 20-sekündige Ausführungsfrist zwischen Abschluss der Prüfung der Ausführungsbedingungen und Eingang des Geldbetrages beim Empfängerinstitut im Preis- und Leistungsverzeichnis festgeschrieben.

b. Nichtberücksichtigung des nachgelagerten Clearings und Settlements

Im vollharmonisierten Zahlungsverkehrsrecht ist als Trennlinie zwischen den Pflichtensphären der Zahlungsdienstleister des Zahlers und Empfängers in §§ 675s Abs. 1, 675t Abs. 1 BGB der Eingang des Geldbetrages beim Empfängerinstitut vorgesehen. Wie soeben beschrieben wurde, nimmt auch Ziff. 1.5 SB EÜ auf diesen Umstand Bezug. Das gegenwärtig geltende deutsche Zahlungsverkehrsrecht ist mithin auf ein Clearing und Settlement vor der Gutschrift beim Empfänger ausgerichtet.

Ein solches ist bei den Instant Payments aber nicht mehr zwingend. Oftmals geht der Überweisungsbetrag nicht innerhalb der 20-sekündigen Frist aus Ziff. 1.5 SB EÜ i.V.m. dem jeweiligen Preis- und Leistungsverzeichnis bei der Empfängerbank ein, wird aber beim Zahlungsempfänger bereits gutgeschrieben.[753] Den Pflichten im Interbankenverhältnis wird mit einem solchen Vorgehen Genüge getan. Die im Deckungsverhältnis ausdrücklich vereinbarte Ausführungsfrist läuft in diesem Fall aber leer. Eine Lösung dieses Konflikts bedarf der ergänzenden Vertragsauslegung.[754]

c. Ungenaue Definition der Prüfungsfrist für die Ausführungsbedingungen

Anders als bei der konventionellen Überweisung (§ 675s Abs. 1 BGB) beginnt der Fristenlauf bei der Echtzeitüberweisung nicht mit dem Zugang des Zahlungsauftrages, sondern mit dem Abschluss der Prüfung der Ausführungsbedingungen (Ziff. 1.5 SB EÜ i.V.m. Ziff. 1.4

---

[753] Vgl. *Casper*, RdZ 2020, 28 (34 f.).
[754] Siehe 3. Kapitel A. IV. 4.

SB EÜ). Insoweit besteht Konsistenz mit der Interbankenregelung in Ziff. 4.2.1 und 4.2.3 (B) SICT RB, die die Kennzeichnung dieses Zeitpunkts mit dem Auftragen eines Zeitstempels vorschreibt. Inwiefern der Zeitraum zwischen dem Zugang des Zahlungsauftrages und dem Auftragen des Zeitstempels bereits nach gegenwärtiger Rechtslage limitiert ist, wurde im Abschnitt zur Modifizierung der Ausführungsbedingungen umfassend behandelt.[755] Der Zahlungsdienstleister hat die Ausführung des Zahlungsauftrages gemäß Ziff. 1.4 SB EÜ abzulehnen, wenn eine Prüfung der Ausführungsbedingungen nicht „kurzfristig" möglich ist.

Die Nutzung abstrakter Rechtsbegriffe ist zugegebenermaßen der europäischen und deutschen Regelungstechnik immanent. Es ist allerdings umstritten, wie tiefgehend (und damit auch zeitintensiv) eine Überprüfung der Ausführungsbedingungen tatsächlich sein darf, bevor die Transaktion abgelehnt werden muss. Ein Grund dafür ist auch, dass der Begriff „kurzfristig" als Fristangabe im deutschen Recht selten verwendet wird, weshalb nicht auf vergleichbare Auslegungsergebnisse zurückgegriffen werden kann. Weder die 10-sekündige „Maximum Execution Time" noch die 20-sekündige Time-Out-Deadline des Rulebooks erfassen den Prüfungszeitraum vor dem Auftragen des Zeitstempels. Der Zahlungsdienstnutzer erwartet bei den Instant Payments aber eine Durchführung der Transaktion in Echtzeit. Wenn allerdings beispielsweise bei Großbetragszahlungen ein unberechtigter Geldwäscheverdacht vorliegt und damit eine manuelle Überprüfung angezeigt ist, kann dies die Transaktion erheblich verzögern, ohne dass sie unter Inkenntnissetzung des Zahlers abgebrochen wird. Gerade im Unternehmerhandel können derartige Situationen zu erheblicher Unsicherheit führen und die Instant Payments unattraktiv für den Markt machen.

2. Lösungsvorschläge

Änderungen der Fristenregelungen können insbesondere in das deutsche und europäische Zahlungsverkehrsrecht oder das SICT Ruleook eingepflegt werden. Beim Zahlungsverkehrsrecht ist zu berücksichtigen, dass es sich um vollharmonisiertes Richtlinienrecht handelt und eine Anpassung zunächst auf EU-Ebene zu erfolgen hätte. Außerdem sind die Vorschriften nicht allein für das Überweisungsrecht formuliert, sondern sollen alle Zahlungsvorgänge im Sinne des § 675f Abs. 4 BGB erfassen. Anpassungen des Rulebooks können wegen seiner

---

[755] Siehe 3. Kapitel A. III. 3.

normähnlichen Verwendung ebenfalls einen erheblichen Einfluss auf die rechtlichen Grundlagen des Echtzeitüberweisungsrechts haben. Die SB EÜ sind zwar von der deutschen Kreditwirtschaft vorgeschlagen und weitgehend in dieser Gestalt in die Zahlungsdiensterahmenverträge einbezogen worden, können aber auch in eigener Form vom Zahlungsdienstleister gestellt werden. Sie haben sich jedenfalls am Rulebook zu orientieren, weshalb von Änderungen in dem Interbankenabkommen effektive Breitenwirkung zu erwarten sind.

a. Zur Ausführungsfrist

aa. Keine vollständige Zentrierung der Verantwortung bei der Zahlerbank

Ein Anknüpfungspunkt zur Herstellung einer Konsistenz zwischen den dargestellten Fristensystemen könnte die Erweiterung der vom EU-Gesetzgeber in Teilen vorgesehenen Zentrierung der Passivlegitimation beim Zahlungsdienstleister des Zahlers sein. Diese drückt sich bisher dadurch aus, dass die Fristenregelung in § 675s Abs. 1 BGB das Verspätungsrisiko im dort bezeichneten Zeitraum unabhängig von der konkreten Verursachung beim Zahlerinstitut bündelt. Die Trennung zumindest nach pauschal festgelegten Verantwortungsbereichen bleibt aber weiterhin wünschenswert. Eine weitere Zentrierung des Verantwortungsbereichs dergestalt, dass das Zahlerinstitut gegenüber seinem Kunden für die Durchführung der Instant-Überweisung bis zur Gutschrift bei dem Empfänger innerhalb von zehn Sekunden haftet, würde das Haftungsrisiko unangemessen verteilen. Dies gilt selbst dann, wenn sie mit einem eigenen (einen Regress bei Nicht- oder Späterfüllung ermöglichenden) Anspruch des Zahlerinstituts gegen das Empfängerinstitut auf die Erteilung der Gutschrift beim Empfänger kombiniert würde. Vorteil einer solchen Lösung wäre freilich, dass sich die schwierige Abgrenzung der Verantwortungssphären zumindest gegenüber dem Zahler erübrigen würde. Für die Festlegung des Regressanspruches müsste eine solche Abgrenzung dennoch konkret vorgenommen werden. Auch würde die Zahlerbank für einen Durchführungsbereich die Haftung übernehmen, auf den sie keinen Einfluss hat, und bei einem etwaigen Regress das Insolvenzrisiko des Empfängerinstituts tragen. Demgemäß ist es vorzugswürdig, die verschiedenen Bank-Kunde-Verhältnisse in der Fristenregelung weiterhin abzubilden.

bb. Aufteilung der Rulebook-Frist nach Verantwortungsbereichen ohne zwingenden Bezug zum Eingang des Geldes beim Empfängerinstitut

Diese Erwägung legt eine Anpassung des Fristenregimes im Rulebook nahe. Eine solche Änderung des Rulebooks hätten die jeweiligen Zahlungsdienstleister anschließend in die SB EÜ zu übertragen. Die Fristenregelung sollte sich in die bestehende Systematik des Zahlungsverkehrsrechts einfügen. Die starre 10-sekündige Ausführungsfrist aus Ziff. 4.2.3 (B) SICT RB müsste hierzu in Verantwortungsbereiche aufgeteilt werden, sodass die jeweiligen Zahlungsdienstleister separate Fristen einzuhalten haben. Dies erleichtert nicht nur die Zuordnung im Verhältnis des Kunden zu seinem Zahlungsdienstleister, sondern auch die Haftung im Interbankenverhältnis, welches durch das Rulebook letztlich geregelt werden soll. Die Trennlinie zwischen den Verantwortungssphären muss dabei die Möglichkeit des nachgelagerten Clearings und Settlements berücksichtigen.

Der Zahlungsdienstleister des Zahlers ist daher zu verpflichten, sicherzustellen, dass innerhalb eines im Rulebook festgelegten Zeitraumes entweder der Geldbetrag beim Zahlungsdienstleister des Empfängers eingeht (vorgelagertes Clearing und Settlement) oder die Transaktionsmitteilung zur Instant-Überweisung beim Zahlungsdienstleister des Empfängers bzw. dessen Clearingstelle (nachgelagertes Clearing und Settlement) eingeht. Möglich wäre auch, die Frist vollkommen unabhängig vom Eingang des Geldbetrages und damit allein auf das Benachrichtigungssystem auszurichten. Ab den genannten Zeitpunkten liegt das Transaktionsgeschehen nicht mehr in der Hand des Zahlerinstituts.

Die verschuldensunabhängige, im Rulebook festgelegte Ausführungsfrist zu dem bei der Empfängerbank konzentrierten Verantwortungsbereich sollte daher anschließend mit dem Zugang der Transaktionsnachricht bei seiner Clearingstelle beginnen. Ab diesem Zeitpunkt ist die Transaktion in die Handlungssphäre der Empfängerbank eingetreten. Innerhalb dieser bezifferten Frist hat das Empfängerinstitut die Gutschrift auf dem Konto des Empfängers herbeizuführen. Die Empfängerbank kann allerdings nach Ziff. 4.2.3 (B) SICT RB erst mit dem Eingang der Empfangsbestätigung seiner Clearingstelle hinsichtlich der positiven Ausführbarkeitsmeldung durch Empfängerbank den Geldbetrag gutschreiben. Zwischen dem Zugang der Transaktionsnachricht bei der Clearingstelle des Empfängerinstituts und der Zu-

gangsbestätigung der Clearingstelle hinsichtlich der positiven Rückmeldung der Empfängerbank findet noch eine Kommunikation zwischen der Empfängerbank und seiner Clearingstelle statt, im Zuge derer auch die Clearingstelle für eine Verzögerung verantwortlich sein
kann. Dieses Risiko ist bei einer Differenzierung zwischen den Verantwortungssphären des
Zahler- und des Empfängerinstituts der Empfängersphäre zuzurechnen, da sich die Empfängerbank der Clearingstelle bedient. Aus diesem Grund ist die Frist im Zeitpunkt des Eingangs
der Transaktionsnachricht bei der Clearingstelle der Empfängerbank zu separieren, obwohl
die Empfängerbank selbst (ohne Mitwirkung ihrer Clearingstelle) eine Gutschrift in diesem
Zeitpunkt nach den Rulebook-Vorgaben noch nicht bewirken könnte.

Konkret könnte beispielsweise eine 5-sekündige Ausführungsfrist für die Durchführungsakte
in den jeweiligen Verantwortungsbereichen festgelegt werden, d.h. einfach ausgedrückt: fünf
Sekunden für die Zahlerbank und fünf Sekunden für die Empfängerbank. Da die Prüfung der
Ausführungsbedingungen nicht in die Ausführungsfristen fällt, ist eine gleichmäßige Aufteilung der Fristendauer zwischen den Zahlungsdienstleistern angemessen.[756] Innerhalb von
fünf Sekunden nach der Prüfung der Ausführungsbedingungen müsste die Zahlerbank die
Transaktionsnachricht an die Clearingstelle der Empfängerbank übermittelt haben. Ab dem
Eintritt des Zahlungsvorgangs in die Verantwortungssphäre der Empfängerbank wäre dann
ein neuer Zeitstempel aufzutragen. Die Gutschrift auf dem Konto des Empfängers hätte in
diesem Modell spätestens fünf Sekunden nach dem Eingang der Transaktionsnachricht bei
der Clearingstelle der Empfängerbank zu erfolgen.

---

[756] Siehe Figure 3 in Ziff. 4.2.3 SICT RB zu den in den jeweiligen Sphären vorzunehmenden Akten.

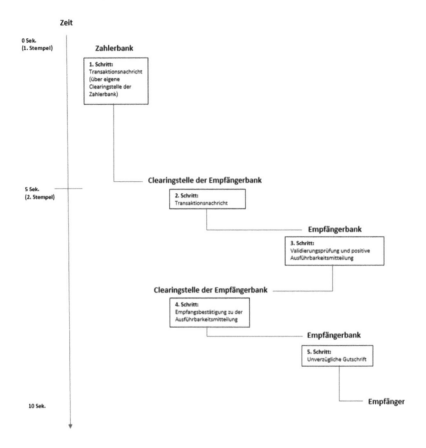

Abb. 5: Vorgeschlagenes Fristenmodell für das Rulebook

Neben der vorgeschlagenen sekundenmäßig bezifferten Frist für die Gutschrift auf dem Konto des Empfängers ist ein Anspruch des Empfängers auf die schnellstmögliche Gutschrift, wie er in § 675t Abs. 1 BGB oder Ziff. 1.1 SB EÜ vorgesehen ist, nicht zwingend erforderlich, sofern die bezifferte Frist pflichtgemäß in Gestalt eines Anspruchs des Zahlungsempfängers aus dem SICT Rulebook in die SB EÜ übernommen würde. Wenn daneben aber ein Anspruch des Empfängers gegen seinen Zahlungsdienstleister auf die schnellstmögliche Gutschrift bestehen bleiben sollte, ist es zweckmäßig, Ziff. 1.1 SB EÜ mit Blick auf die

gegenwärtig vagen Formulierungen („möglichst innerhalb von Sekunden", kein Anknüpfungspunkt für den Fristbeginn) zu konkretisieren. Hierzu sollte der in § 121 BGB definierte
Begriff der Unverzüglichkeit aufgenommen werden. Ziff. 1.1 SB EÜ sollte dann das Empfängerinstitut verpflichten, nach dem Empfang der Zugangsbestätigung der Empfänger-Clea-
ringstelle hinsichtlich der Meldung der Empfängerbank zur Ausführbarkeit der Transaktion[757] (oder dem Eingang des Geldbetrages) ohne schuldhaftes Zögern die Gutschrift herbeizuführen.[758] Da eine verschuldete Verzögerung maßgebliches Kriterium der Unverzüglichkeit ist, wäre Ansatzpunkt der Pflicht des Empfängerinstituts in einer solchen Vorschrift
erst der Zeitpunkt, ab welchem dem Empfängerinstitut die Erteilung der Gutschrift eigenständig möglich ist.

Zur Herstellung einer Konsistenz zwischen den verschiedenen Rechtsquellen ist die Änderung des Rulebooks zentral und unumgänglich. Die Fristenregelungen sind dann entsprechend in die SB EÜ zu übernehmen. Für die Änderung der Fristenregelung im Deckungsverhältnis wäre Ziff. 1.5 SB EÜ in Verbindung mit den Preis- und Leistungsverzeichnissen der
Banken anzupassen. Diese Vorschriften wären anschließend offen für die unterschiedlichen
Möglichkeiten des Clearings und Settlements. Eine Ergänzung der §§ 675s und 675t BGB
um einen Absatz zu den veränderten Fristenbedingungen im Echtzeitzahlungsverkehr ist
nicht erforderlich. Hierzu wäre eine europäische Regelungsgebung erforderlich. Eine gesetzliche Festlegung hätte aber einen verbraucherschützenden Effekt, da es sich bei den Vorschriften des Rulebooks und der SB EÜ weiterhin um einen Selbstregulierungsansatz vonseiten der Zahlungsdienstleister handelt. Die gesetzgeberische Vorschrift wäre hingegen einseitig zwingendes Recht.

cc. Beibehaltung der nicht differenzierenden Time-Out-Deadline

Trotz der vorgeschlagenen Anpassung des Rulebooks an die Differenzierung von Verant-
wortlichkeitsbereichen könnte die 20-sekündige Time-Out-Deadline aus Ziff. 4.2.3 (C) SICT
RB daneben bestehen bleiben. Diese gilt unabhängig davon, bei welchem Zahlungsdienst-

---

[757] Zweite Bestätigung der Clearingstelle; zu den Kommunikationsprozessen im Verhältnis des Empfängerinstituts zu seiner Clearingstelle, siehe 3. Kapitel C. II.
[758] Dies fügt sich auch in den bisherigen Ablauf in Ziff. 4.2.3. (B) SICT RB ein.

leister die Zeitüberschreitung eintritt und schützt den Zahler vor unerwarteten Verzögerungen durch den regelmäßig automatisierten Abbruch der Transaktion samt entsprechender Benachrichtigung. Die Regelung sollte dabei allein im Rulebook verbleiben, um die technische Realisierung der Time-Out-Deadline sicherzustellen und die rechtlichen Verpflichtungen im Interbankenverhältnis vorzugeben. Eine Übernahme in die SB EÜ mit einer separaten Pflicht des Zahlerinstituts zum Abbruch gegenüber seinem Kunden wäre hingegen nicht zweckmäßig, da die Zeitüberschreitung auch im Inkassoverhältnis eintreten kann und ein Vertragsverhältnis zwischen Zahler und Empfängerbank nicht besteht.

b. Zur Frist für die Prüfung der Ausführungsbedingungen: Einführung einer zweiten Time-Out-Deadline

Um Unklarheiten hinsichtlich der Frist zur Prüfung der Ausführungsbedingungen auszuräumen, muss der Begriff der Kurzfristigkeit in Ziff. 1.4 SB EÜ ersetzt oder jedenfalls konkretisiert werden.

Mit der Verwendung eines anderen abstrakten Rechtsbegriffs, der in der Rechtssprache nähere Auslegung erfahren hat, wird dieses Ziel aber weiterhin nicht erreicht. So würde auch die Einfügung eines Unverzüglichkeitskriteriums keine Abhilfe schaffen. Zu fragen wäre nämlich auch dann, was im Rahmen der Überprüfung der Ausführungsbedingungen als schuldhaftes Zögern (§ 121 BGB) zu verstehen wäre. Es ließe sich beispielsweise vertretbar argumentieren, dass auch die manuelle Nachprüfung eines ersten Geldwäscheverdachtes kein schuldhaftes Zögern sei, da dieser Schritt zur finalen Entscheidung über die Durchführbarkeit der Transaktion erforderlich ist. Daher ist die Kurzfristigkeit sogar besser geeignet, darzustellen, dass es sich allenfalls um einen sehr kurzen Zeitraum handeln dürfte.

Zu einer besseren Planbarkeit aufseiten des Zahlers würde es führen, wenn auch für den Prüfungszeitraum eine Time-Out-Deadline von beispielsweise zwanzig Sekunden integriert würde. Mit der Aufnahme dieser Deadline in Ziff. 4.2.1 SICT RB könnte ein automatisierter Prozess einhergehen, der die Instant-Transaktion abbricht und den Zahler hiervon benachrichtigt, wenn die (ebenfalls automatisierte) Prüfung der Ausführungsvoraussetzungen die vorgegebene Maximalfrist überschreitet. Diese Time-Out-Deadline könnte zusätzlich in die

SB EÜ übernommen werden. Der Zahler hätte dann spätestens nach 40 Sekunden[759] eine
Abbruch-Meldung, falls die Echtzeitüberweisung entweder im Prüfungs- oder im Ausführungsstadium nicht die Anforderungen einer „Echtzeit"-Übertragung erfüllen kann.

IV. Integration eines zahlerschützenden Chargeback-Systems

Der maßgebliche Vorteil einer Echtzeitüberweisung ist die sofortige Verfügbarkeit des Geldes beim Empfänger. Dieser kann mit dem erhaltenen Betrag frei handeln. Sein Vertrauen
auf die Finalität der durchgeführten Echtzeitüberweisung wird durch die Unwiderruflichkeit
(§ 675p Abs. 1 BGB) gestützt. Aus zahlungsverkehrsrechtlicher Sicht kommt eine Rückübertragung des Geldbetrages lediglich bei einem erfolgreichen Rückrufverfahren oder einer
Durchsetzung der bereicherungsrechtlichen Rückabwicklung infolge der fehlenden Autorisierung des Zahlungsvorgangs in Betracht.

1. Missbrauchsgefahr durch das bestehende Rückholrisiko

Das Merkmal der sofortigen Verfügbarkeit des Zahlungsbetrages eröffnet aber nicht nur für
Geschäftsmodelle, sondern auch für betrügerisch handelnde Zahlungsempfänger neue Möglichkeiten.

Die Rückrufverfahren des Rulebooks werden ihrem Anspruch als Vertrauensschutz des Zahlers nicht gerecht. Dies liegt insbesondere an der Ineffektivität der Rückrufverfahren, die
keinen Anspruch des Zahlers begründen, sondern lediglich ein vom Zahlerinstitut ausgehen-
des Rückholverfahren darstellen.[760] Der Erfolg des Verfahrens hängt in aller Regel von der
Zustimmung des Zahlungsempfängers ab. Erfasst werden ohnehin nur die Fälle der unautorisiert ausgeführten Echtzeitüberweisung. Bei fehlender Autorisierung wird der Zahler oftmals seinen Anspruch aus § 675u S. 2 BGB mit den Einschränkungen des § 675v BGB gegen
seinen Zahlungsdienstleister geltend machen. Über die Haftung der Zahlungsdienstleister
wird zwar insbesondere der Kontodatenmissbrauch nicht an seiner Wurzel bekämpft,[761] aber

---

[759] Kombination der beiden 20-sekündigen Time-Out-Deadlines.
[760] Siehe ausführlich, 3. Kapitel A. V.
[761] Die betrügerisch tätigen Zahlungsempfänger haben das Geld oftmals bereits durch eine Bargeldabhebung
dem Regress des Zahlerinstituts entzogen.

immerhin eine klare gesetzliche Risikoverteilung zugunsten des Zahlers etabliert, der sich unabhängig von der Solvenz des Zahlungsempfängers schadlos halten kann. Die Echtzeitüberweisung wird beim Datenmissbrauch nicht selten eingesetzt, um schnellstmöglich eine Bargeldabhebung zu ermöglichen und eine vorherige Entdeckung sowie Rückabwicklung des unautorisierten Zahlungsvorgangs zu verhindern.[762] Mangels vorhandener Regressmasse stellt dieses Betrugsvorgehen für die Kreditinstitute ein nicht unerhebliches Haftungsrisiko dar.

Für den Zahlungsdienstnutzer können insbesondere betrügerische (Online-)Händler und anderweitige Vorleistungssituationen zur Bedrohung werden. Der Zahler autorisiert bewusst den Zahlungsvorgang in der Erwartung, eine mangelfreie Gegenleistung zu erhalten. Nicht selten wird die Gegenleistung anschließend gar nicht oder in erheblich geringerer Qualität erbracht. Im grenzüberschreitenden E-Commerce ist die Geltendmachung der Mängelgewährleistungsrechte aufgrund des womöglich im Ausland befindlichen Gerichtsstandes und des unbekannten, anzuwendenden Rechts mit hohen Hürden verbunden. (Online-)Händler haben über die Vereinbarung in den AGB-Klauseln in den Grenzen des Verbraucherschutzrechts die Möglichkeit, einen Gerichtsstand oder das anzuwendende Recht zu wählen. Der Zahler hat daher oftmals keine realistische Chance, sein Geld zurückzuerhalten. Dies stellt einen wesentlichen Nachteil gegenüber Zahlungen mittels Drittdienstleistern wie Zahlungsauslösedienstleistern und Bezahldiensten wie PayPal dar, welche Käuferschutzverfahren anbieten.[763] Konventionelle Überweisungen können aufgrund der längeren Ausführungsfrist in Ausnahmefällen noch rückgängig gemacht werden.[764] Bei dem klassischen Fall des Betruges im Online-Handel ist gleichwohl die Gutschrift bei dem Empfänger regelmäßig im Zeitpunkt der Entdeckung der betrügerischen Absicht bereits erfolgt.

---

[762] Vgl. Pressemitteilung der Verbraucherzentrale Niedersachsen „Trickbetrug bei WhatsApp" vom 17.08.2021, abrufbar unter: https://www.verbraucherzentrale-niedersachsen.de/presse/trickbetrug-bei-whatsapp (letzter Abruf: 30.09.2022).
[763] Vgl. *Herresthal*, ZIP 2019, 895 (898).
[764] Vgl. *Herresthal*, ZIP 2019, 895 (898).

2. Grundlagen des Chargeback-Systems im Kreditkartenverkehr

Um das Vertrauen der Zahlungsdienstnutzer in die Echtzeitüberweisung zu stärken und diese Zahlungsart mithin massentauglicher zu gestalten, sind Ergänzungen zu den Rückrufverfahren des Rulebooks in Erwägung zu ziehen. Die EU-Kommission nennt in ihrem Strategiepapier für den Massenzahlungsverkehr die mögliche Einführung eines Chargeback-Verfahrens bei der Echtzeitüberweisung.[765] Eine weitere Konkretisierung nimmt sie zunächst nicht vor. Das Chargeback-Verfahren beschreibt die Möglichkeit einer Rückholung des Geldbetrages bei der Kreditkartenzahlung. Zur Bestimmung der Kompatibilität dieses Verfahrens mit der Echtzeitüberweisung soll sein wesentlicher rechtlicher Hintergrund dargestellt werden.

a. Akteure und Vertragsverhältnisse der Kreditkartenzahlung

Kreditinstitute als Zahlungsdienstleister emittieren Kreditkarten auf Basis von Lizenzverträgen mit den marktbeherrschenden Kreditkartenunternehmen VISA und MasterCard.[766] Der Karteninhaber schließt mit dem Zahlungsdienstleister einen Zahlungsdiensterahmenvertrag.[767] Der Einsatz der Kreditkarte durch die Unterzeichnung des Belastungsbelegs ist eine unwiderrufliche Weisung im Sinne von § 665 BGB und ein Zahlungsauftrag im Sinne von § 675f Abs. 3 S. 2 BGB.[768] Der Emittent wird dadurch verpflichtet, den Karteninhaber von seiner Zahlungsschuld gegenüber dem Vertragsunternehmen zu befreien.[769] Im Gegenzug erhält der Emittent einen Aufwendungsersatzanspruch gegen den Karteninhaber.[770] Ausgelöst wird der Zahlungsvorgang letztlich durch den Zahlungsempfänger.[771] Der Vertragspartner des Karteninhabers im Valutaverhältnis, das Vertragsunternehmen, schließt einen Akzeptanzvertrag mit dem Kartenunternehmen bzw. (oftmals) einem über einen Lizenzvertrag zwischengeschalteten sog. Acquirer.[772] Acquirer sind in der Regel für ein oder mehrere

---

[765] Vgl. *EU-Kommission*, Strategiepapier MZV, S. 11.

[766] *Schmalenbach*, in: BeckOK BGB, § 675f Rn. 98; Kartenemittent muss immer ein Zahlungsdienstleister sein (§ 1 Abs. 1 S. 2 Nr. 3 lit. b) ZAG, § 1 Abs. 2 Nr. 4 ZAG).

[767] Vgl. *Beesch*, in: Dauner-Lieb/Langen, SchR, § 675f Rn. 47.

[768] Vgl. BGH, Urt. v. 16.04.2002 – XI ZR 375/00 = BGHZ 150, 286; *Schur/Schur*, JA 2017, 739 (740); *Schmalenbach*, in: BeckOK BGB, § 675f Rn. 110.

[769] Erfüllungsübernahme gemäß § 329 BGB, vgl. *Lindardatos*, in: MüKo HGB, G Rn. 39; *Schmalenbach*, in: BeckOK BGB, § 675f Rn. 110.

[770] Vgl. *Schmalenbach*, in: BeckOK BGB, § 675f Rn. 105.

[771] *Lindardatos*, in: MüKo HGB, G Rn. 59.

[772] *Schmalenbach*, in: BeckOK BGB, § 675f Rn. 98.

Kartenunternehmen tätig. Im Akzeptanzvertrag[773] sagt das Vertragsunternehmen zu, karten-gestützte Zahlungen anstelle von Bargeld anzunehmen.[774] Demgegenüber verpflichtet sich der Acquirer gegenüber dem Vertragsunternehmen, die Zahlungspflichten des Karteninha-bers abzüglich einer Bearbeitungsgebühr zu erfüllen, sofern das Vertragsunternehmen im Rahmen der Zahlungsabwicklung die Vorgaben des Kartenunternehmens einhält.[775] Dabei sind insbesondere Sicherungsverfahren zu beachten, die über die Zahlungsautorisierung hin-ausgehen.[776] Zuletzt findet zwischen dem Kartenemittenten und dem Acquirer ein Clearing statt.[777] Dieses ist im SEPA Card Framework und den jeweiligen Lizenzverträgen regu-liert.[778] Nach den Vorgaben der Lizenzvereinbarung ist der Emittent verpflichtet, die Zahlung des Acquirers auszugleichen.[779]

b. Rückabwicklung von Kreditkartenzahlungen

Die rechtliche Qualifikation der Zahlungszusage des Acquirers an das Vertragsunternehmen und damit einhergehend die Bargeldersatzfunktion der Kreditkartenzahlung[780] ist hoch um-stritten. Vertreten wird unter anderem das Vorliegen eines abstrakten Schuldversprechens[781], einer Garantie[782] oder einer reinen Geschäftsbesorgungsvereinbarung[783]. Das Akzeptanzver-hältnis ist grundsätzlich abstrakt vom Valutaverhältnis zu betrachten, sodass sich Mängel der Ware auf die Zahlungsverpflichtung des Acquirers nicht unmittelbar auswirken.[784] Nach herrschender Auffassung in der Literatur ist eine vom Acquirer gestellte AGB, wonach er sich die Möglichkeit der Rückbelastung trotz Einhaltung der Sicherheitsanforderungen durch das Vertragsunternehmen vorbehält, gemäß § 307 Abs. 1 BGB unwirksam.[785] Der Acquirer

---

[773] Rahmenvertrag sui generis, da dem Vertragsunternehmen kein Weisungsrecht zu Teil wird, vgl. *Schur/Schur*, JA 2017, 739 (741); *Schmalenbach*, in: BeckOK BGB, § 675f Rn. 100.
[774] Vertrag zugunsten des Karteninhabers gemäß § 328 Abs. 1 BGB, vgl. *Sprau*, in: Grüneberg, BGB, § 675f Rn. 53.
[775] Vgl. *Schmalenbach*, in: BeckOK BGB, § 675f Rn. 98.
[776] Vgl. BGH, Urt. v. 16.03.2003 – XI ZR 169/03 = NJW-RR 2004, 1122 (1124); BGH, Urt. v. 12.07.2005 – XI ZR 412/04 = NJW-RR 2005, 1570.
[777] Kein Zahlungsdienst iSv § 2 Abs.1 Nr. 7, 9 ZAG, vgl. *Sprau*, in: Grüneberg, BGB, § 675f Rn. 54.
[778] Vgl. *Schmalenbach*, in: BeckOK BGB, § 675f Rn. 111.
[779] Vgl. *Schur/Schur*, JA 2017, 739 (742).
[780] Dazu tiefergehend *Herresthal*, ZBB 2019, 353 (361 ff.) m.w.N.
[781] BGH, Urt. v. 16.04.2002 – XI ZR 375/00 = BGHZ 150, 286 (291 ff.).
[782] Vgl. *Bitter*, WM 2010, 1773 (1775).
[783] *Herresthal*, ZBB 2019, 353 (361 ff.).
[784] Vgl. Schmalenbach, in: BeckOK BGB, § 675f Rn. 100.
[785] Vgl. *Oechsler*, WM 2000, 1613 (1618); *Einsele*, Bank- und Kapitalmarktrecht, 2. Kap. § 6 Rn. 261; *Schmalenbach*, in: BeckOK BGB, § 675f Rn. 107; a.A. *Herresthal*, ZBB 2019, 353 (366).

schließe damit eine vertragswesentliche Pflicht aus, wodurch faktisch der Grundsatz der Un-widerruflichkeit unterlaufen werde. Im Falle der Nichtautorisierung des Zahlungsvorgangs und der Geltendmachung des Anspruchs aus § 675u BGB seitens des Karteninhabers liegt der Schaden regelmäßig zunächst bei dem Kartenemittenten, falls der Regress gegenüber dem Vertragsunternehmen ausscheidet.[786] Erfolgt eine Rückbuchung (sog. Chargeback), er-hält auch der Emittent vom Acquirer den erlangten Geldbetrag erstattet.

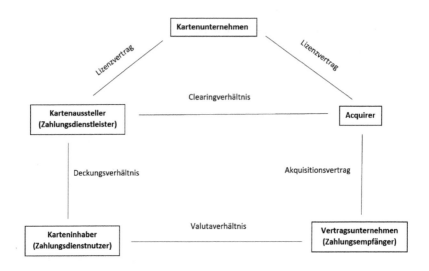

Abb. 6: Vertragskonstellation bei der Kreditkartenzahlung – siehe auch: *Schmalenbach*, in: BeckOK BGB, § 675f Rn. 99

VISA und MasterCard ermöglichen dem Karteninhaber nicht nur für die Fälle fehlender oder streitiger Autorisierung die Möglichkeit des Chargebacks, sondern auch dann, wenn die im Valutaverhältnis erworbene Ware nicht, teilweise oder mangelhaft geliefert worden ist.[787] Dies gilt auch im Fall der Insolvenz.[788] Der Prozess der Geltendmachung wird als sog.

---

[786] Vgl. *Schmalenbach*, in: BeckOK BGB, § 675f Rn. 111.
[787] Vgl. MasterCard Chargeback-Richtlinien vom 07.12.2021, S. 55 ff., abrufbar unter: https://www.master-card.us/content/dam/mccom/global/documents/chargeback-guide.pdf (letzter Abruf: 30.09.2022).
[788] Vgl. *Schmalenbach*, in: BeckOK BGB, § 675f Rn. 102; Rückerstattung durch den Emittenten ist auch durch den Insolvenzverwalter nicht anfechtbar, vgl. *Madaus/Knauth/Krafzcyck*, WM 2020, 1283 (1285).

„Chargeback-Cycle" bezeichnet und durch den Kartenaussteller auf Anfrage des Karteninhabers eingeleitet.[789] Voraussetzung einer Rückabwicklung ist aber, dass der Karteninhaber sich zunächst erfolglos an den Vertragsunternehmer gewendet hat.[790] Diese Anforderung aus den Chargeback-Richtlinien des Kreditkartenunternehmens übertragen die Kartenemittenten über die Bedingungen für die Kreditkartennutzung regelmäßig in das Deckungsverhältnis.[791] Für die Rückbuchung des Zahlungsbetrages haftet in diesem Fall zunächst der Acquirer und zwar unabhängig davon, ob er erfolgreich Regress beim Vertragsunternehmen nehmen kann. Zur Minderung des Regressausfallrisikos verlangen die Acquirer von den Vertragsunternehmen regelmäßig einen Sicherheitseinbehalt (sog. Rolling Reserve).[792] Der Acquirer erhebt – wenn er den Chargeback-Antrag für begründet hält – einen Rückforderungsanspruch gegen das Vertragsunternehmen oder macht ein Leistungsverweigerungsrecht geltend.[793] Die Wirksamkeit der Vereinbarung einer steten, verschuldensunabhängigen Belastung des Vertragsunternehmens ist in der Literatur umstritten.[794] Über das Chargeback-Verfahren selbst ist indes höchstrichterlich bislang nicht entschieden worden. Der Betrag wird dem Karteninhaber zunächst unter Vorbehalt erstattet, da das Vertragsunternehmen die Möglichkeit hat, einen Einspruch gegen den Chargeback einzulegen.[795] In der Regel trägt das Vertragsunternehmen gegenüber dem Acquirer das Beweisrisiko für die Rechtmäßigkeit der Transaktion. Wenn

---

[789] MasterCard Chargeback-Richtlinien, S. 25 ff.

[790] MasterCard Chargeback-Richtlinien, S. 58.

[791] Siehe nur Ziff. 10 der Sonderbedingungen für MasterCard/Visa Card der Sparkasse Dortmund, abrufbar unter: https://www.sparkasse-dortmund.de/content/dam/myif/spk-dortmund/work/dokumente/pdf/vertragsbedingungen/128701-Bedingungen-fuer-MasterCard-VisaCard.pdf?n=true; zur möglichen Unzulässigkeit gemäß § 307 Abs. 1 S. 2 BGB bzw. § 305c Abs. 1 BGB bei gegenteiligen Informationen auf der Website, vgl. *Schmalenbach*, in: BeckOK BGB, § 675f Rn. 109.

[792] Siehe nur Preis- und Leistungsverzeichnis des Payment-Service ingenico, abrufbar unter: https://www.ingenico.de/binaries/content/assets/germany-payment-services/download-center/preisleistungsverz_kk_2016-05.pdf (letzter Abruf: 30.09.2022).

[793] *Schmalenbach*, in: BeckOK BGB, § 675f Rn. 102.

[794] Eine Unwirksamkeit nahelegend: BGH, Urt. v. 16.04.2002 – XI ZR 375/00 = BGHZ 150, 286 (291 ff.) im Hinblick auf die verschuldensunabhängige Belastung mit dem vollen Risiko des missbräuchlichen Verwendung der Kreditkarte durch unberechtigte Dritte im sog. Telefon- oder Mailorderverfahren; *Schur/Schur*, JA 2017, 739 (742); kritisch: *Beesch*, in: Dauner-Lieb/Langen, SchR, § 675f Rn. 67, die eine bargeldähnliche Risikoverteilung im Online-Geschäft für unrealistisch erachtet und mit den Risiken des Acquirers argumentiert.

[795] Vgl. Informationen der Commerzbank zum Chargeback-Verfahren, abrufbar unter: https://www.commerzbank.de/portal/de/privatkunden/persoenlicher-bereich/konten/karten-verwalten/chargeback.html (letzter Abruf: 30.09.2022).

sich die jeweiligen Banken nicht über die Rückbuchung des Zahlungsbetrages einigen können, entscheidet ein Schiedsausschuss des Kreditkartenunternehmens final über den Streitfall.[796] Die Kosten der Chargeback-Anfrage trägt in der Regel das Vertragsunternehmen.[797]

3. Kompatibilität eines Zahlerschutzverfahrens mit dem Echtzeitüberweisungssystem

Für die Gestaltung eines zahlerschützenden Verfahrens bei der Echtzeitüberweisung könnten
Elemente aus dem Chargeback-Verfahren bei Kreditkartenzahlung, den Käuferschutzverfahren der Drittdienstleister[798] oder dem Erstattungsanspruch aus § 675x Abs. 2 BGB bei der
SEPA-Lastschrift herangezogen werden. Es sind aber im Gegensatz zur Standard-Überweisung, Lastschrift oder Kreditkartenzahlung zahlreiche Besonderheiten zu beachten, nach deren Betrachtung die Zweckmäßigkeit und konkreten Gestaltungsoptionen eines solchen Verfahrens bei der Echtzeitüberweisung zu bewerten sind. Im Blick gehalten werden muss weiterhin die Einhaltung von § 675p Abs. 1 BGB.[799] Die Gestaltung eines Rückholprozesses
darf nicht den Grundsatz der Unwiderruflichkeit eines Zahlungsvorganges vollständig ad ab-
surdum führen.

a. Verteilung des Insolvenzrisikos des Empfängers

Mit der vorbehaltslosen Gutschrift des Überweisungsbetrages kann der Empfänger das Geld
unmittelbar weiterverwenden, beispielsweise mittels Überweisung oder Bargeldabholung.
Der Rückgriff bei dem Zahlungsempfänger wäre für die Zahlungsdienstleister (und damit
mittelbar für den Zahler selbst) bei fehlender Kontendeckung nicht mehr möglich. Der ursprünglich übertragene Geldwert könnte dadurch „verloren gehen". Vor diesem Hintergrund
stellt die Verteilung des Insolvenzrisikos des Zahlungsempfängers im Falle eines erfolgreichen Zahlerschutzverfahrens eine maßgebliche Gestaltungsgrundlage dar.

---

[796] MasterCard Chargeback-Richtlinien, S. 234 ff.
[797] MasterCard Chargeback-Richtlinien, S. 445 f.
[798] Siehe 4. Kapitel B. IV. 2. b.
[799] Näher dazu im Hinblick auf die SEPA Instant Payments, 3. Kapitel A. V.

Bei unautorisierten Zahlungsvorgängen, die ebenfalls einen betrügerischen Hintergrund auf-
weisen können, wird der Zahler mithilfe des Anspruchs aus § 675u BGB gegen seinen Zahlungsdienstleister von dem Rückholrisiko grundsätzlich befreit. Die Zahlerbank wird mit einem Ausfallrisiko in Höhe des Überweisungsbetrages belastet, hatte vor der Ausführung des
Zahlungsvorganges aber auch selbst die Gelegenheit, das Vorliegen einer wirksamen Autorisierung zu prüfen. Zu hinterfragen bleibt allerdings, ob den beteiligten Zahlungsdienstleistern auch im Fall einer autorisierten Zahlung bei Nicht- bzw. Schlechtleistung des Zahlungsempfängers im Valutaverhältnis die finanzielle Belastung für die fehlende Möglichkeit des
Rückgriffs beim Empfänger auferlegt werden sollte. Die Rückabwicklung der Überweisung
basiert in diesem Fall gerade nicht auf rechtlichen Mängeln in dem Zahlungsvorgang, sondern auf Mängeln in dem Rechtsverhältnis zwischen Zahler und Empfänger. Die Schutzverfahren der weiteren Zahlungsformen begegnen dem Insolvenzrisiko des Zahlungsempfängers
auf verschiedene Weise.

Die Käuferschutzverfahren der Zahlungsauslösedienstleister sowie des Bezahldienstes
PayPal lösen den Konflikt zulasten des Zahlungsempfängers auf. Hierzu greifen sie in den
Zahlungsvorgang ein und gewähren dem Empfänger erst nach Abschluss des Käuferschutzverfahrens die freie Verfügung über den Zahlungsbetrag. Während Klarna oder PayDirekt
den Betrag zunächst auf ein Zwischenkonto übertragen, weist PayPal den E-Geld-Betrag
zwar dem Empfängerkonto zu, behält sich aber dessen Sperrung vor.[800] Ein in den Zahlungsvorgang integriertes, zahlerschützendes Verfahren hat immer zur Konsequenz, dass die Finalität des Zahlungsvorgangs beschnitten wird.

Sowohl bei der Kreditkartenzahlung als auch bei der Lastschrift wird der Zahlungsbetrag
dem Zahlungsempfänger trotz der bestehenden Rückabwicklungsverfahren grundsätzlich zur
freien Verfügung gutgeschrieben. Bei einem Chargeback trägt der Acquirer das Insolvenzrisiko des Vertragsunternehmens, bei der Lastschrift trägt es die Empfängerbank. Nach § 675x
Abs. 2 BGB hat der Zahler im SEPA-Lastschriftverfahren gegen seinen Zahlungsdienstleister innerhalb einer achtwöchigen Frist einen Erstattungsanspruch. Die Zahlerbank ist ihrerseits durch einen Ausgleichsanspruch gegen die Empfängerbank gemäß Ziff. 5.9.1 SEPA

---

[800] Siehe 4. Kapitel B. IV. 2. b.

Core Direct Debit Rulebook abgesichert.[801] Das Insolvenzrisiko des Zahlungsempfängers bei einer Rückabwicklung trägt daher in diesen Verfahren letztlich dessen Vertragspartner. Für den Eintritt erfolgreicher Chargeback-Verfahren schränken einige Acquirer die freie Verfügbarkeit des Zahlungsbetrages zu ihrer Absicherung mittels eines Sicherheitseinbehalts dennoch ein.

Die Echtzeitüberweisung stellt dem Empfänger den Zahlungsbetrag innerhalb kürzester Zeit zur Verfügung. Zur Vermeidung des Verlustrisikos sind daher Eingriffe in den Zahlungsvorgang zulasten der freien Verfügbarkeit in Erwägung zu ziehen. Dabei ist zu berücksichtigen, dass die auf die Echtzeitüberweisung angepassten Cashflow-Management-Systeme den Eingang des Geldbetrages auf dem Empfängerkonto erfassen. Im Grundsatz ist deshalb bereits eine Vorgehensweise wie bei den Käuferschutzverfahren der Drittdienstleister, bei denen das Geld zunächst auf einem Treuhandkonto verwahrt wird und nach dem Ablauf einer Reklamationsfrist an den Empfänger weitergeleitet wird, für die Echtzeitüberweisung abzulehnen. Aus dem gleichen Grund ist die Umstellung auf eine reine Zahlungsbestätigung ohne Geldfluss ungeeignet. Auch (Online-)Händler müssen ein gesteigertes Interesse haben, die Echtzeitüberweisung neben oder anstelle anderer Zahlungsarten wie der Sofortüberweisung anzubieten. Insbesondere um die Verarbeitung im Buchungssystem des Zahlungsempfängers sicherzustellen, sollte der Überweisungsbetrag daher jedenfalls in Echtzeit auf dem Empfängerkonto eingehen.

Dem „Verlustrisiko" des Geldbetrages könnte aber auch präventiv dadurch begegnet werden, dass der Geldbetrag zwar auf dem Konto des Zahlungsempfängers gutgeschrieben wird, diesem aber bis zum Ablauf einer Beschwerdefrist nicht zur freien Verfügung steht. Dieses Gestaltungsziel könnte durch die Sperrung des Betrages auf dem Empfängerkonto im Wege einer Nutzungsbegrenzung vergleichbar zu § 675x Abs. 4 BGB[802] erreicht werden.[803] Die Sperrung des Überweisungsbetrages auf dem Empfängerkonto im vorstehenden Sinne ist der

---

[801] Vgl. hierzu auch *Schmalenbach*, in: BeckOK BGB, § 675x Rn. 17; *Zetsche*, in: MüKo BGB, § 675x Rn. 40.

[802] Vgl. hierzu *Schmalenbach*, in: BeckOK BGB, § 675t Rn. 16.

[803] Diese Gestaltung führt zu Rechtsfragen bezüglich der Erfüllungswirkung. Das Risiko der Rückbelastung steht der Erfüllungswirkung nicht entgegen, vgl. auch BGH, Urt. v. 20.07.2010 – XI ZR 236/07 = BGHZ 186,269; BGH, Urt. v. 22.11.2017 – VIII ZR 83/16 = NJW 2018, 537. Im Hinblick auf das Erfordernis einer freien Verfügbarkeit zur Befriedigung des Leistungsinteresses dürfte eine Sperrwirkung der Erfüllung entgegenstehen.

Verbuchung des Überweisungsbetrages auf einem Unterkonto vorzuziehen. Für die Zahlungsdienstleister ist es praxisfern, zu jedem Hauptkonto ein Unterkonto zuzuordnen, allein um den Überweisungsbetrag bis zu dem endgültigen Abschluss des Zahlerschutzverfahrens separat zu erfassen. Außerdem könnte diese Vorgehensweise zu Problemen im Cashflow-Management der Zahlungsempfänger führen.[804] Im Rahmen des Anspruchs des Zahlungsempfängers aus § 675t Abs. 1 BGB ist das „Verfügbarmachen" des Zahlungsbetrages aber dergestalt auszulegen, dass der Betrag beispielsweise für eine Überweisung oder Abholung für den Empfänger zur Verfügung steht.[805] Nach gegenwärtiger Rechtslage wäre daher eine Sperrung des Geldbetrages eine Pflichtverletzung des Empfängerinstituts gegenüber dem Empfänger. § 675t Abs. 1 BGB ist gemäß § 675e Abs. 1, 4 BGB auch im unternehmerischen Verkehr weitgehend zwingend.[806] Insofern müsste der europäische Gesetzgeber eine Ausnahme von dem Anspruch auf unverzügliche Gutschrift in die Norm integrieren, um eine Sperrung überhaupt zu ermöglichen. Ein gesetzlicher Erstattungsanspruch aus § 675x BGB ist bisher auch nur für Pull-Zahlungen, die ohne konkreten Betrag autorisiert wurden und deren Zahlungsbetrag den nach den Umständen erwartbaren Betrag übersteigt (Abs. 1), oder für Lastschriftzahlungen (Abs. 2) vorgesehen.

Die freie Verfügbarkeit des Geldbetrages innerhalb von Sekunden ist aber gerade der wesentliche Vorteil der Echtzeitüberweisung als Zahlungsform. Selbst wenn (minimalinvasiv) eine Sperrung des Geldbetrages auf dem Empfängerkonto stattfinden würde, wäre der Echtzeitüberweisung ihre zentrale Eigenschaft entzogen. Im Vergleich zu der Bezahlung mit Zahlungsauslösediensten oder Bezahldiensten bliebe allein der Eingang des Geldbetrages auf dem Empfängerkonto als Vorzug bestehen. Viele Online-Händler erfassen gegenwärtig die Zahlungsauslösebestätigungen in ihren Systemen.[807] Wenn der Überweisungsbetrag aber ohnehin nicht liquide auf dem Empfängerkonto gutgeschrieben wird, ist eine Umstellung der Zahlungserfassungssysteme nicht zwingend erforderlich. Die Vorteile eines Zahlerschutzverfahrens würden durch seine einhergehenden Nachteile nicht zu einer erheblich steigenden Marktausbreitung der Echtzeitüberweisung führen.

---

[804] Dieses Risiko kann für die „Sperrlösung" mangels Verfügbarkeit des Betrages ebenfalls nicht ausgeschlossen werden, wobei zumindest der Geldeingang auf dem Hauptkonto verzeichnet werden kann.

[805] Vgl. Begr. RegE, BT-Drs. 16/11643, S. 112; *Sprau*, in: Grüneberg, BGB, § 675t Rn. 4; *Beesch*, in: Dauner-Lieb/Langen, SchR, § 675t Rn. 10.

[806] *Schmalenbach*, in: BeckOK BGB, § 675t Rn. 12.

[807] Siehe 2. Kapitel B. III.

Aus diesem Grund ist es zweckmäßig, das Insolvenzrisiko des Empfängers nicht durch einen Eingriff in den Zahlungsvorgang und die Einschränkung der freien Verfügbarkeit vollständig auszuschließen. Ein erfolgreiches Zahlerschutzverfahren führt dann nicht zu einer Umkehr des ursprünglichen Zahlungsvorgangs, sondern gewährt dem Zahler einen eigenständigen Anspruch auf Erstattung in Höhe des ursprünglichen Überweisungsbetrages.[808] Entscheidend ist, dass ein Zahlerschutzverfahren aus Sicht des Zahlers bei Vorliegen der Rückabwicklungsvoraussetzungen effektiv ist, d.h. dass dem Zahler der Überweisungsbetrag ohne Ausfallrisiko wieder gutgeschrieben wird. In Anlehnung an das Chargeback-Verfahren und die Rückbelastung bei der SEPA-Lastschrift sollte bei einem Zahlerschutzverfahren im Rahmen der Echtzeitüberweisung jede Partei das Insolvenzrisiko ihres jeweiligen Vertragspartners tragen. Für das Empfängerinstitut stellt diese Regelung gewiss eine nicht unerhebliche finanzielle Belastung dar. Es haftet letztlich für ein Rückabwicklungsrisiko, welches seine Grundlage im Valutaverhältnis findet. Dies ist aber vergleichbar mit der Rückabwicklung einer SEPA-Lastschrift, die im Gegensatz zu einem Zahlerschutzverfahren deutlich geringere Anforderungen hat. Da das Empfängerinstitut für das Insolvenzrisiko seines Vertragspartners haftet, bleibt es ihm – vergleichbar dem Chargeback-Verfahren – unbenommen, über die Vertragsbedingungen Sicherheiten des Kunden (gegebenenfalls unter Berücksichtigung der Bonität) für potentielle Zahlerschutzverfahren zu vereinbaren. Das Zahlerschutzverfahren selbst sollte in seiner rechtlichen Umsetzung für diese Zwecke zumindest keine Beschränkung der Verfügbarkeit des Überweisungsbetrages vorsehen.

b. Verwaltungsaufwand für die Zahlungsdienstleister

Bereits die Integration eines zahlerschützenden Systems wird mit erheblichen Investitionen der Zahlungsdienstleister für die Entwicklung der Prozesse und Anpassung der Regelweke verbunden sein. Die Kosten für die Integration des zahlerschützenden Verfahrens sind in die Bepreisung im Rahmen der beschriebenen Entgeltmodelle der Echtzeitüberweisung einzubeziehen. Hier sei darauf hingewiesen, dass die von der EU-Kommission erwogenen Eingriffe

---

[808] Dies ist vergleichbar mit dem Chargeback-Verfahren sowie der Lastschriftrückbuchung, vgl. zu letzterer BGH, Urt. v. 20.07.2010 – XI ZR 236/07 = BGHZ 186, 269; *Schmalenbach*, in: BeckOK BGB, § 675x Rn. 15.

in die Bepreisungsfreiheit der Zahlungsdienstleister[809] zur Angleichung der Entgelte für die Standard- und Echtzeitüberweisung zunächst abzulehnen sind. Die Instant Payments sind jedenfalls gegenwärtig noch mit höheren Kosten für die Zahlungsdienstleister verbunden. Durch die Einbeziehung in die allgemeinen Kontoführungsgebühren könnte eine transaktionsbezogene Bepreisung der Echtzeitüberweisung allerdings umgangen werden, was zu einer Nutzungszunahme der Zahlungsform beitragen würde.

Die Durchführung der zahlerschützenden Verfahren, welche die Erfüllung der Leistungspflichten im Valutaverhältnis berücksichtigen, ist zusätzlich mit nicht unerheblichem Verwaltungsaufwand verbunden. Beim Chargeback-Verfahren wird deshalb sowohl durch die MasterCard Chargeback-Richtlinien als auch innerhalb der Sonderbedingungen zwischen Karteninhaber und Emittenten festgelegt, dass sich der Karteninhaber zunächst an seinen Vertragspartner im Valutaverhältnis zu wenden habe. Entsprechende Nachweise sind auf Rückfrage gegenüber dem Emittenten zu erbringen. Wer letztlich die Prüfung des Chargeback-Anliegens übernimmt, bestimmt sich im Vertragsverhältnis zwischen dem Kreditkartenunternehmen bzw. Acquirer und dem Emittenten.

Es liegt nicht im Interesse eines Kreditinstituts, über die ordnungsgemäße Ausführung des Zahlungsvorganges (mitsamt Sicherstellung einer Autorisierung) hinaus auch Vertragsverletzungen im Valutaverhältnis zu prüfen. Im Ausführungsstadium der Echtzeitüberweisung ist in der Regel keine weitere Vertragspartei eingeschaltet, die eine solche Prüfung anstelle des Zahlungsdienstleisters übernehmen könnte. Ähnlich wie es der BGH zu den Käuferschutzverfahren der Bezahldienste PayPal[810] und AmazonPay[811] entschieden hat, sollte in einem Zahlerschutzverfahren bei der Echtzeitüberweisung allenfalls eine summarische Prüfung der Vertragssituation im Valutaverhältnis vorgenommen werden. Zweck des Verfahrens kann es nämlich nur sein, das Risiko der Vorleistung durch den Zahler zu minimieren, nicht aber anstelle der ordentlichen Gerichte abschließend über Gewährleistungsrechte zu entscheiden.

---

[809] Vgl. *EU-Kommission*, Strategiepapier MZV, S. 10.
[810] BGH, Urt. v. 22.11.2017 – VIII ZR 83/16 = BGHZ 217, 33.
[811] BGH, Urt. v. 01.04.2020 – VIII ZR 18/19 = ZIP 2020, 1465.

Hierfür bietet sich folgende Gestaltungsoption an: Der Zahler muss gegenüber seinem Zahlungsdienstleister für einen Rückholvorgang eine erhebliche Schlecht- oder Nichtleistung plausibel darlegen und im Streitfall nachweisen. Dem Zahlungsempfänger muss zumindest die Möglichkeit der Gegendarstellung über seinen Zahlungsdienstleister gewährt werden. Nach Abschluss des Informationsaustausches entscheidet dann eine neutral zwischen den Zahlungsdienstleistern stehende Institution im Sinne eines Schiedsausschusses, ob der Überweisungsvorgang rückabgewickelt wird. Der jeweils „unterlegenen" Partei, die infolge des Zahlerschutzverfahrens das Vorleistungsrisiko im Valutaverhältnis trägt, bleibt es in der Folge unbenommen, ihre Rechte aus dem Valutaverhältnis[812] im Rahmen der ordentlichen Gerichtsbarkeit durchzusetzen. Bereits eine solche Umkehr der Klagelast kann einen erheblichen tatsächlichen Effekt entfalten.[813]

Ebenso zu klären ist die Kostentragungslast für das Prüfungsverfahren. Der Zahlungsdienstleister bietet zwar das Produkt der Echtzeitüberweisung an, wird aber die Kosten für ein zahlerschützendes Verfahren voraussichtlich nicht übernehmen. Sowohl PayPal als auch die Kreditkartenunternehmen halten den Zahler von den Verfahrensgebühren frei und behalten sich vor, allein den Zahlungsempfänger die Kosten aufzubürden.[814] Regelmäßig übernimmt PayPal die Kosten des Verfahrens – mit Ausnahme einer Festgebühr – sogar selbst. Um die willkürliche Einleitung von Schutzverfahren zu verhindern und eine sachgerechte Gebührenverteilung vorzunehmen, ist ebenfalls eine Kostentragung der unterliegenden Partei im summarischen Prüfverfahren denkbar. Dieses Kostenrisiko, das seiner Höhe nach durchaus den Überweisungsbetrag erreichen kann, ist aber geeignet, den Zahler von der Einleitung des Verfahrens abzuhalten. Sollte der Zahlungsempfänger alleine die Kosten tragen, verbliebe ihm die Möglichkeit, bei einer willkürlichen Verfahrensinitiierung im Rahmen des Vertragsverhältnisses Regress beim Zahler zu nehmen.

---

[812] Beispielsweise Mängelgewährleistungsrechte.
[813] Vgl. *Guggenberger*, NJW 2018, 1057 (1060) unter Bezugnahme auf die „Trägheit" der Unternehmen hinsichtlich etwaiger Klageverfahren zur Erlangung von kleinen Beträgen.
[814] Siehe Gebührenübersicht von PayPal, abrufbar unter: https://www.paypal.com/de/webapps/mpp/merchant-fees (letzter Abruf: 30.09.2022).

c. Rechtsbeziehungen

Ein Rückholverfahren bei Echtzeitüberweisungen ist entsprechend der vorstehend dargestellten Verteilung des Insolvenzrisikos über eine Pflicht zur Rückübertragung des Geldbetrages entlang der Übertragungskette umzusetzen. Diese kann gesetzlich oder vertraglich ausgestaltet sein.

Bezahldienste wie PayPal und sonstige Drittdienstleister wie PayDirekt oder Klarna stehen in einer unmittelbaren vertraglichen Beziehung zum unternehmerisch tätigen Zahlungsempfänger.[815] PayPal tritt sogar als Vertragspartner gegenüber Zahler und Empfänger auf. Auch beim Chargeback-Verfahren besteht ein Akzeptanzvertrag, der das Rechtsverhältnis zwischen dem Vertragsunternehmen und dem Acquirer ausgestaltet. Über ein solches Vertragskonstrukt wird eine rechtliche Brücke zwischen Zahler und Empfänger geschaffen, die die Integration eines verbindlichen Rückholverfahrens erlauben. Diese vertraglichen Konstellationen können eine erhöhte Vertrauensbasis des Zahlers gegenüber dem Empfänger schaffen.

Ein rechtliches Vertragssystem wie bei PayPal könnte letztlich nur bei der bankinternen Überweisung erreicht werden, da der gleiche Zahlungsdienstleister über einen Zahlungsdiensterahmenvertrag mit den jeweiligen Kunden verbunden ist. Bei der Kreditkartenzahlung wird eine Vertragskette unter Integration des emittierenden Zahlungsdienstleisters und des lizensierten Acquirer hergestellt. Bei der institutsübergreifenden Echtzeitüberweisung könnte eine solche Brücke über das SICT Rulebook geschaffen werden, da der Zahlungsdienstleister des Zahlers und des Empfängers für die Durchführung dieser Transaktion daran teilnehmen müssen. Darin könnten der Ablauf des Zahlerschutzverfahrens beschrieben und die teilnehmenden Zahlungsdienstleister verpflichtet werden, die vertraglichen Grundlagen in das Verhältnis zu ihren jeweiligen Kunden über die SB EÜ zu integrieren. Die Pflicht zur Rückleitung des Geldbetrages im Interbankenverhältnis könnte im SICT Rulebook unmittelbar festgehalten werden.

---

[815] Siehe 4. Kapitel B. III. und IV.

d. Anwendungsbereich des Zahlerschutzverfahrens

Mit Blick auf den Schutzzweck und den Aufwand eines Zahlerschutzverfahrens ist zu prüfen, ob der Anwendungsbereich des Verfahrens einer Einschränkung bedarf.

Anders als bei der Kreditkartenzahlung stehen als Empfänger der Echtzeitüberweisung sämtliche Zahlungsdienstnutzer zur Verfügung, die ein Konto bei einer die Echtzeitüberweisung anbietenden Bank unterhalten und den SB EÜ zugestimmt haben. Wegen der dem Zahlungsempfänger daraus möglicherweise erwachsenden Nachteile sollte ihm die Wahl überlassen werden, ob er für den Empfang einer Echtzeitüberweisung ein Zahlerschutzverfahren anbieten möchte. Dazu ist ein neben die SB EÜ tretender, separater Vertragsschluss zwischen dem Zahlungsempfänger und seinem Zahlungsdienstleister zur Teilnahme am Zahlerschutzverfahren denkbar. Dem Zahler könnte dann bei der Wahl der Echtzeitüberweisung als Zahlungsmethode bereits angezeigt werden, ob ihm bei der Zahlung an den ausgewählten Empfänger ein Schutzverfahren zur Verfügung steht. Auf Basis dieser Information kann der Zahler dann eine bewusste Risikoabwägung vornehmen, ob er den anvisierten Vertrag auch ohne Schutzverfahren abschließen möchte. Die Optierung zum Schutzverfahren würde dem Zahlungsempfänger hingegen einen Vertrauensvorschuss am Markt gewähren. Dies gilt sowohl im gewerblichen Bereich als auch bei Austauschverträgen zwischen Privaten. Eine betrügerische Motivation des Zahlungsempfängers kann in diesen Fällen nahezu ausgeschlossen werden. Bei dem Empfang einer PayPal-Zahlung kann der Empfänger hingegen nicht selber bestimmen, ob er das Käuferschutzverfahren anbieten möchte. Dies kann allerdings dadurch gerechtfertigt werden, dass dem Empfänger regelmäßig nur die Festgebühr auferlegt wird, die er auf den Kaufpreis aufschlagen kann. Das Risiko hoher Verfahrenskosten – wie sie bei dem Chargeback-Verfahren durchaus in Betracht kommen[816] – droht insbesondere privaten Verkäufern in aller Regel nicht.

Zudem würde das Angebot eines zahlerschützenden Systems für sämtliche Echtzeitüberweisungsvorgänge den Schutzzweck überschreiten. Insbesondere im rein privaten Bereich (zum Beispiel Rückzahlung eines Geldbetrages nach der kurzfristigen unentgeltlichen Überlassung

---

[816] MasterCard Chargeback-Richtlinien, S. 445 ff.

im Bekanntenkreis) können die Schutzmechanismen zugunsten der Finalität des Zahlungsvorgangs vernachlässigt werden. Es kann nicht ausgeschlossen werden, dass bereits der Vorbehalt eines Zahlerschutzverfahrens Aufwand und damit Kosten bei dem Zahlungsdienstleister auslöst. PayPal erhebt daher beispielsweise für Transaktionen, die nicht im rein privaten
Bereich erfolgen, eine Festgebühr vom Zahlungsempfänger.[817] Wenn der Zahler sich das
Käuferschutzverfahren von PayPal nicht vorbehält, werden keine Transaktionsgebühren fäl-
lig. Vergleichbar mit dem Chargeback-Verfahren oder den Käuferschutzverfahren der Drittdienstleister und Bezahldienste kann die Anwendung eines Schutzverfahrens im Bereich des
Erwerbs von Waren und Dienstleistungen zweckfördernd sein. Eine entsprechende Differenzierung empfiehlt sich daher auch bei dem Zahlerschutzverfahren für die Echtzeitüberweisung.

Den Ausschluss des Schutzverfahrens von Zahlungsvorgängen im rein privaten Bereich ist
in den Vertragswerken abstrakt schwierig umsetzbar. Es wäre rechtstechnisch weniger auf-
wendig, dem Zahler bei der Erteilung des Zahlungsauftrages – wie bei der PayPal-Zahlung –
die Auswahl zu geben, ob er den Geldbetrag dem Empfänger ohne den Vorbehalt eines
Schutzverfahrens und dafür ohne den Abzug von zusätzlichen Gebühren übertragen möchte
oder ob er sich ein Schutzverfahren vorbehält. Da die Zahlungsempfänger potentielle Gebühren regelmäßig in ihren Preisen im Valutaverhältnis berücksichtigen, kann davon ausgegangen werden, dass der gebührenauslösende Vorbehalt eines Schutzverfahrens in angemessener
Weise eingesetzt wird.

4. Zweckmäßigkeit eines Zahlerschutzverfahrens

Es ist zu erwarten, dass die Umsetzung eines Zahlerschutzverfahrens in der Praxis erheblichen Schwierigkeiten begegnet. Der Hintergrund dieser Schwierigkeiten darin, dass die Echtzeitüberweisung als eigenständiges Zahlungsverfahren der Zahlungsdienstleister im Grundsatz von Drittunternehmen unabhängig ist. Während bei PayPal der gesamte Zahlungsvorgang bereits von dem Unternehmen begleitet wird, ist bei der Kreditkartenzahlung das Kre-

---

[817] Siehe Gebührenübersicht von PayPal, abrufbar unter: https://www.paypal.com/de/webapps/mpp/merchant-fees (letzter Abruf: 30.09.2022).

ditkartenunternehmen als neutrale, zwischen den jeweiligen Zahlungsdienstleistern fungie-
rende Partei eingesetzt. Neben dem Verwaltungsaufwand, den die Zahlungsdienstleister ohnehin zusätzlich im Vergleich zu anderen Zahlungsarten zu erbringen hätten, müsste eine
neutrale Schlichtungsstelle zur Entscheidung von Streitfällen geschaffen werden. Die Kostentragung wird je nach deren konkreter Höhe in Relation zum Überweisungsbetrag ein nicht
unerheblicher Faktor für die Nutzung eines Zahlerschutzverfahrens sein. Daneben besteht
das Insolvenzrisiko des Zahlungsempfängers, welches nicht den Zahler treffen darf, wenn
das Schutzverfahren für diesen zuverlässig und effektiv ausgestaltet werden soll.

Die vorstehenden Erwägungen haben aber verdeutlicht, dass verschiedene Gestaltungsvari-
anten zur Überwindung der aufgezeigten Hürden zur Verfügung stehen. Die Echtzeitüberweisung als Zahlungsweise befindet sich noch in der Ausbreitungsphase und ihre Stellung
im Massenzahlungsverkehr wird von den Zahlungsdienstleistern und Nutzern definiert. Deshalb sind sämtliche Interessen zwingend zu berücksichtigen und in einen Ausgleich zu bringen. Wenn die Interessen von Zahler und Zahlungsempfänger mit der praktischen und finan-
ziellen Umsetzbarkeit für die Zahlungsdienstleister in Einklang gebracht werden, bietet ein
Zahlerschutzverfahren für die Echtzeitüberweisung eine Chance zur Wiedererlangung von
an Drittdienstleister verlorenen Marktanteilen.

Entscheidend ist aber, dass das Zahlerschutzverfahren nicht die Vorzüge der Echtzeitüberweisung wie beispielsweise die sofortige Verfügbarkeit des Geldbetrages beim Empfänger
ohne eine Wahlmöglichkeit der Zahlungsdienstnutzer aufhebt. Wenn mit dem Schutzverfahren eine zwingende Wesensveränderung der Zahlungsform einhergeht, kann aus dessen Einführung sogar die Ausbremsung des Marktpotentials resultieren.

5. Konkreter Modellvorschlag

Trotz der angesprochenen Bedenken soll mit Blick auf die Chancen eine konkret gangbare
Ausgestaltung eines Zahlerschutzverfahrens dargestellt werden. Aufgrund der benannten
Konflikte im Hinblick auf die sofortige Verfügbarkeit des Geldbetrages, das Rückholrisiko
sowie die rechtliche Umsetzung einer Rückholkette kommt hierbei lediglich ein ausdifferen-
ziertes Optionsmodell für das Zahlerschutzverfahren bei der Echtzeitüberweisung mit folgenden Eigenschaften in Betracht:

In dem vorgeschlagenen System können Zahler und Zahlungsempfänger die Zahlungsart der Echtzeitüberweisung auch ohne die Einschaltung des Käuferschutzverfahrens nutzen. Die Teilnahme ist – anders als bei dem Chargeback-Verfahren der Kreditkartenunternehmen – mithin freiwillig und die Verbreitung des Systems dem Markt überlassen. Die rechtlichen Grundlagen werden dennoch in dem Rulebook bereitgestellt und entsprechend in die SB EÜ übernommen. Ein Zahlungsempfänger könnte dann generell für oder gegen die Teilnahme am Zahlerschutzverfahren optieren. Dem Zahler wird im Vorfeld der Autorisierung des Zahlungsvorganges angezeigt, ob der Zahlungsempfänger die Möglichkeit des Rückholverfahrens gewährleistet. Vorteil für den unternehmerisch tätigen Zahlungsempfänger ist der Vertrauensgewinn bei potentiellen Kunden. Diese werden eher geneigt sein, eine kostenintensive Anschaffung zu tätigen, wenn sie eine gewisse Sicherheit für den Fall der Nicht- oder Schlechtleistung haben. Bei anderen Zahlverfahren wie PayPal oder der Kreditkartenzahlung trägt der Verkäufer ein vergleichbares finanzielles Risiko, weshalb er durchaus bereit sein könnte, bei der Echtzeitüberweisung ebenfalls das Schutzverfahren anzubieten. Andernfalls geht der Zahler aber auch das bewusste Risiko des Verlustes des Geldbetrages ein, wenn er beispielsweise bei einem nichtteilnehmenden Unternehmen mit der Echtzeitüberweisung bezahlt. Eine vollständige Verhinderung der missbräuchlichen Provokation einer Echtzeitüberweisung wird mit dieser Lösung nicht erreicht, aber den Kunden der Zahlungsdienstleister wird im Vorfeld der Zahlung eine erkennbare Wahl hinsichtlich der Risikotragung gegeben. Der Zahler sollte überdies wie bei PayPal die Möglichkeit haben, selbst beim Angebot eines Zahlerschutzverfahrens durch den Empfänger eine Echtzeitüberweisung ohne den Vorbehalt des Prüfverfahrens zu initiieren.

Der Modellvorschlag ermöglicht keinen Widerruf entgegen § 675p Abs. 1 BGB, sondern integriert ein Rückabwicklungssystem. Der Zahler hat dabei eine – wegen der möglicherweise grenzüberschreitenden Lieferung der Ware nicht zu kurze – Frist zur Anzeige der Nicht- oder Schlechtleistung gegenüber seinem Zahlungsdienstleister, beispielsweise 60 Tage ab Erteilung des Zahlungsauftrages. Dem Zahlungsempfänger wird anschließend die Gelegenheit zur Gegendarstellung gegeben. Falls das summarische Prüfungsergebnis durch eine neutrale dritte Partei[818] letztlich das Vorliegen einer Nicht- oder Schlechtleistung ergibt, muss der Zahler den Überweisungsbetrag zurückerhalten. Die Etablierung einer neutralen Schiedsstelle ist wesentliches Merkmal dieses Verfahrensvorschlags. Bei sämtlichen Streitfällen ist nicht das anwendbare Vertragsrecht maßgebend, sondern ein für das Zahlverfahren festgelegter summarischer Prüfungsmaßstab. Auf diese Weise können auch grenzüberschreitende Sachverhalte ohne tiefergehende Prüfung des internationalen Privatrechts sowie der materiellen Rechtslage entschieden werden. Dieser Prüfungsmaßstab ist mit Blick auf die Rechtsfolge, die Verlagerung des Klagerisiko im Valutaverhältnis, sachgerecht.

Die Gutschrift auf dem Konto des Zahlungsempfängers erfolgt grundsätzlich nach den Verfahrensregeln zu dessen freier Verfügung. So bleiben die Wesensmerkmale der Echtzeitüberweisung durch das Zahlerschutzverfahren unberührt. Die Zahlung könnte im Cashflow-Management des Unternehmens problemlos registriert werden. Ein erfolgreiches Zahlerschutzverfahren führt zu einem Anspruch des Zahlers gegen seinen Zahlungsdienstleister, der sich beim Zahlungsdienstleister des Empfängers schadlos halten kann. Das Insolvenzrisiko des Zahlungsempfängers trägt das Empfängerinstitut. Hält dieses die Stellung einer Sicherheit durch den Zahlungsempfänger, insbesondere aufgrund seiner Bonität, für erforderlich, kann es sich eines Sicherheitseinbehalts oder der Sperrung des Geldbetrages im Einzelfall bedienen. Die Nachteile einer Sperrung, zum Beispiel der Bedarf einer Refinanzierung trotz Erhalt des Geldbetrages auf dem Konto, sind dann vom Zahlungsempfänger in Kauf zu nehmen, da die Teilnahme am Zahlerschutzverfahren für ihn optional ausgestaltet ist.

Zur Vermeidung einer zurückhaltenden Nutzung des Schutzsystems aufgrund des Kostenrisikos sollten die Kosten dem Zahlungsempfänger auferlegt werden, wenn die Reklamation des Kunden nicht von vornherein aussichtlos oder rechtsmissbräuchlich gewesen ist. Neben den ohnehin notwendigen Investitionen für die Infrastruktur sind weitere Belastungen für die Kreditinstitute geringzuhalten.

---

[818] Solche Dienstleistungsstellen könnten beispielsweise über die europäische Kreditwirtschaft in den jeweiligen Ländern etabliert werden.

6. Zwischenergebnis

Die Einführung eines dem Chargeback-Verfahren angeglichenes Zahlerschutzverfahrens bei der Echtzeitüberweisung, wie es von der EU-Kommission erwogen wird, ist mit zahlreichen praktischen Hürden verbunden, kann aber bei einem angemessenen Interessenausgleich für alle Parteien die Attraktivität dieser Zahlungsart steigern. Vor diesem Hintergrund ist allein ein auf Freiwilligkeit basierendes Optionsmodell in der Praxis denkbar. Die Charakteristika der Echtzeitüberweisung sollten dabei weitestmöglich unberührt bleiben.

5. Kapitel: Fazit

Im Laufe dieser Arbeit wurde wiederholt deutlich, dass es sich bei der SEPA-Echtzeitüberweisung um eine Sonderform der regulären Überweisung handelt.[819] Der Rechtsrahmen der SEPA Instant Payments ergänzt in seiner Struktur die zur Standard-Überweisung bestehenden Vorschriften. Die Besonderheiten der jederzeitigen Erreichbarkeit, der verkürzten Ausführungsfrist und der Möglichkeit des nachgelagerten Clearings und Settlements wurden über die Regelungen des SICT Rulebooks und der SB EÜ in die verschiedenen Vertragsverhältnisse übertragen. De lege lata können ein Großteil der Sonderkonstellationen interessengerecht aufgelöst werden. So besteht bei dem Zugang und der Autorisierung des Zahlungsauftrages[820] oder den modifizierten Ausführungsbedingungen[821] kein größerer Diskussionsbedarf. Auch bei der Ausführungsfrist, der Gutschrift, der Widerruflichkeit, dem Haftungsregime und den nationalen Rechtsfragen der Erfüllung und der bereicherungsrechtlichen Rückabwicklung lassen sich im Wege der Auslegung mit erhöhtem Begründungsaufwand praxisgerechte Lösungen erreichen.[822] Dies verdeutlicht, dass die gegebene Rechtsstruktur auch mit den Charakteristika der Echtzeitüberweisung kompatibel und eine Funktionsfähigkeit herzustellen geeignet ist.

Die Echtzeitzahlung ist auch wirtschaftlich sinnvoll.[823] Sie trägt der Entwicklung im Zahlungsverkehr zu rascheren Zahlungslösungen Rechnung und kann eine tragende Rolle in der zunehmenden Digitalisierung des Handels einnehmen. Nicht jede Transaktion bedarf einer derart schnellen Übertragung, weshalb die Instant Payments wegen der höheren Gebühren derzeit noch als Zusatzprodukt für eilbedürftige Vorgänge neben der herkömmlichen Überweisung genutzt werden. Es ist zu erwarten, dass sich die SEPA-Echtzeitüberweisung kurzfristig als Variante zur konventionellen Überweisung europaweit etablieren und sich ihre Nutzung erhöhen wird. Mittelfristig wird die Übertragung von Geldbeträgen in Echtzeit der neue Standard sein. Die Kosten für die teilnehmenden Zahlungsdienstleister sind nach der

---

[819] So auch *Casper*, RdZ 2020, 28 (34).
[820] 3. Kapitel A. I. und II.
[821] 3. Kapitel A. III.
[822] 3. Kapitel A. IV., V., VII., B., C., D., E.
[823] 2. Kapitel B.

© Der/die Autor(en) 2023
M. Rakers, *Die rechtlichen Herausforderungen der Echtzeitüberweisung*, https://doi.org/10.1007/978-3-658-41481-8_5

teuren Einführung der Infrastruktur nicht mehr erheblich höher als bei der Standard-Überweisung.[824] Mit der Verminderung oder dem Wegfall eines Gebührenunterschiedes zwischen der herkömmlichen und der Echtzeitüberweisung werden sich die Marktanteile zugunsten letzterer verschieben. Auch Bezahldienste wie PayPal und TransferWise bedienen sich der SEPA-Echtzeitüberweisung für ihre Dienstleistungen.[825] Weitere innovative Lösungen und Leistungskombinationen werden daher folgen und eine vollständige Verdrängung von Bezahldiensten außerhalb der konventionellen Bankenwirtschaft verhindern. So bieten Drittdienstleister Near-Instant Payments in Länder außerhalb des SEPA-Raumes an. Mit den eilbedürftigen Zahlungsvorgängen in die wichtigen Export-Staaten China und die USA decken die Drittdienstleister große Märkte ab, in welche eine SEPA-Echtzeitüberweisung nicht möglich ist.

Trotz der bereits de lege lata prognostizierten positiven Entwicklung der SEPA Instant Payments ist ein weiterer Fortschritt ob der nicht unerheblichen Konkurrenzprodukte zwingend erforderlich. Mit der Einführung des Request-to-Pay-Verfahrens und dessen Kompatibilität mit der Echtzeitüberweisung hat sich die Bankenwirtschaft in die richtige Richtung bewegt.[826] Um letzte Rechtsunsicherheiten zu beseitigen, die Fristensystematik der ZDRL mit den Charakteristika der Instant Payments zu vereinheitlichen[827] und das „Produkt" gegenüber Wallet-Lösungen, insbesondere durch Zahlerschutzverfahren[828] im Online-Handel, attraktiver zu gestalten, sind Änderungen des bestehenden Rechtsrahmens angezeigt. Eine auf die am Massenverkehr teilnehmenden Zahlungsdienstleister limitierte Pflicht zur passiven Teilnahme am Instant-Payments-Verfahren ist zweckmäßig zur Erzielung einer europaweiten Erreichbarkeit des Zahlverfahrens.[829] In den Blick zu nehmen ist außerdem die Möglichkeit einer währungsübergreifenden Transaktion in Echtzeit.[830] Aktuell endet die SEPA-Echtzeitüberweisung an den Grenzen des SEPA-Raumes. Als problematisch erweisen sich die unterschiedlichen zahlungsverkehrsrechtlichen Regelungen und die fehlende Interoperabilität der

---

[824] 3. Kapitel VIII.
[825] 4. Kapitel B.
[826] 4. Kapitel C. I. Weiteres Produkt ist das SEPA Proxy-Look-up für die Überweisung mittels Mobilgerät ohne Angabe einer IBAN.
[827] 4. Kapitel C. III.
[828] 4. Kapitel C. IV.
[829] 4. Kapitel C. II.
[830] Hierzu bereits EZB-Nachricht v. 06.10.2020, abrufbar unter: https://www.ecb.europa.eu/paym/intro/news/html/ecb.mipnews201006.en.html (letzter Abruf: 30.09.2022).

Abwicklungssysteme. Daher sollten die Zahlungssystembetreiber die Verknüpfung europäischer Systeme (beispielsweise TIPS) mit Sofortzahlungssystemen von Drittländern erleichtern.[831] Vorauszusetzen sind dabei aber hinreichende Vorschriften zum Verbraucherschutz sowie zur Prävention von Betrug, Geldwäsche und Terrorfinanzierung. Mithilfe dieser Anpassungen hat die Echtzeitüberweisung das Potential, das Standard-Zahlungsmittel der näheren Zukunft zu werden.

---

[831] Siehe auch *EU-Kommission*, Strategiepapier MZV, S. 30; zu ersten Bemühungen hinsichtlich Schwedischer Kronen, siehe *EU-Kommission*, Strategiepapier MZV, S. 27.

Literaturverzeichnis

Bamberger, Heinz Georg / Roth, Herbert / Hau, Wolfgang / Poseck, Roman, Bürgerliches Gesetzbuch, Band 1, 4. Auflage, München 2019 (zit.: *Bearbeiter*, in: Bamberger/Roth/Hau/Poseck, BGB)

Bargen, Leonard von / Thelen, Martin, Durchschlägt der BGH den gordischen Knoten? – Die zwingende Direktkondiktion gegen den Zahlungsempfänger, GWR 2015, 397-400

Bartels, Florian, Zur bereicherungsrechtlichen Rückabwicklung von Überweisungen nach Umsetzung der Zahlungsdiensterichtlinie, WM 2010, 1828-1833

Bartone, Roberto, Abschaffung des Bargelds? Eine Problemskizze, jM 2016, 285-289

Bautsch, Klemens / Zahrte, Kai, Die „SEPA-Mitgrationsverordnung" – Revolution des deutschen Massenzahlungsverkehrs in 2014?, BKR 2012, 229-233

Beckhaus, Gesa Kim, Die Rechtsnatur der Erfüllung, Tübingen 2013

Belling, Detlev W. / Belling, Johannes, Zahlungsdiensterecht und Bereicherungsausgleich bei nicht autorisierten Zahlungsvorgängen, JZ 2010, 708-711

Bitter, Georg, Problemschwerpunkte des neuen Zahlungsdiensterechts – Teil II: Kreditkartenzahlung und allgemeine Prinzipien, WM 2010, 1773-1782

Boos, Karl-Heinz / Fischer, Reinfried / Schulte-Mattler, Hermann, Kommentar zu Kreditwesengesetz, VO (EU) Nr. 575/2013 (CRR) und Ausführungsvorschriften, Band 1, 5. Aufl., München 2016 (zit.: *Bearbeiter*, in: Boos/Fischer/Schulte-Mattler, KWG, CRR-VO)

Brechtel, Micha, Die Leistung an Erfüllungs statt im Kontext der bargeldlosen Zahlung, WM 2016, 1057-1065

Bülow, Peter / Artz, Markus, Zahlungskontengesetz (ZKG), 1. Aufl., München 2017 (zit.: *Bearbeiter*, in: Bülow/Artz, ZKG)

Bundesanstalt für Finanzdienstleistungsaufsicht, Merkblatt – Hinweise zum Zahlungsdiensteaufsichtsgesetz (ZAG), Stand: November 2017, abrufbar unter: https://www.bafin.de/SharedDocs/Veroeffentlichungen/DE/Merkblatt/mb_111222_zag.html

Bunte, Hermann-Josef / Zahrte, Kai, AGB-Banken, AGB Sparkassen, Sonderbedingungen, 5. Aufl. München 2019 (zit.: *Bearbeiter*, in: Bunte/Zahrte, AGB Banken)

Calliess, Christian / Ruffert, Matthias, EUV/AEUV, 6. Aufl., München 2022

© Der/die Autor(en) 2023
M. Rakers, *Die rechtlichen Herausforderungen der Echtzeitüberweisung*, https://doi.org/10.1007/978-3-658-41481-8

Canaris, Claus-Wilhelm, Der Einfluss der Leistung auf den Verzug des Schuldners, in: Festschrift für Klaus J. Hopt zum 70. Geburtstag am 24. August 2010, hrsg. v. Stefan Grundmann, Brigitte Haar, Hanno Merkt, Peter O. Mülbert und Marina Wellenhofer, Berlin 2010, S. 47-60 (zit.: *Canaris*, in: FS Hopt, 2010, S. 47)

Casper, Matthias, Neue Echtzeitüberweisung – Evolution oder Revolution?, RdZ 2020, 28-35

Danwerth, Christopher, Mobile Payment – Innovation des Zahlungsverkehrs oder unkalkulierbares Risiko?, ZBB 2015, 119-136

Dauner-Lieb, Barbara / Langen, Werner, BGB Schuldrecht, Band 2, 4. Aufl., Baden-Baden 2021 (zit.: *Bearbeiter*, in: Dauner-Lieb/Langen, SchR)

Derleder, Peter / Knops, Kai-Oliver / Bamberger, Heinz Georg, Deutsches und europäisches Bank- und Kapitalmarktrecht, Band 1, 3. Aufl., Berlin Heidelberg 2017

Derleder, Peter, Die vollharmonisierende Europäisierung des Rechts der Zahlungsdienste und des Verbraucherkredits, NJW 2009, 3195-3202

Deutsche Bundesbank, Monatsbericht April 2018: Aktuelle regulatorische Entwicklungen im Zahlungsverkehr sowie in der Wertpapier- und Derivateentwicklung, S. 43-58, abrufbar unter: https://www.bundesbank.de/resource/blob/724594/338b7b453c391e3dcbbd8b02a423e78e/mL/2018-04-monatsbericht-data.pdf (zit.: *Deutsche Bundesbank*, Monatsbericht April 2018)

Deutsche Bundesbank, Monatsbericht Dezember 2017, Die Finanzmarktinfrastruktur des Eurosystems – Rückblick und zukünftige Ausrichtung des Leistungsangebots, S. 69-88, abrufbar unter: https://www.bundesbank.de/resource/blob/665596/c74086fc77eedcf4ac2ef17cfbe73981/mL/2017-12-monatsbericht-data.pdf (zit.: *Deutsche Bundesbank*, Monatsbericht Dezember 2017)

Deutsche Bundesbank, Monatsbericht Januar 2012, Der europäische Binnenmarkt im Zahlungsverkehr vor der Vollendung, S. 47-59, abrufbar unter: https://www.bundesbank.de/resource/blob/603400/26715d07125152fe9e24ee3e83256910/mL/2012-01-monatsbericht-data.pdf (zit.: *Deutsche Bundesbank*, Monatsbericht Januar 2012)

Die deutsche Kreditwirtschaft, Stellungnahme zum Strategiepapier für den Zahlungsverkehr („Retail Payments Strategy") der Europäischen Kommission vom 24.09.2020, 16.10.2020, abrufbar unter: https://die-dk.de/media/files/DK201016_DK-Stellungnahme_ZV_EURetailPaymentsStrategyvom24092020-de.pdf (zit.: *Dt. Kreditwirtschaft*, Stellungnahme vom 16.10.2020 zum Strategiepapier MZV)

Dieckmann, Andreas, Die Echtzeit-Überweisung – Paradigmenwechsel im Recht des Zahlungsverkehrs, BKR 2018, 276-283

Dieckmann, Andreas, Die SEPA-Überweisung: eine unterschätzte Gefahr für Banken, WM 2015, 14-22

Drescher, Ingo / Fleischer, Holger / Schmidt, Karsten, Münchener Kommentar zum Handelsgesetzbuch, Band 6, Teil 1, 4. Aufl., München 2019 (zit.: *Bearbeiter*, in: MüKo HGB, *Kapitel*)

Ebenroth, Carsten Thomas / Boujong, Karlheinz /Joost, Detlev /Strohn, Lutz, Handelsgesetzbuch, Band 2, 4. Aufl., München 2020 (zit.: *Bearbeiter*, in: EBJS, HGB)

Ebke, Werner, Abschlußprüfer, Bestätigungsvermerk und Drittschutz, JZ 1998, 991-997

EG-Kommission, Empfehlung vom 08.12.1987 zu den Beziehungen zwischen Finanzinstituten, Händlern/Dienstleistungserbringern und Verbrauchern, 87/598/EWG, Amtsblatt Nr. L 365 vom 24.12.1987, S. 72-76

EG-Kommission, Empfehlung vom 14.02.1990 zur Transparenz der Bankkonditionen bei grenzüberschreitenden Finanztransaktionen, 90/109/EWG, Amtsblatt Nr. L 67 vom 15.03.1990, S. 39-43

EG-Kommission, Empfehlung vom 17.11.1988 zu Zahlungssystemen, insbesondere zu den Beziehungen zwischen Karteninhabern und Kartenausstellern, 88/590/EWG, Amtsblatt Nr. L 317 vom 24.11.1988, S. 55-58

EG-Kommission, Empfehlung vom 30.07.1997 zu den Geschäften, die mit elektronischen Zahlungsinstrumenten getätigt werden (besonders zu den Beziehungen zwischen Emittenten und Inhabern solcher Instrumente), 97/489/EG, Amtsblatt Nr. L 208 vom 02.08.1997, S. 52-58

Einsele, Dorothee, Bank- und Kapitalmarktrecht, 5. Aufl., Tübingen 2022

Ellenberger, Jürgen / Bunte, Hermann-Josef, Bankrechts-Handbuch, Bände I u. II, 6. Aufl., München 2022 (zit.: *Bearbeiter*, in: Ellenberger/Bunte, BankR-HB)

Ellenberger, Jürgen / Findeisen, Michael / Nobbe, Gerd / Böger, Ole, Kommentar zum Zahlungsverkehrsrecht, 3. Aufl., Heidelberg 2020 (zit.: *Bearbeiter*, in: Ellenberger/Findeisen/Nobbe/Böger, Zahlungsverkehrsrecht)

Erman, Walter (Begr.), BGB, hrsg. v. Barbara Grunewald, Georg Maier-Reimer, Harm Peter Westermann, 16. Aufl., Köln 2020 (zit.: *Bearbeiter*, in: Erman, BGB)

Escher-Weingart, Christina, Bank, Mensch und Technik – eine brisante Mischung für die Rechtsanwendung, WM 2008, 2281-2284

EU-Kommission, Empfehlung vom 18.07.2011 über den Zugang zu einem Konto mit grundlegenden Zahlungsfunktionen („Basiskonto"), 2011/442/EU, Amtsblatt Nr. L 190 vom 21.07.2011, S. 87-91

EU-Kommission, Mitteilung der Kommission an das Europäische Parlament, den Rat, den Europäischen Wirtschafts- und Sozialausschuss und den Ausschuss der Regionen, EU-Strategie für den Massenzahlungsverkehr vom 24.09.2020, COM(2020) 592 final (zit.: *EU-Kommission*, Strategiepapier MZV)

Europäische Zentralbank, The use of cash by households in the euro area, Occasional Paper No 201, bearbeitet von Henk Esselink und Lola Hernandez (zit.: *EZB*, The use of cash by households in the euro area, Occasional Paper No 201)

Europäische Zentralbank, Leitlinie der EZB vom 05.12.2012 über ein transeuropäisches automatisiertes Echtzeit-Brutto-Express-Zahlungsverkehrssystem (EZB/2012/27), 2013/47/EU, Amtsblatt Nr. L 30 vom 30.01.2013, S. 1-93

European Payment Council, Questions and Answers on the SEPA Instant Credit Transfer Scheme, Juli 2020, abrufbar unter: https://www.europeanpaymentscouncil.eu/sites/default/files/kb/file/2020-07/EPC090-16%20v4.0_QA_SCT%20Inst%20scheme_Updated%20July%202020.pdf (zit.: *EPC*, Questions and Answers on the SICT RB)

Fandrich, Andreas / Karper, Ines, Münchener Anwaltshandbuch Bank- und Kapitalmarktrecht, 2. Aufl., München 2018 (zit.: *Bearbeiter*, in: Fandrich/Karper, MAH Bank- und Kapitalmarktrecht)

Fervers, Matthias, Die AGB-Kontrolle von Entgeltklauseln im Recht der Zahlungsdienste, BKR 2019, 165-172

Fitzgerald, Emilie / Rush, Alexandra, Two Years of Fast Payments in Australia, Bekanntmachung der Reserve Bank of Australia vom 19.03.2020, abrufbar unter: https://www.rba.gov.au/publications/bulletin/2020/mar/pdf/two-years-of-fast-payments-in-australia.pdf (zit.: *Fitzgerald/Rush*, Two Years of Fast Payments in Australia, Bulletin of Reserve Bank of Australia, 19.03.2020)

Fornasier, Matteo, Anmerkung zum Urteil des OLG München vom 12.10.2017, Az. 29 U 4903/16 – Zur Wirksamkeit einer Gebührenklausel in den AGB einer Sparkasse, EWiR 2018, 193-194

Fornasier, Matteo, Der Bereicherungsausgleich bei Fehlüberweisungen und das europäische Recht der Zahlungsdienste, Archiv für civilistische Praxis (AcP), Volume 212 (2012), S. 410-452 (zit.: *Fornasier*, AcP 212 (2012), 410)

Fornasier, Matteo, Die Inhaltskontrolle von Entgeltklauseln im Lichte des europäischen Zahlungsdiensterechts, WM 2013, 205-211

Fries, Martin, Erfüllung von Geldschulden über eigenwillige Zahlungsdienstleister, VuR 2018, 123-128

Grundmann, Stefan, Bankvertragsrecht, Band 1: Grundlagen und Commercial Banking, Berlin 2020 (zit.: *Bearbeiter*, in: Grundmann, Bankvertragsrecht)

Grundmann, Stefan, Das neue Recht des Zahlungsverkehrs – Teil I – Grundsatzüberlegungen und Überweisungsrecht, WM 2009, 1109-1117

Grüneberg, Christian, Das Pfändungsschutzkonto in der Rechtsprechung des BGH, WM 2018, 2157-2161

Grüneberg, Christian, Bürgerliches Gesetzbuch, 81. Aufl., München 2022 (zit.: *Bearbeiter*, in: Grüneberg, BGB)

Gsell, Beate / Krüger, Wolfgang / Lorenz, Stephan / Reymann, Christoph (Gesamthrsg.), beck-online.GROSSKOMMENTAR, Zivilrecht, München 2021 (zit.: *Bearbeiter*, in: BeckOGK BGB)

Guggenberger, Nikolas, Umkehr der Durchsetzungslast beim PayPal-Käuferschutz, NJW 2018, 1057-1060

Harke, Jan Dirk, Allgemeines Schuldrecht, Berlin 2010

Harman, Dan, Neue Instrumente des Zahlungsverkehrs: PayPal & Co., BKR 2018, 457-465

Hau, Wolfgang / Poseck, Roman, BeckOK BGB, 63. Edition, München, Stand: 01.08.2022 (zit.: *Bearbeiter*, in: BeckOK BGB)

Häuser, Franz, Zur Umsetzung der Richtlinie über grenzüberschreitende Überweisungen (97/5/EG) in deutsches Recht, WM 1999, 1037-1045

Herberger, Maximilian / Martinek, Michael / Rüßmann, Helmut / Weth, Stephan / Würdinger, Markus, jurisPK-BGB, Band 2, 9. Aufl., 2020 (Stand. 28.05.2021), (zit.: *Bearbeiter*, in: Herberger/Martinek/Rüßmann/Weth/Würdinger, jurisPK-BGB)

Herresthal, Carsten, Der Anspruch auf ein Basiskonto nach dem Zahlungskontengesetz (ZKG) – Die Privatautonomie auf dem Rückzug im Bankvertragsrecht, BKR 2016, 133-143

Herresthal, Carsten, Die Neustimmung der Kreditkartenzahlung und die Reichweite der Haftung des Acquirers beim Kreditkartenmissbrauch, ZBB 2019, 353-368

Herresthal, Carsten, Die SEPA Instant-Überweisung (SCT Inst), ZIP 2019, 895-907

Herresthal, Carsten, Fälligkeit der Miete unter dem neuen Recht des Zahlungsverkehrs, NZM 2011, 833-841

Hilbig-Lugani, Katharina / Jakob, Dominique / Mäsch, Gerald / Reuß, Phillipp / Schmid, Christoph, Zwischenbilanz – Festschrift für Dagmar Coester-Waltjen zum 70. Geburtstag, München 2015 (zit.: *Bearbeiter*, in: FS Coester-Waltjen)

Hoeren, Thomas / Sieber, Ulrich / Holznagel, Bernd, Handbuch Multimedia-Recht, 58. Aufl., München 2022 (zit.: *Bearbeiter*, in: Hoeren/Sieber/Holznagel, Multimedia-Recht)

Hofauer, Sebastian, Bankentgelte – Was dürfen Banken berechnen und was nicht?, BKR 2015, 397-407

Hopt, Klaus, Handelsgesetzbuch, Band 9, 41. Aufl., München 2022 (zit.: *Bearbeiter*, in: Hopt, HGB, *Abschnitt*)

Jansen, Nils, Anmerkung zu einem Urteil des BGH vom 16.06.2015 (XI ZR 243/13) – Zur Frage, wie sich das neue Zahlungsdienstrecht auf den Bereicherungsausgleich im Drei-Personen-Verhältnis auswirkt, JZ 2015, 952-956

Jauernig, Othmar (Begr.), Bürgerliches Gesetzbuch, hrsg. v. Rolf Stürner, 18. Aufl., München 2021 (zit.: *Bearbeiter*, in: Jauernig, BGB)

Kiehnle, Arndt, Anmerkung zu: BGH, Urt. v. 16.06.2015 – XI ZR 243/13, NJW 2015, 3093-3096

Kiehnle, Arndt, Fehlüberweisungen und Bereicherungsausgleich nach der Zahlungsdienste-richtlinie, Jura 2012, 895-901

Knops, Oliver, Bankentgelte in der AGB-Kontrolle, ZBB 2010, 479-486

Köndgen, Johannes, Das neue Recht des Zahlungsverkehrs, JuS 2011, 481-489

Köndgen, Johannes, Das SEPA-Rulebook als Rechtsquelle des Europäischen Zahlungs-diensterechts, in: Festschrift für Klaus J. Hopt zum 80. Geburtstag am 24. August 2020, hrsg. v. Stefan Grundmann, Hanno Merkt und Peter O. Mülbert, Berlin 2020, S. 539-562 (zit.: *Köndgen*, in: FS Hopt, 2020, S. 539)

Kümpel, Siegfried / Mülbert, Peter O. / Früh, Andreas / Seyfried, Thorsten, Bankrecht und Kapitalmarktrecht, 6. Aufl., Köln 2022 (zit.: *Bearbeiter*, in: Kümpel/Mül-bert/Früh/Seyfried, Bankrecht und Kapitalmarktrecht)

Kümpel, Siegfried / Wittig, Arne, Bankrecht und Kapitalmarktrecht, 4. Aufl., Köln 2011 (zit.: *Bearbeiter*, in: Kümpel/Wittig, Bankrecht und Kapitalmarktrecht, 4. Aufl.)

Kunz, Jens, Die neue Zahlungsdiensterichtlinie (PSD II): Regulatorische Erfassung „Dritter Zahlungsdienstleister" und anderer Leistungsanbieter, CB 2016, 416-420

Langenbucher, Katja / Bliesener, Dirk / Spindler, Gerald, Bankrechts-Kommentar, 3. Aufl., München 2020 (zit.: *Bearbeiter*, in: LBS, BankR)

Leyens, Patrick, Expertenhaftung: Ersatz von Vermögensschäden im Dreipersonenverhältnis nach Bürgerlichem Recht, JuS 2018, 217-222

Linardatos, Dimitrios, Anmerkung zu: AG Hamburg-Harburg, Urt. v. 24.04.2013 – 642 C 2/13, BKR 2013, 395-396

Linardatos, Dimitrios, Das Haftungssystem im bargeldlosen Zahlungsverkehr nach Umsetzung der Zahlungsdiensterichtlinie, Baden-Baden 2013

Looschelders, Dirk, Schulrecht Besonderer Teil, 17. Aufl., München 2022 (zit.: *Looschelders*, SchR BT)

Madaus, Stephan / Knauth, Philipp / Krafczyk, Jonah, Zur Anfechtbarkeit von Rückerstattungen im elektronischen Zahlungsverkehr, WM 2020, 1283-1293

Medicus, Dieter / Petersen, Jens, Bürgerliches Recht, 28. Aufl., München 2021

Müller, Gerd, Der Bereicherungsausgleich bei Fehlleistungen des Kreditinstituts im bargeldlosen Überweisungsverkehr, WM 2010, 1293-1305

Müller, Gerd, Zur Wende in der höchstrichterlichen Rechtsprechung zum Bereicherungsausgleich bei fehlerhaften Banküberweisungen, WM 2016, 809-815

Müller, Michael / Galneder, Bernd C., Der PayPal-Käuferschutz in der Architektur der Erfüllungsdogmatik, BKR 2018, 106-109

Müller-Glöge, Rudi / Preis, Ulrich / Schmidt, Ingrid, Erfurter Kommentar zum Arbeitsrecht, 22. Aufl., München 2022 (zit.: *Bearbeiter*, in: ErfK ArbR)

Niebling, Jürgen, Banken-, Sparkassen- und Bausparkassen-AGB im Lichte der Rechtsprechung des BGH, NJ 2017, 133-140

Oechsler, Jürgen, Grundprobleme der Zivilrechtsdogmatik des Kreditkartengeschäfts, WM 2000, 1613-1622

Oelsner, Tobias, Auswirkungen des Umsetzungsverzugs bei der Zahlungsverzugsrichtlinie, NJW 2013, 2469-2474

Omlor, Sebastian / Birne, Aurelia, Digitales Zentralbankgeld im Euroraum, RDi 2020, 1-10

Omlor, Sebastian, Abschied vom Bargeld?, WM 2015, 2297-2303

Omlor, Sebastian, Aktuelles Gesetzgebungsvorhaben: Umsetzung der zweiten Zahlungs-diensterichtlinie, JuS 2017, 626-628

Omlor, Sebastian, Digitaler Zahlungsverkehr, JuS 2019, 289-294

Omlor, Sebastian, Online-Banking unter Geltung der Zweiten Zahlungsdiensterichtlinie (PSD II), BKR 2019, 105-114

Omlor, Sebastian, Online-Handel und Bezahldienst PayPal; PayPal-Käuferschutzrichtlinie – Anmerkung zu: BGH, Urt. v. 22.11.2017 – VIII ZR 83/16, WuB 2018, 165-169

Piekenbrock, Andreas, Das Recht der Zahlungsdienste zwischen Unions- und nationalem Recht, WM 2015, 797-804

Rademacher, Lukas, § 675u BGB: Einschränkung des Verkehrsschutzes im Überweisungs-recht?, NJW 2011, 2169-2172

Reymann, Christoph, Überweisung und SEPA-Zahlungsdienste – Basiswissen, Jus 2012, 781-787

Rodi, Daniel, Zur Unwirksamkeit formularmäßiger Zustimmungsfiktionen im Bankrecht, WM 2021, 1357-1366

Rößler, Patrick / Werner, Stefan, Erhebliche Neuerungen im zivilen Bankrecht: Umsetzung von Verbraucherkredit- und Zahlungsdiensterichtlinie – Überblick über den Umsetzungsbe-darf in der Bankpraxis anhand der vorliegenden Gesetzentwürfe, BKR 2009, 1-10

Säcker, Franz Jürgen / Rixecker, Roland / Oetker, Hartmut / Limperg, Bettina (Hrsg.), Münchener Kommentar zum Bürgerlichen Gesetzbuch, Band 1, 9. Aufl., München 2021 (zit.: *Bearbeiter*, in: MüKo BGB)

Säcker, Franz Jürgen / Rixecker, Roland / Oetker, Hartmut / Limperg, Bettina (Hrsg.), Münchener Kommentar zum Bürgerlichen Gesetzbuch, Band 2, 9. Aufl., München 2022 (zit.: *Bearbeiter*, in: MüKo BGB)

Säcker, Franz Jürgen / Rixecker, Roland / Oetker, Hartmut / Limperg, Bettina (Hrsg.), Münchener Kommentar zum Bürgerlichen Gesetzbuch, Band 3, 9. Aufl., München 2022 (zit.: *Bearbeiter*, in: MüKo BGB)

Säcker, Franz Jürgen / Rixecker, Roland / Oetker, Hartmut / Limperg, Bettina (Hrsg.), Münchener Kommentar zum Bürgerlichen Gesetzbuch, Band 7, 8. Aufl., München 2020 (zit.: *Bearbeiter*, in: MüKo BGB)

Schmidt, Christoph / Schönfeld, Bettina / Hartmann, Wulf, Positionspapier zur Nutzung von „Screen Scraping" im Kontext von Art. 98 PSD II, Deutsche Kreditwirtschaft, abrufbar unter: https://die-dk.de/media/files/2016-11-10_DK-Positionspapier_Screen-Scraping_final.pdf (zit.: *C. Schmidt/Schönfeld/Hartmann*, Positionspapier zur Nutzung von „Screen Scraping" im Kontext von Art. 98 PSD II, Deutsche Kreditwirtschaft)

Schmidt, Karsten, Gesellschaftsrecht, 4. Aufl., Köln 2002

Schnauder, Franz, Die Sonderrechtsprechung zum Bereicherungsausgleich im neuen Zahlungsdiensterecht, JZ 2016, 603-612

Schur, Raimund / Schur, Fabian, Kreditkartenzahlungen – eine zivil- und strafrechtliche Betrachtung, JA 2017, 739-745

Schürmann, Thomas, Das neue Rechte der Zahlungsdiensteverträge – ein Überblick, in: Die zivilrechtliche Umsetzung der Zahlungsdiensterichtlinie – Finanzmarktkrise und Umsetzung der Verbraucherkreditrichtlinie. Bankrechtstag 2009, hrsg. von Thomas Schürmann, Wulf Hartmann, Arne Wittig et al., Berlin 2010, S. 11-60 (zit.: *Schürmann*, Die zivilrechtliche Umsetzung der Zahlungsdiensterichtlinie, S. 11)

Schwarze, Jürgen / Becker, Ulrich / Hatje, Armin / Schoo, Johann, EU-Kommentar, 4. Aufl., Baden-Baden 2019 (zit.: *Bearbeiter*, in: Schwarze/Becker/Hatje/Schoo, EU-Kommentar)

Schwintowski, Hans-Peter, Bankrecht, 6. Aufl., München 2021

Soergel, Theodor (Begr.), Bürgerliches Gesetzbuch mit Einführungsgesetz und Nebengesetzen, Band 5/3, 13. Aufl., München 2010 (zit.: *Bearbeiter*, in: Soergel, BGB)

Spindler, Gerald / Zahrte, Kai, Zum Entwurf für eine Überarbeitung der Zahlungsdiensterichtlinie (PSD II), BKR 2014, 265-271

Stadler, Astrid, Allgemeiner Teil des BGB, 21. Aufl., München 2022

Staudinger, Julius von (Begr.), Kommentar zum Bürgerlichen Gesetzbuch mit Einführungsgesetz und Nebengesetzen, Buch 2: Recht der Schuldverhältnisse, §§ 244-248; PrKG (Neubearbeitung 2021), §§ 362-396 (Neubearbeitung 2022) und §§ 675c-676c (Neubearbeitung 2020), (zit.: *Bearbeiter*, in: Staudinger, BGB)

Terlau, Matthias, Die zweite Zahlungsdiensterichtlinie – zwischen technischer Innovation und Ausdehnung des Aufsichtsrechts, ZBB 2016, 122-137

Terlau, Matthias, SEPA Instant Payment – POS- und eCommerce-Abwicklung über Zahlungsauslösedienstleister nach der Zweiten Zahlungsdiensterichtlinie (Payment Services Directive 2, PSD2), jurisPR-BKR 2/2016 Anm. 1

Thomale, Chris, Leistung als Freiheit, Tübingen 2012

United States Federal Reserve System, Strategies for Improving the U.S. Payment System, 26.01.2015, abrufbar unter: https://fedpaymentsimprovement.org/wp-content/uploads/strategies-improving-us-payment-system.pdf

Verbraucherzentrale Niedersachsen, Pressemitteilung „Trickbetrug bei WhatsApp" vom 17.08.2021, abrufbar unter: https://www.verbraucherzentrale-niedersachsen.de/presse/trickbetrug-bei-whatsapp

Walter, Daniel, Neuregelungen zu SEPA-Lastschrift und SEPA-Überweisung, DB 2013, 385-391

Wandt, Manfred, Gesetzliche Schuldverhältnisse, 11. Auflage, München 2022

Werner, Stefan, Das Weisungsrecht im Überweisungsrecht, BKR 2010, 353-359

Werner, Stefan, Der Weg zu SEPA und die Auswirkungen auf die Zahlungsdienste – Ein Überblick, WM 2014, 243-250

Wilhelm, Jan, Zahlungsdiensterichtlinie und Leistungskondiktion in Mehrpersonenverhältnissen, BKR 2017, 8-12

Winkelhaus, Jan-Dirk, Der Bereicherungsausgleich im Lichte des neuen Zahlungsdiensterechtes, BKR 2010, 441-449

Wischmeyer, Nils, So funktioniert die Echtzeit-Überweisung der Sparkasse, in: Süddeutsche Zeitung (Online), 09.08.2017, abrufbar unter: https://www.sueddeutsche.de/geld/sparkasse-echtzeit-ueberweisung-1.4046743 (zit.: *Wischmeyer*, Funktionsweise Echtzeitüberweisung, Süddeutsche Zeitung, 09.07.2018)

Zahrte, Kai, Aktuelle Entwicklungen im Zahlungsdiensterecht (2019-2020), BKR 2021, 79-86

Zahrte, Kai, Die „zweite Stufe" der PSD-2-Umsetzung – Änderungen der Sonderbedingungen für Online- und Kartenzahlungen zum 14.9.2019, BKR 2019, 484-490

Zahrte, Kai, Neuerungen im Zahlungsdienstrecht, NJW 2018, 337-341

Printed by Printforce, the Netherlands